공정한 재판

[이론 · 제도 · 실천]

권영법 지음

세창출판사

Fair Trial

[theory, system, practice]

by

Attorney At Law, Ph. D. Young-Bub Kwon

2015

Sechang Publishing Co.

Seoul, Korea

　　에이미 바흐(Amy Bach)는 『일상의 부정의』(*Ordinary Injustice*)란 책에서 미국 형사소송의 단면을 파헤친다. 피상적으로 볼 때 미국의 형사소송이 당사자주의를 취하고 있고, 미국의 당사자주의가 매우 우수한 제도이며 다른 나라의 모범이 되고 있는 것으로 보이나 실상은 그렇지 않다는 것이다. 법조 집단은 그들 나름대로의 이익을 공유하며, 그들 방식대로 사건을 처리하는 경향이 있다는 것이다.[1] 바흐는 당사자주의가 강조하는, 판사의 수동성이라는 척도에서 실제의 사건을 들여다보면, 판사가 마치 검사처럼 피고인과 협상하며 사건을 쉽게 종결하려고 애쓰는 경우를 종종 보게 된다고 지적한다.[2] 나아가 유죄 협상은 피고인에게 일방적으로 불리하고, 형사소송에서 당사자 대등을 외치고 있지만 피의자 · 피고인은 국가 기관인 검사에 비하여 매우 열악한 처지에 있다는 것이다.[3] 바흐가 지적하듯이 세계의 전범(典範)이 되고 있는 미국의 형사소송도 실제에 있어서는 불공평한 측면이 많다. 이와 같이 당사자주의를 지향하는 미국에서조차 실제에 있어서는 당사자주의가 온전히 구현되지 못하고 있다. 다소 논란이 있지만 필자가 보기에 우리 헌법이 당사자주의를 지향하고 있다고 하나, 우리의 형사소송은 당사자주의라기보다 규문주의에 더 가깝다.[4] 아직도 형사 재판

1_ Amy Bach, *Ordinary Injustice*, Metropolitan Books, 2009, pp.5-6.

2_ *Ibid.*, at 7.

3_ *Ibid.*, at 8ff.

4_ 후술하는 제2장에서 상세히 언급하겠지만, 국내에서는 규문주의를 탄핵주의와 대립되는 개념으로 이해하는 견해가 많다. 그러나 정작 독일에서 다수의 학자들이 독일의 형사소송 체계를 '규문주의'(Inquisitionsprinzip)라고 표현한다. 국

에서는 구두 변론주의에 의해 진행되기보다는 수사 기관이 작성한 조서에 의존하는 경우가 많다. 나아가 피의자·피고인은 국가 기관인 검사와 대등하다고 보기에는 너무나 왜소하고 초라해 보인다. 결국 우리의 경우도 바흐가 지적한 대로 형사소송의 실제에 있어서는 공정한 재판이 이루어지고 있지 않은 경우가 많다고 할 수 있다.

동서고금을 망라하고 재판이 공정하게 이루어져야 한다는 명제에는 다툼이 없다. 함무라비법이 이루려고 했던 것도 공정한 재판이었고, 구약 성서의 신명기에서 모세가 설파한 것도 재판의 공정성이었으며, 솔로몬 왕이 야훼에게 간구한 것도 공정한 재판을 위한 지혜였다. 그러나 형사 재판에서는 범인의 발견, 다시 말해 사건의 진실을 중요하게 여긴다. 형사소송에서 진실을 발견함에 있어서 당사자주의와 규문주의라는 두 가지 구조 내지 가치가 대립되고 있다. 규문주의에서는 수사 단계에서의 사건의 규명이 중요하다고 본다. 그러나 당사자주의에서는 진실이란 재판 단계에서 발견되어야 하며, 정교한 증거 규칙이 실체 진실을 가지고 올 뿐만 아니라 공정한 재판도 가능하게 한다고 본다. 규문주의에서는 판사의 적극적 역할에 의해 진실에 다가갈 수 있다고 믿는다. 따라서 판사는 진실 발견을 위해 적극적으로 개입하며, 피고인 역시 진실 발견에 협력할 의무가 있다고 본다. 당사자주의에서는 판사가 선입견이나 편견에 사로잡히면 공정한 재판이 이루어질 수 없다고 본다. 그래서 판사는 수동적 심판자로서 양 당사자의 주장과 입증이 증거 규칙에 따라 이루어지고 있는지 감독할 뿐이라고 본다. 나아가 피고인이 묵비권을 행사하더라도 묵비권을 행사한 사실이 실제에 있어 피고인에게 불리하게 작용해서는 안 된다고 본다. 이 책에서는 공정한 재판과 관련하여 대립되는 양 진영의 주장을 살펴본다.

내의 다수 학자들은 독일의 형사소송이 '직권주의'(Offizialmaxime)라고 하나 독일에서 'Offizialmaxime'란 '국가 소추주의'를 의미하는 용어로 사용되고 있다. 따라서 당사자주의와 대립되는 체제는 규문주의인 것이다.

이러한 검토를 통해 오늘날 대부분의 나라와 국제 규범이 당사자주의를 지지하며, 당사자주의로 나아가기 위해 노력하고 있음을 살펴보게 될 것이다. 이 책에서는 이러한 당사자주의를 핵심 요소로 삼는 공정한 재판이 올바른 형벌의 집행이라는 본래의 기능뿐만 아니라 시민을 교육하고, 이를 통하여 사회 공동체를 결속시키며, 나아가 국가 형벌권의 정당화 근거가 된다는 사실도 살펴본다.

재판의 공정성을 선언한다고 하여 재판에서의 공정성이 저절로 이루어지지는 않는다. 재판의 공정성은 당사자주의라는 가치를 향해 나아가면서 공정한 재판을 이루기 위한 이론적 논의와 제도화가 뒷받침되어야 하며, 이러한 제도를 통한 실천이 이루어져야 한다. 이 책에서는 공정한 재판으로 나아가기 위한 구체적 방안을 모색한다. 아울러 오늘날 인류 보편의 가치가 되고 있는 재판의 공정성이란 무엇이고, 형사 재판의 현실은 어떠한지, 재판의 공정성과 소송 구조는 어떤 관계가 있는지, 당사자주의가 공정한 재판과 어떻게 밀접한 관계가 있는지 살펴본다. 이러한 검토를 통해 시지푸스가 반복한 실패에 이르지 않는 길을 모색하고자 한다.

『클라시커 50 재판』이란 책에서 마리 자겐슈나이더(Marie Sagenschneider)는 50건의 세기적 재판을 검토한다. 자겐슈나이더는 재판사를 고찰할 때 재판을 통해서 결코 이상적 상태에 도달할 수는 없지만 인도주의 양심의 세계화라는 진보는 뚜렷이 나타난다고 밝히고 있다. 또한 정의를 위해 투쟁한 사람으로 인해 판결문에 인도주의 양심이 뿌리내리게 되었다고 언급하고 있다.[5] 인간이 하는 형사소송을 통하여 완전한 정의에 이르기는 어렵다. 그러나 형사소송에서는 당사자가 참여한 가운데 진실을 발견하여야 한다. 이러한 진실이 소송 당사자의 입증 활동을 통하여 주관적 요소가 상쇄되고 객관적 요소가 남도록 하여야 한다. 특히

5_ Marie Sagenschneider, *50 Klassiker Prozesse*, Gerstenberg Verlag, 2002 / 이온화 역, 클라시커 50 재판, 해냄, 2003, 8-9면.

형사소송에서는 절차적 정의, 즉 절차의 공정성, 공정한 절차와 증거 규칙의 정립 등을 통한 절차적 정의를 이루어야 한다. 이와 같은 진실 발견과 절차의 공정성을 통하여 형사소송은 법 공동체의 평화에 다가 갈 뿐만 아니라 법 공동체에 속한 시민으로 하여금 진정한 법치주의가 실현되고 있음을 교육할 수 있게 될 것이다.[6]

임마누엘 칸트(Immanuel Kant, 1724-1804)는 "계몽은 인간 자신의 잘못에서 비롯된 미성숙 상태를 벗어나는 출구이다"[7]라고 선언했다. 그러나 칸트의 이러한 명제는 아직도 본연의 가치를 회복하지 못하고 있다. 칸트는 계몽주의 시대의 "너 자신의 지성을 스스로 사용할 용기를 가져라"(Sapare aude!)라는 표어를 받아들여 계몽의 원리로 삼았다. 스스로 생각하려는 결단을 통해 계속해서 오류와 편견을 제거하고, 개인적 관심에서 점차 거리를 두며, '보편적 인간 이성'에 의한 점진적 해방에 이르게 하자는 것이 계몽주의의 공통된 근본 사상이다.[8] 공정한 재판을 위해 오류와 편견을 제거하고, 이러한 과정에서 개인적 이해 관계를 초월하며, 이를 통해 인류 보편적 가치에 도달하는 것은 에른스트 블로흐(Ernst Bloch)가 말한 인간의 존엄성을 향한 '행하는 규범'을 찾으려는 작업[9]도 될 것이다. 영국의 철학자 칼 포퍼(Karl Popper, 1902-1994)는 우리가 인간으로서 살아남을 수 있는 유일한 사회 형태는 열린 사회밖에 없다고 피력했다. 포퍼에 의하면 열린 사회의 최대 적은 개인의 판단이나 책임을 무시하는 닫힌 사회로, 이런 이념을 경계하면서 언제든 합리적 토론이 가능한 열린 사회로 지향해야 한다고

6_ 권영법, 형사소송과 과학적 증거, 세창출판사, 2012, 279면.

7_ Immanuel Kant, *Was ist Aufklärung?*, in: Ernst Bloch, *Naturrecht und menschliche Würde*, Suhrkamp Verlag, 1972 / 박설호 역, 자연법과 인간의 존엄성, 열린 책들, 2011, 13면.

8_ Orfried Höffe, *Immanuel Kant*, 7. Aufl., C. H. Beck, 2007 / 이상헌 역, 임마누엘 칸트, 문예출판사, 2012, 12면.

9_ Ernst Bloch, 위의 책, 13면.

주장한다.[10] 이 책에서 다루고 있는 공정한 재판론은 포퍼가 말한 열린 사회를 지향한다. 나아가 공정한 재판을 지향하는 것에서 한 걸음 더 내딛은, 공정한 재판을 이루기 위한 이론적 논의, 제도화, 실천이 중요하다. 다시 말해 편견을 극복하고 꾸준한 실천을 통해 공정한 재판을 구현하는 일에 힘써야 한다. 포퍼의 표현을 빌리자면 "공정한 재판으로 나아가는 길이란 문제 해결의 연속이다"고 할 수 있다.

이와 같이 이 책에서는 공정한 재판으로 나아가기 위한 이론, 제도, 실천론을 다룬다. 필자는 이 책을 집필함에 있어 법률 실무가, 법학 전공자뿐만 아니라 일반 독자도 염두에 두었다. 일반 독자에게는 구체적 실천론을 다룬 제4장부터 읽어보기를 권한다. 이 책을 쓰면서 공정한 재판론을 체계적으로 다룬 책을 구하려 하였으나 여의치 않았다. 그것은 필자가 과문(寡聞)한 탓도 있겠지만, 영미에서는 공정한 재판이란 용어를 현재 완료형으로, 유럽 대륙에서는 현재 진행형으로 인식하고 있기 때문에 절실함이 없어서일 수도 있다. 그러나 우리에게 공정한 재판이란 말은 지향하고 구현해야 할 미래형이기에 더욱 절실하게 다가온다. 이 책이 공정한 재판이란 공론의 장에 있어 길마중으로 쓰인다면 필자로서는 더 바랄 나위가 없다. 이 책이 출간되기까지 많은 분의 도움을 받았다. 사무실 직원들은 원고 정리에 많은 도움을 주었고, 내자는 표지 그림을 직접 그려 주었다. 세창출판사의 이방원 사장님과 임길남 상무님은 이 책의 출간을 맡아 힘써 주셨다. 이 모든 분께 감사드린다.

2014년 12월
亭下洞에서
권영법

10_ Karl Popper, *All Life is Problem Solving*, Piper Verlag, 1994 / 허형은 역, 삶은 문제 해결의 연속이다, 부글, 2013, 299면.

| 제1장 | 형사 재판의 현실과 재판의 공정성

Ⅰ. 교육, 사회 통합 그리고 공정한 재판 ·· 3

　　1. 공정한 재판과 교육, 사회 통합 / 3

　　2. 헌법재판소가 바라보는 공정한 재판의 의의와 근거, 요소 / 7

　　3. 공정의 중요성과 형사 재판의 현실 / 16

Ⅱ. 공정한 재판이란? ··· 22

　　1. 공정한 재판과 정의와의 관계 / 22

　　2. 공정한 재판(fair trial)의 어원 / 32

　　3. 공정성의 판단 기준 / 34　　　　4. 국제 규약과 공정한 재판 / 39

　　5. 형사소송의 모델론과 재판의 공정성 / 49

　　6. 재판 공정성의 요소 / 54

　　7. 공정한 재판을 받을 권리의 효력 / 60

| 제2장 | 소송의 구조와 재판의 공정성

Ⅰ. 소송의 구조론 ·· 67

　　1. 소송의 구조론과 모델론 / 67　　2. 독일에서의 논의 / 69

　　3. 영미에서의 논의 / 74　　　　　4. 소송 구조론의 평가 / 78

Ⅱ. 한국 형사소송의 구조 ·· 83

　　1. 소송 구조와 관련된 용어의 검토 / 83

2. 한국 형사소송의 구조에 대한 논의 / 89

3. 당사자주의와 규문주의의 구분 / 93

4. 한국 형사소송의 구조 / 99

5. 현행 소송 구조에 대한 평가 / 105

| 제3장 | **당사자주의의 가치**

Ⅰ. 당사자주의의 사적 전개 ·· 117

1. 당사자주의의 기원 / 117

2. 영국에서의 당사자주의 전개 / 119

3. 영국법의 계수 / 121

4. 미국에서의 최근의 동향: 반규문주의의 전개 / 122

Ⅱ. 당사자주의 이론 ·· 125

1. 당사자주의의 지지 근거 / 125

2. 당사자주의 이론 / 126

Ⅲ. 당사자주의 이념 요소 ·· 131

1. 당사자주의 이념 / 131   2. 진실 발견 / 132

3. 인간의 존엄성 / 133   4. 기본권의 보장 / 135

5. 시민 교육 / 137   6. 배심 제도 / 139

Ⅳ. 당사자주의 위험 요소 ·· 141

1. 대중이 당사자주의를 신봉하는 이유 / 141

2. 진실 발견에 있어서의 위험성 / 143

3. 제도적 취약점 / 146

Ⅴ. 당사자주의 강화책 ··· 150

1. 당사자주의의 보편적 가치와 반규문주의 / 150

2. 개혁의 사례 / 152

3. 당사자주의 강화책에 대한 논의 / 154

Ⅵ. 당사자주의의 가치 ·· 158

1. 당사자주의의 규범적 가치 / 158

2. '열린 사회'로 나아가는 길 / 160

3. 당사자주의의 보편적 가치 / 161

4. 상사 영역에서 당사자주의의 가치 / 163

| 제4장 | **공정한 재판으로 가는 길**

Ⅰ. 공정성의 수호자와 재판 공정성의 중요성 ························ 167

1. 공정성의 수호자와 당사자주의 / 167

2. 공정성의 수호자로서 판사의 자질 / 168

3. 공정성에서의 실패 사례 / 169

4. 공정한 재판과 시민 교육 / 170

5. 평범의 왕국과 당사자주의 / 173

Ⅱ. 공정한 재판 원칙의 적용 ·· 174

1. 일반론 / 174   2. 절차 모델론의 적용 / 175

3. 소송 구조론의 적용 / 178   4. 법치국가 원리의 적용 / 180

5. 국제 규범의 적용 / 181

Ⅲ. 소송 및 법정의 구조와 공정한 재판 ································ 183

1. 권한 분배와 배심 / 183   2. 법정의 구조 / 189

3. 사법부의 독립 / 193   4. 기소 재량 / 195

5. 증거개시 / 198   6. 조서 재판 / 200

7. 피고인 신문 제도 / 215   8. 사인소추 제도 / 218

9. 미결구금 / 223   10. 유죄 협상 제도 / 224

11. 언론 보도 / 231

IV. 재판의 공정성과 관련된 쟁점 ················· 237

　　1. 종교의 자유 / 237　　　　　2. 통·번역을 받을 권리 / 238

　　3. 재판의 지연 / 239　　　　　4. 진술 거부권 / 240

　　5. 소수자에 대한 동등한 대우 / 241

　　6. 공동 피고인에 대한 재판 / 243

　　7. 변호인의 조력을 받을 권리 / 243

　　8. 피해자의 절차 참여권 / 244

| 제5장 | 재판 공정성의 지향과 구현

I. 재판 공정성 지향의 역사 ···················· 251

　　1. 함무라비법 / 251　　　　　2. 신명기 / 253

　　3. 로마법 / 254

　　4. 영국의 대헌장(Magna Carta) / 257

　　5. 영국의 권리장전(Bill of Rights) / 259

　　6. 세계 인권 선언 / 261　　　　7. 유럽 인권 협약 / 262

　　8. 검토: 역사에서의 교훈 / 265

II. 공정한 재판의 구현: 이론·제도화·실천 ············ 268

　　1. 공정한 재판의 이론 / 268

　　2. 공정한 재판의 제도화 / 269

　　3. 공정한 재판의 실천 / 270

☒ 참고문헌 / 273

☒ 찾아보기 / 291

제1장

형사 재판의 현실과 재판의 공정성

Ⅰ. 교육, 사회 통합 그리고 공정한 재판

Ⅱ. 공정한 재판이란?

I. 교육, 사회 통합 그리고 공정한 재판

"Bonus iudex secundum aequum et bouum indicat"
(선한 재판관은 공정과 선에 의거하여 판단한다)

- 「로마 격언」

1. 공정한 재판과 교육, 사회 통합

의사소통 이론을 제창한 위르겐 하버마스(J. Habermas)는 그의 책
『사실성과 타당성』에서 법의 사회 통합 기능을 강조한다.[1] 하버마스
는 정의에 대한 철학적 담론에서는 법사회학이 염두에 두고 있는 제도
적 차원의 검토가 없었다고 비판한다. 그러나 법사회학 역시 법 외부
에서의 객관적 분석에 치중한 나머지 법 내부에서 이루어지는 작동에
대한 감수성이 부족함을 지적한다.[2] 하버마스는 이러한 법 질서 속에

1_ J. Habermas, *Faktizität und Geltung: Berträge zur Diskurstheorie des
   Rechts und demokritischen Rechtsstaats*, Suhrkamp Verlag, 1992 / 한상진,
   박영도 역, 사실성과 타당성: 담론적 법 이론과 민주적 법치국가 이론, 나남,
   2010, 11면 이하.
2_ 그러나 하버마스의 법사회학에 대한 이런 지적과 달리 법사회학은 크게 양 진영
   으로 나뉘고 있다. 법사회학은 실정법의 자족적 완결성을 전제로 형식 논리적
   해석에만 주력해온 전통 법사회학에 대한 반성에서 출발한 진영(에를리히, 파
   운드 등)과 일반 사회학의 발달에 따라 이론적 경험 과학의 입장에서 사회 현상
   으로서의 법 현상에 관하여 법의 사회학을 수립하려는 의도에서 비롯된 진영
   (뒤르켐, 베버 등)으로 나뉜다. 다시 말해 법 정책의 도구로서의 법사회학과 순
   수 이론으로서의 법사회학이 대립되고 있다. 이는 법사회학과 법 실천과의 관
   련성을 둘러싼 대립으로, 첫째는 법사회학이 법 제정이나 법 해석과 같은 법 실

서 막스 베버(Max Weber)가 말하는 이념과 이익이, 탈코트 파슨스 (Talcott Parsons)가 말하는 문화적 가치와 동기가 서로에게 영향을 미친다고 본다.[3] 하버마스는 법이라는 규범의 강제가 행위자에게 외부에서 부과하는 폭력으로 인식되지 않으려면, 행위자가 법 규범을 도덕적 강제로 받아들여 자신의 내면으로 체화해야 한다고 주장한다. 또한 이러한 내면화를 통하여 사회 통합으로서의 법의 고유한 기능이 드러나도록 해야 한다고 강조한다.[4] 하버마스는 결국 법사회학, 철학이 그동안 법의 사회 통합 기능을 소홀히 하였음을 지적하고 있는 것이다.

이러한 논의를 이 책에서 다루고자 하는 형법과 국가 형벌권을 집행하는 형사 재판으로 국한해 보자. 이러한 검토를 하기에 앞서 '기능'이라는 용어가 어떤 의미를 갖는지 살펴볼 필요가 있다. 필자는 다른 글에서 기능(funtion)이라는 용어가 원래 생물 철학(Philosophy of Biology)에서 유래된 개념임을 언급하였다.[5] 기능이란 개념을 형벌에 적용하면 형벌의 기능이란 형벌이라는 제도를 집행함에 따른 작용과 그로 인한 사회적 역할과 작용, 형벌이라는 제도의 계속적 집행을 위하여 사회의 지속성을 유지하는 데 기여하는 작용 등을 뜻하게 된다.[6] 필자는 다른 책에서 이러한 형벌을 분석하는 데 여러 방법론이 있음을 밝

천과 결코 무관한 것이 아니라고 보는 법 정책의 도구로서의 법사회학이 있다. 다음으로 현재의 법 체계 자체를 연구하려는 것이 아니라, 법의 연구를 통해 궁극적으로 사회 질서를 이해하려고 하고, 법 체계 자체가 연구 대상이 되는 경우에도 법 체계를 개선하고자 하는 것이 아니라, 좀 더 넓은 사회 구조 속에서 법 체계를 이해하고자 하는 순수 이론적 법사회학이 있다: 김명숙, 막스 베버의 법사회학, 한울아카데미, 2003, 194-195면.

3_ J. Habermas, 위의 책, 11면.
4_ J. Habermas, 위의 책, 11면, 118-119면.
5_ 권영법, "형벌의 기능론적 분석과 그 형사정책적 함의", 「법조」 통권 제690호 (2014.3), 10-11면; Martin Mahner et al., "Function and Functionalism: A Synthetic Perspective", *Philosophy of Science*, Vol. 68, No. 1 (Mar., 2001), pp.76-77.
6_ 권영법, 위의 글, 11면.

했다.[7] 즉 형벌 이론적, 실증적 · 범죄학적, 법경제학적, 사회학 · 심리학적 분석 방법론이 있다. 따라서 하버마스가 언급하고 있는 법사회학적 분석이란 이와 같은 여러 분석 방법론 중 하나일 뿐이다. 이와 같은 분석 방법론을 종합하면 형벌 기능에는 하버마스가 언급한 사회 통합 기능이나 하버마스가 자신의 책에서 지적한 형벌의 또 다른 기능인 응보 외에도 여러 기능이 있다. 즉 형벌의 기능으로는 특별억제, 일반억제, 무해화 내지 무력화, 재활 내지 범인의 치료, 교육 내지 교정, 재사회화, 일반 시민에 대한 도덕적 효과, 응보 내지 속죄, 분개의 전환, 회복 내지 사회 통합, 원상 회복이라는 기능이 있다.[8] 필자가 이렇게 형벌의 기능을 소개하는 것은 이러한 형벌의 기능이 형사 재판의 기능과 밀접하게 관련되기 때문이다. 그러나 형벌에는 이러한 순기능 외에도 범죄인에 대한 낙인 효과, 수감으로 인한 재범의 발생과 오염, 사회에 대한 적대감의 발생, 교도소의 정신 치료 시설로의 전락이라는 부정적 기능도 있다.[9] 형벌의 역기능 중 낙인 효과는 비단 형벌뿐만 아니라 형

7_ 권영법, 현대 형법 이론, 세창출판사, 2014, 155면 이하.

8_ 형벌의 특별억제(specific deterrence)란 범죄인에게 형벌을 부과하여 범죄자로 하여금 장래에 범죄를 하지 않도록 하는 것을 말하고, 일반억제(general deterrence)란 범죄자에 대한 처벌이 제3자에 대한 관계에서 장래의 범죄를 억제하도록 하는 것을 말한다. 무해화(restraint)란 범죄로 인해 위험한 사람을 사회에서 격리하여 사회 자신을 보호하는 것을 말하며, 재활(rehabilitation)이란 범죄자로 하여금 적절한 처우를 받도록 하여 사회로 복귀시키고 장래에 범죄를 저지르지 않겠다는 필요성과 욕구를 형성시키는 것을 말한다. 교육(education)이란 일반 시민과 범죄자가 형사 재판에 참여함으로써 무엇이 옳고 그릇 것인지 교육하는 것을 말하며, 응징(retribution)이란 범죄자에게 사회가 범죄에 상응하는 복수를 하는 것을 말한다. 회복(restoration)이란 형벌을 통해 범죄자에게 고통을 가하는 것에 대신하여 범죄자로 하여금 피해자에게 어떠한 형태이든 보상하게 하는 것을 말하며, 이를 통해 사회 통합을 도모한다. 이러한 형벌의 기능의 개념과 그 내용의 상세에 대해서는 권영법, 주 5)의 글, 21면 이하.

9_ 형벌의 낙인(labelling) 효과란 형벌이라는 공식 사회 규범의 집행이 범죄자를 낙인찍게 되어 오히려 재범률을 높이는 것을 말한다. 교도소에 대한 투자가 증가하면 저임금 계층에 대한 복지 혜택이 줄어들게 되고 사회 여건이 악화되어

사 재판의 기능으로도 볼 수 있다. 이러한 형벌 기능 중에서 형사 재판과 관련하여 특별히 주목해야 할 기능은 교육 기능과 사회 통합 기능이다.[10]

햄프톤(Jean Hampton)은 전자, 즉 형벌의 교육 기능과 관련하여 도덕 교육 이론(moral education theory)을 제창하였다.[11] 햄프톤에 의하면 범죄인이 형벌을 통하여 무엇이 옳고 그른지 교육받는 것이 매우 중요하다고 본다. 또한 이러한 과정이 형벌의 윤리적이고 법적인 정당화의 근거가 된다는 것이다. 그런데 이러한 형벌의 교육 기능은 비단

높은 범죄율이 유지되는 악순환이 되풀이된다. 또한 교도소가 사실상 범죄자에 대한 정신 치료 시설로 전락될 수 있으며, 독방 감금은 수감자에게 스트레스와 좌절감을 유발할 수 있으며, 교도소가 범죄인을 순화하지 못하고 오히려 반사회성을 증가시킬 수도 있다: 권영법, 앞의 책, 175-177면.

10_ 그동안 '형벌 이론'과 관련하여 형법학자들은 응보 이론과 예방 이론을 중심으로 양 원칙의 배분 문제를 중점적으로 검토하여 왔다. 그러나 형벌 이론의 범주 안에는 여러 차원의 논의가 있다. 먼저 형벌권이라는 국가 권력의 근거가 되는 형벌의 정당화 근거가 있다. 여기에는 헌법적 근거와 합리적 시민의 동의인 정치 이론적 근거, 그리고 형벌이 공평하여야 정당성을 취득한다는 실제적 근거가 있다. 둘째, 형벌이라는 제도가 추구하는 목적이 법익을 보호하고, 사회 질서를 유지하며, 이를 통해 법적 평화를 도모한다는 형벌 목적론이 있다. 그런데 이러한 형벌은 일정한 원칙을 갖고 집행되어야 한다. 즉 형벌 원칙에는 응보 원칙과 범죄인을 향한 특별예방과 일반인을 향한 일반예방이라는 예방 원칙이 있으며, 이들 원칙을 적용함에 있어 응보 원칙과 예방 원칙을 어떻게 분배할 것인가의 문제인 형벌의 분배 원칙론이 있다. 그 다음으로 형벌의 기능론이 있고, 이러한 형벌이 범죄인의 책임으로 한정되어야 한다는 책임 원칙, 형벌이 범죄에 비례하여야 한다는 비례성의 원칙, 형벌이 최후 수단이라는 보충성 원칙이 있는데 이러한 원칙들은 형벌의 제한 원리에 해당한다. 따라서 형벌 이론 내에는 다양한 차원의 논의, 즉 형벌의 정당화 근거론-목적론-원칙론-기능론-제한 원리론이 있다: 권영법 위의 책, 107면 이하. 그동안 형법학자들은 형벌의 원칙론을 주로 검토하여 왔고, 하버마스는 형벌의 기능 중 교육 내지 사회 통합 기능에 주목하고 있으나 위와 같이 형벌 이론 안에는 다양한 차원의 논의가 있음을 보게 된다.

11_ Jean Hampton, "The Moral Education Theory of Punishment", *Punishment*, ed., by John A. Simon et al., Princepton Uni., 1995, p.117.

범죄인에게만 향해 있는 것이 아니다. 형사 재판에는 범죄인, 다시 말해 피고인만 참여하는 것이 아니라 일반 시민도 참여한다. 시민은 형사 재판 과정과 판결의 선고, 형의 집행에 직접 참가할 수도 있고, 언론 보도 등을 통해 형사 재판을 간접적으로 접할 수도 있다. 공정하고 올바른 재판은 형벌과 형사 재판에 대해 시민이 그동안 잘못 알고 있었던 점을 시정하도록 할 수 있고, 형벌을 도덕이나 윤리로 받아들이게 하고, 이를 내면화하게 한다. 하버마스가 강조하였던 부분은 바로 이러한 공정한 재판을 통한 교육과 이를 통한 형벌이라는 규범의 정당화라고 볼 수 있다.

이하에서는 이와 같이 형법이라는 법 규범을 정당화하는 공정한 재판이 무엇인지 본격적으로 살펴보기 전에 헌법재판소가 이해하고 있는 공정한 재판론에 대하여 살펴보기로 한다.

2. 헌법재판소가 바라보는 공정한 재판의 의의와 근거, 요소

(1) 공정한 재판이란?

공정한 재판(fair trial)이란 무엇인가? 라는 질문에 선뜻 대답할 수 없는 것은 공정한 재판의 핵심이 되는 '공정'(fairness)이라는 개념이 매우 포괄적 개념이기 때문이다. 재판이 공정해야 한다는 명제에 이견이 있을 수 없지만 공정성의 의미나 요소에 대하여는 여러 의견으로 나뉠 수 있다. 공정은 정의와 깊은 관계를 맺고 있고, 특히 절차적 정의와 밀접하거나 거의 같은 말로 쓰인다. 또한 공정(fairness)이라는 용어는 역사적으로 볼 때 의미가 변하여 왔기에 정확한 의미를 파악하려면 공정이라는 용어에 대한 역사적 고찰도 할 필요가 있다. 나아가 공정한 재판은 오늘날 여러 국제 조약에서 명문으로 규정하고 있어 인류 보편의 가치 개념이 되고 있는데, 공정이란 의미를 파악하려면 이러한 국제 조약도 두루 살펴볼 필요가 있다.

이하에서는 이러한 포괄적이고 역사적 개념인 '공정' 내지 '공정한 재판'을 이해하기에 앞서 우선 우리 헌법과 헌법재판소가 공정한 재판을 어떻게 규정하고 또 어떻게 이해하고 있는지 살펴본다.

(2) 헌법재판소 결정을 통해 본 공정한 재판의 의미

미국 수정헌법 제6조에서는 형사 재판에서 공정한 배심원에 의해 신속한 공개 재판을 받고 피의 사실을 고지받을 권리와 증인을 대면할 권리, 변호인의 조력을 받을 권리를 규정하고 있다.[12] 이를 '재판 청구권'으로 이해하고 있는데, 재판 청구권이란 사법 제도의 이용을 절차적으로 보장하는 기본권으로, 모든 국민이 법원에 대하여 신속하고 공정한 재판을 받도록 청구하는 권리이다. 미국의 경우, 미국 헌법에 법원 접근권에 대한 명문의 규정이 없으나 연방대법원 판결을 통하여 이를 인정하고 있다.[13] 우리 헌법재판소도 미국 연방대법원과 마찬가지로 공정한 재판을 받을 권리를 재판 청구권으로 이해한다.

우리 헌법과 헌법재판소가 이해하고 있는 공정한 재판에 대하여는 이하에서 자세히 살펴보겠지만 우선 간략하게 살펴보면, 헌법재판소는 헌법 제27조 제1항, 제3항이 공정한 재판을 받을 권리를 보장하고 있다고 본다. 즉 공정한 재판을 받을 권리가 법률에 의한 재판을 받을 헌법적 권리에 포함된 것으로 보고 있다. 헌법재판소는 공정한 재판이란 헌법과 법률에 정한 자격이 있고 헌법에서 정한 절차에 의해 임명되고 신분이 보장되며 독립하여 심판하는 법관으로부터 헌법과 법률에 의하여 양심에 따라 적법하게 이루어지는 재판을 의미한다고 본다. 공정한 재판을 받을 권리에는 법관이 주재하는 공개된 법정에서

12_ 조수혜, "재판 청구권의 실질적 보장을 위한 소고 —수용자의 경우를 중심으로 한국과 미국의 논의 비교—", 「홍익법학」 제14권 제3호(2012), 436면.

13_ 조수혜, 위의 글, 435면, 464면; 문홍주, 미국 헌법과 기본적 인권, 유풍출판사, 2002, 434면 이하; 안경환, 미국 헌법의 이해, 박영사, 2014, 420면 이하.

모든 증거 자료가 조사·진술되고 검사와 피고인이 서로 공격·방어할 수 있는 공평한 기회가 보장되는 재판을 받을 권리도 여기에서 파생되어 나온다고 본다.[14]

이하에서는 헌법재판소 결정에서 드러나고 있는 공정한 재판의 의의에 대하여 살펴보기로 한다. 공정한 재판이 무엇을 의미하는가에 대하여 헌법재판소는 위에서 본바와 같이 "공정한 재판이란 헌법과 법률이 정한 자격이 있고, 헌법 제104조 내지 제106조에 정한 절차에 의하여 임명되고, 신분이 보장되어 독립하여 심판하는 법관으로부터 헌법과 법률에 의하여 그 양심에 따라 적법절차에 의하여 이루어지는 재판을 의미"한다고 판시하고 있다.[15] 다시 말해 헌법재판소는 공정한 재판이란 독립된 법관에 의한 적법절차에 따른 재판을 의미한다고 보고 있는 것이다.

(3) 공정한 재판을 받을 권리의 근거

다음으로 공정한 재판을 받을 권리의 근거에 대하여 살펴보기로 한다.

헌법재판소는 이러한 공정한 재판을 받을 권리의 근거에 대하여 다음과 같이 판시하고 있다:[16]

"우리 헌법 제12조 제1항 후문은 누구든지 법률에 의하지 아니하고는 체포·구속·압수·수색 또는 심문을 받지 아니하며, 법률과 적법한 절차에 의하지 아니하고는 처벌·보안처분 또는 강제노역을 받지 아니한

14_ 우지숙 외 2, "재판의 공정성에 대한 인식에 영향을 미치는 요인에 대한 연구 ─국민참여 재판 그림자 배심원들의 경험을 바탕으로─", 「서울대학교 법학」 제54권 제4호(2013.12), 263면.

15_ 헌법재판소 2001.8.30. 선고 99헌마496 결정.

16_ 헌법재판소 1996.12.26. 선고 94헌바1 결정; 헌법재판소 1996.7.16. 선고 97헌바22 결정.

다고 규정하여 적법절차의 원칙을 헌법 원리로 수용하고 있는바, 이 적법절차의 원칙은 법률이 정한 형식적 절차와 실체적 내용이 모두 합리성과 정당성을 갖춘 적정한 것이어야 한다는 실질적 의미를 지니고 있는 것으로, 특히 형사소송 절차와 관련시켜 적용함에 있어서는 형사소송 절차의 전반을 기본권 보장의 측면에서 규율하여야 한다는 기본 원리를 천명하고 있는 것으로 이해하여야 한다. 또한 **헌법은 제27조 제1항**에서 모든 국민은 헌법과 법률이 정한 법관에 의하여 법률에 의한 재판을 받을 권리를 가진다고 규정하고 같은 조 제3항에서 모든 국민은 신속한 재판을 받을 권리를 가진다. 형사 피고인은 상당한 이유가 없는 한 지체 없이 공개 재판을 받을 권리를 가진다고 규정하여 공정하고 신속한 공개 재판을 받을 권리를 보장하고 있는바, 이 재판 청구권은 재판 절차를 규율하는 법률과 재판에서 적용될 실체적 법률이 모두 합헌적이어야 한다는 의미에서의 법률에 의한 재판을 받을 권리뿐만 아니라, 비밀 재판을 배제하고 일반 국민의 감시하에서 심리와 판결을 받음으로써 **공정한 재판을 받을 수 있는 권리**를 포함하고 있다.”

다시 말해 헌법재판소는 헌법 제12조의 적법절차 조항과 헌법 제27조의 재판 청구권에 공정한 재판을 받을 권리가 포함되어 있다고 보고 있다.

이러한 취지의 판례의 태도는 지금까지 계속되고 있다. 2001년 헌법재판소는 “우리 헌법은 명문으로 ‘공정한 재판’이라는 문구를 두고 있지는 않으나, 학자들 사이에는 우리 헌법 제27조 제1항 또는 제3항이 공정한 재판을 받을 권리를 보장하고 있다고 하는 점에 이견이 없으며, 헌법재판소도 **헌법 제12조 제1항, 제4항, 헌법 제27조 제1항, 제3항, 제4항**을 종합하면, 우리 헌법이 **‘공정한 재판’**을 받을 권리를 보장하고 있음이 명백하다고 판시하는 등, ‘공정한 재판’을 받을 권리가 국민의 기본권임을 분명히 하고 있다”고 판시함으로써[17] 같은 취지의 판결을 내리고 있고, 나아가 공정한 재판을 받을 권리가 국민의 기본권임을 밝히고 있다.

(4) 공정한 재판의 요소

다음으로 헌법재판소는 공정한 재판의 요소를 무엇으로 보고 있는지 검토하기로 한다.

헌법재판소는 다음과 같이 판시한다:[18]

"공정한 재판을 받을 권리 속에는 신속하고 공개된 법정의 법관의 면전에서 모든 증거 자료가 조사 · 진술되고 이에 대하여 피고인이 공격 · 방어할 수 있는 기회가 보장되는 재판, 즉 원칙적으로 **당사자주의와 구두변론주의**가 보장되어 당사자가 공소 사실에 대한 답변과 입증 및 반증하는 등 공격 · 방어권이 충분히 보장되는 재판을 받을 권리가 포함되어 있다. 그렇다면 형사 재판의 **증거 법칙**과 관련하여서는 소극적 진실주의가 헌법적으로 보장되어 있다 할 것이다. 즉 형사 피고인으로서는 형사소송 절차에서 단순한 처벌 대상이 아니라 절차를 형성 · 유지하는 절차의 당사자로서의 지위를 향유하며, 형사소송 절차에서는 검사에 대하여 '**무기 대등의 원칙**'이 보장되는 절차를 향유할 헌법적 권리를 가진다고 할 것이다."

즉 헌법재판소는 공정한 재판을 구성하는 요소로 당사자주의, 구두 변론주의, 무기 대등의 원칙, 공정한 증거 규칙 등을 열거하고 있다. 헌법재판소가 열거하고 있는 요소들이 공정한 재판으로 나아가기 위한 가장 중요한 요소이긴 하지만 공정한 재판을 구성하는 요소에는

17_ 헌법재판소 2001.8.30. 선고 99헌마496 결정.

18_ 헌법재판소 1996.12.26. 선고 94헌바1 결정; 헌법재판소 1998.7.16. 선고 97헌바22 결정.

그 외에도 여러 요소가 있는데, 여기에 대하여는 후술하기로 한다.

(5) 침해의 구체적 사례

마지막으로 헌법재판소가 공정한 재판을 받을 권리가 침해된 것으로 보고 있는 구체적 사례를 검토한다.

1) 공판 기일 전 증인 신문

종전 형사소송법 제221조의2 제2항에서 제1회 공판 기일 전에도 검사는 임의로 진술했다가 다른 진술을 할 염려가 있는 경우 증인 신문을 청구할 수 있다고 규정하고 있었다.[19] 이에 대하여 헌법재판소는 다음과 같이 판시하였다:[20]

> "형사소송법은 형사 절차 중 증거 판단과 사실 인정에 관하여 헌법상 적법절차를 구현하기 위하여 자유 심증주의를 원칙으로 규정하고 있는데, 이때 자유 심증주의란 법관의 자의적 증거 판단과 사실 인정을 의미하는 것이 아니라 법관의 합리적 자유 심증에 따른 사실 인정 과정을 의미하는 것이므로, 법관의 올바른 자유 심증을 위하여 당사자가 절차의 주체가 되어 자유롭게 각자에게 유리한 모든 증거를 제출하여 활발한 입증 활동을 하는 가운데 법관도 객관적 입장에서 증거를 자유롭게 평가할 수 있는 여건이 갖추어질 것을 전제로 한다. **형사소송법 제221조의2 제2항**은 범인 필벌의 요구만을 앞세워 과잉된 입법 수단으로 증거 수집

19_ 종전 형사소송법 제221조의2 제2항[법률 제5054호, 1995.12.29. 일부 개정]에서는 "전조의 규정(제221조를 말하는 것으로, 2007.6.1.에 개정되기 전 종전 형사소송법 제221조에서 검사 또는 사법 경찰관은 수사에 필요할 때에는 피의자 아닌 자의 출석을 요구하여 진술을 들을 수 있다고 규정하고 있었다)에 의하여 검사 또는 사법 경찰관에게 임의의 진술을 한 자가 공판 기일에 전의 진술과 다른 진술을 할 염려가 있고 그의 진술이 범죄의 증명에 없어서는 아니 될 것으로 인정될 경우에는 검사는 제1회 공판 기일 전에 한하여 판사에게 그에 대한 증인 신문을 청구할 수 있다."고 규정하고 있었다.

20_ 헌법재판소 1996.12.26. 선고 94헌바1 결정.

과 증거 조사를 허용함으로써 법관의 합리적이고 공정한 자유 심증을
방해하여 헌법상 보장된 법관의 독립성을 침해할 우려가 있으므로, 결
과적으로 그 자체로서도 적법절차의 원칙 및 공정한 재판을 받을 권리
에 위배되는 것이다."

즉 검사의 판단에 의해 참고인이 수사 기관에서 한 진술을 번복할
우려가 있다는 염려만으로 공판 기일 전에 증인 신문을 할 수 있도록
한 조항은 법관의 공정한 자유 심증을 방해하므로 공정한 재판을 받을
권리를 침해한다고 본 것이다.

2) 「소송 촉진 등에 관한 특례법」에서의 불출석 재판

종전 「소송 촉진 등에 관한 특례법」 제23조에서는 피고인의 소재
를 파악할 수 없을 경우 피고인의 진술 없이 재판할 수 있다고 규정하
고 있었다.[21] 이에 대하여 헌법재판소는 다음과 같이 판시하였다:[22]

21_ 종전 규정과 헌법재판소 위헌 결정으로 개정된 조항을 비교해 보면 다음과 같
다:

소송 촉진 등에 관한 특례법
[시행 1981.3.1.][법률 제3361호, 1981.1.29. 제정]
제23조(제1심 공판의 특례) 제1심 공판 절차에 피고인에 대한 송달 불능 보고서가 접수된 때로부터 6월이 경과하도록 피고인의 소재를 확인할 수 없는 때에는 대법원 규칙이 정하는 바와 따라 피고인의 진술 없이 재판할 수 있다. 다만, 사형 · 무기 또는 단기 3년 이상의 징역이나 금고에 해당하는 사건의 경우에는 그러하지 아니하다.
소송 촉진 등에 관한 특례법
[시행 1999.12.28.][법률 제3361호, 1981.1.29. 일부 개정]
제23조(제1심 공판의 특례) 제1심 공판 절차에서 피고인에 대한 송달 불능 보고서가 접수된 때로부터 6월이 경과하도록 피고인의 소재를 확인할 수 없는 때에는 대법원 규칙이 정하는 바에 따라 피고인의 진술 없이 재판할 수 있다. 다만, 사형 · 무기 또는 장기 10년이 넘는 징역이나 금고에 해당하는 사건의 경우에는 그러하지 아니하다.

양 조문을 비교해 보면, 제1심 공판시 피고인에 대한 송달 불능 보고서가 접수

"당사자주의와 구두 변론주의 재판 구조를 가지고 있는 형사소송 절차에서 피고인의 공판 기일 출석권은 단지 피고인의 방어권 보장을 위해서뿐만 아니라 실체적 진실 발견을 위하여도 매우 중요한 권리라 하지 않을 수 없다. 그리하여 형사소송법은 제276조에서 피고인이 공판 기일에 출석하지 아니한 때에는 특별한 규정이 없으면 개정하지 못한다는 원칙을 선언하는 한편, 예외적으로 피고인이 의사 무능력자이거나(제26조, 제28조, 법정대리인이나 특별대리인이 소송행위를 대리한다) 법인인 경우(제27조 제1항, 제276조 단서, 대표자가 소송 행위를 대표한다), 다액 100만 원 이하의 벌금이나 과료에 해당하는 경미 사건의 경우(제277조, 즉결심판에 관한 절차법 제8조의2 제1항도 같은 취지임), 무죄·면소·공소 기각 등 피고인에게 유리한 재판을 하는 경우(제277조, 제306조 제4항), 피고인이 자의적 또는 일시 퇴정하거나 퇴정 명령을 받은 경우(제297조 제1항, 제330조), 구속 피고인이 출석을 거부하는 경우(제277조의2), 상소심의 경우(제365조, 제389조), 약식 명령에 대하여 정식 재판을 청구한 경우(제483조 제2항, 제365조)에는 피고인의 출석 없이 재판할 수 있도록 규정하고 있다. 다시 말하자면 형사소송법은 다액 100만 원 이하의 벌금이나 과료에 해당하는 경미 사건의 경우와 무죄·면소·공소 기각 등 피고인에게 유리한 재판을 하는 경우 등 중형 선고의 가능성이 전혀 없는 경우나 피고인의 자의적 또는 일시 퇴정하거나 퇴정 명령을 받은 경우와 구속 피고인이 출석을 거부하는 경우, 상소심의 경우 및 약식 명령에 대하여 정식 재판을 청구한 경우 등 불출석에 대한 책임이 피고인에게 있다고 할 수 있는 경우에 한하여 불출석 재판을 허용하고 있는 것이다. 피고인의 소재를 확인할 수 없을 때

된 때로부터 6개월이 지나도록 피고인의 소재를 확인할 수 없을 때 피고인의 진술을 듣지 않고 재판할 수 있도록 한 점은 같다. 다만 개정 법률에서는 이러한 예외 사유의 폭을 제한하고 있다. '장기 10년이 넘는 경우'에는 이러한 불출석 재판을 허용하지 않는다.

22_ 헌법재판소 1996.7.16. 선고 97헌바22 결정.

피고인의 진술 없이 재판할 수 있도록 제1심 공판의 특례를 규정한 「소송 촉진 등에 관한 특례법」 제23조는 재판 청구권에 관한 헌법 제27조 제1항에서 보장하는 공정한 재판을 받을 권리를 침해한다."

위와 같이 헌법재판소는 공정한 재판을 위해서는 법정에서 심리가 이루어져야 하고, 당사자주의, 구두 변론주의가 보장되어야 한다고 보고 있다.

3) 증인에 대한 접근 방해

또한 헌법재판소는 "검사가 증인의 검찰 진술을 번복하지 않도록 회유·압박하거나 청구인(피고인) 측이 그의 검찰 진술을 번복시키려고 접근하는 것을 예방·차단하기 위하여 또는 그에게 면회·전화 등의 편의를 제공하는 기회로 이용하기 위하여 그를 자주 소환한 사실이 인정되는 경우, 법원에 의하여 채택된 증인은 비록 검사측 증인이라고 하더라도 검사만을 위하여 증언하는 것이 아니며 오로지 그가 경험한 사실대로 증언하여야 하는 것이고 검사든 피고인이든 공평하게 증인에게 접근할 기회가 보정되어야 할 것이므로, **검사와 피고인 쌍방 중 어느 한편에게만 증인과의 접촉을 독점하거나 상대방의 접근을 차단하는 것을 허용한다면 상대방의 공정한 재판을 받을 권리를 침해하게 된다**"고 판시하였다.[23] 즉 헌법재판소는 공정한 재판을 위해서는 공개된 법정에서 모든 증거 자료가 조사되어야 하고, 검사와 피고인이 서로 공격 내지 방어할 수 있는 공평한 기회가 보장되어야 하는데, 검사가 피고인 측으로 하여금 증인에 대하여 접근하지 못하도록 하는 것은 공정한 재판을 받을 권리를 침해하는 것이라고 본 것이다.

23_ 헌법재판소 2001.8.30. 선고 99헌마496 결정.

3. 공정의 중요성과 형사 재판의 현실

(1) 공정의 중요성

다산(茶山) 정약용이 학문에서 추구하고자 했던 궁극적 목적이나 현실적으로 실현하려고 했던 목표는 공정하고 공평한 세상의 실현이었다. 다산이 바라던 평등, 공정한 수사와 재판, 인재 등용의 공정성 등은 모두 공정과 공평의 정신을 바탕으로 하고 있다. 다산은 이러한 공정(公正)을 위해서는 공직자의 '염'(廉), 즉 청렴이 필요하고 이를 통해서 나라가 유지되고 역사가 발전될 수 있다고 보았다.[24]

한편 공정성은 여러 분야의 학자들에게 관심 대상이 되어 왔다. 공정성에 대한 연구는 사회 전반적 접근과 조직 심리적 접근, 결과 지향적 접근과 과정 지향적 접근으로 나눌 수 있다. 이러한 공정성이 결과 지향적 접근인가 아니면 과정 지향적인가에 따라 분배 공정성과 절차 공정성으로 구분될 수 있다.[25] 전자인 분배 공정성(distributive fairness)이란 투입 노력과 산출 결과물의 비율을 통해 공정성을 지각하는 것을 말하며, 후자인 절차 공정성(procedural fairness)이란 보상을 결정하는 과정에 있어 수단이나 절차에서의 공정성을 지각하는 것을 말한다.[26] 형사 재판에서의 공정성이란 후자, 즉 절차에서의 공정성을 말

24_ 박선무, 다산 정약용 평전, 민음사, 2014, 334면 이하. 다산의 사상을 오늘날 재판의 공정성에 비추어 보면 다산 역시 재판에서의 공정성을 지향하고 있다고 볼수 있다. 다만 다산은 재판의 공정성을 재판관의 양심에 호소하고 있고, 이러한 점은 형사소송의 원칙 중의 하나인 자유 심증주의(freie Beweiswürdigung)와 일맥상통하는 점이 있다. 그러나 아무런 제약 없는 자유 심증주의는 '자의'(恣意) 심증주의로 흐를 수 있다. 재판의 공정성이 재판관의 양심에만 의존하게 되면 자의 심증주의라는 오류에 빠질 수 있으므로 여기에 대한 제도적 견제 장치의 필요성이 제기되는 것이다.

25_ 이윤경, "국민 가치관이 정부 공정성 인식에 미치는 영향에 관한 연구: Grid Group 문화 이론의 적용을 중심으로", 「정부학 연구」 제20권 제1호(2014), 121면.

26_ 이윤경, 위의 글, 125면.

한다고 볼 수 있다. 형사 재판에서 공정성이 이루어지려면 무엇보다도 당사자, 즉 검사와 개인 사이의 불평등이 시정되어야 한다. 특히 국가 기관인 검사에 비하여 열등한 지위에 있는 피고인에 대한 배려가 있어야 한다.

이상의 검토를 통하여 우리는 재판에서의 공정성을 이룩하는 데 판사의 역할이 결정적이고, 재판의 공정성을 위하여 당사자 사이의 불평등이 시정되어야 하며, 재판에서의 공정성의 핵심이 절차의 공정성임을 이해하게 되었다.

로마는 경쟁과 기회 균등의 공정한 규칙을 평민에게 개방하여 여기에서 생기는 에너지를 국가 발전에 활용하여 위대한 국가를 건설할 수 있었다.[27] 이러한 사실은 형사 재판의 공정성이 정의를 실현한다는 가치 이상의 의미가 있음을 보여준다. 즉 공정한 재판을 통하여 정의를 실현함으로써 재판을 바라보는 피고인 자신뿐만 아니라 일반 시민으로 하여금 법 규범을 받아들여 이를 자신의 도덕 규범으로 내면화하게 한다. 나아가 공정한 재판은 이러한 정의 실현이라는 차원을 넘어 사회에 활력을 제공할 수 있고, 이를 통해 국가 발전에도 기여할 수 있게 된다. 이에 세계 각국 정상들은 2014년 국가 운영 계획이 포함된 신년사를 발표할 때 공정성을 강조하였다. 이는 나라별로 배경이나 형태를 달리하더라도 공정성이 세계 공통의 과제로 부각되고 있음을 의미하는 것이다.[28]

(2) 형사 재판의 현실

사법부는 사회의 공정성을 확보하기 위한 최후의 보루라고 일컬어진다. 만약 재판의 공정성이 흔들린다면 재판이라는 제도의 존재 자체를 부정하게 된다. 나아가 공정성에 대한 사회 구성원들의 부정적

27_ 이종수, 대한민국은 공정한가, 대영문화사, 2013, 15면.
28_ 이윤경, 앞의 글, 120면.

인식은 사회 갈등을 심화시키고, 공동체 질서를 붕괴하는 심각한 부작용을 초래하게 된다.[29] 법 집행의 공정성에 대한 부정적 인식은 법을 지키면 손해 본다는 인식을 낳게 되고 법을 준수하겠다는 의지를 약화시킨다. 나아가 법 집행의 공정성 확보는 사회 통합을 위해서도 매우 중요하다.[30] 그러나 통계 자료에 의하면 우리나라 국민은 법 집행의 공정성에 대하여 대체로 부정적 인식을 갖고 있는 것으로 나타나고 있다. 법 집행의 공정성에 대한 불신은 "유전무죄, 무전유죄"라는 말이 회자되고 있는 것에서도 나타나고 있다. 또한 법조계에 대한 불신도 적지 않으며, 실제 형사 사건 처리를 위해서 전관 예우를 받을 수 있는 사람을 찾는 등 전관 예우가 실제로 있다고 생각하는 사람이 여전히 있다.[31]

2009년 동아시아 연구원에서 우리나라의 법 집행의 공정성에 대하여 조사를 한 결과에 의하면, "한국에서 법 집행이 얼마나 공정한가"라는 질문에 대하여 공정하다는 답변은 38.3%에 불과했고, 공정하지 않다는 답변은 60.6%에 달했다.[32]

법률 소비자 연맹이 2011년 성인 남녀 2,937명을 대상으로 '법과 사법 개혁에 관한 국민의 법 의식 조사'를 실시하였다. 법원의 재판에 대한 공정성에 대한 질문에 대하여 "포퓰리즘적이거나 불공정한 재판을 많이 하고 있다"는 의견이 67.18%로 높게 나타나 사법부 판결에 대한 불신의 골이 깊은 것으로 나타났다. 또한 수사나 재판을 직접 경험하였던 응답자의 경우 "불만족스럽다"는 의견이 52.74%로 매우 높았다.[33]

29_ 이종수, 앞의 책, 147면.
30_ 신의기 · 강은영, 법 집행의 공정성에 대한 국민 의식 조사 연구, 한국 형사정책연구원, 2012, 19면.
31_ 신의기 · 강은영, 앞의 글, 30면.
32_ 위의 글, 43면.
33_ 위의 글, 55면.

2012년 한국 형사정책연구원이 법에 대한 이미지에 대하여 우리나라 성인 남녀 1,770명을 조사한 결과, '사회 질서' 이미지가 28.4%, '권위적' 이미지가 19.4%, '공평한' 이미지가 18.8%, '민주적' 이미지가 18.5이며, '불공평' 이미지가 13.9%로 '권위적, 불공평' 이미지의 합계가 33.3%로 나타나고 있어 법에 대한 불신이 매우 큰 것으로 드러났다.[34] 형사 재판 '절차'에 대한 설문 조사에서는 전체 응답자의 63.0%가 공정하다고 생각하고 있고, 37.0%는 공정하지 않다고 생각하고 있는 것으로 나타났다. 형사 재판 '결과'의 경우 공정하다고 생각하는 사람이 59.6%, 공정하지 않다고 생각하는 사람이 40.4%로 나타났다.[35] 또한 사건 처리 경험 유무가 형사 재판 절차의 '공정성'에 대한 평가에 영향을 미치고 있는 것으로 나타났는데, 사건 처리 경험이 없는 사람들이 그러한 경험이 있는 사람들에 비하여 재판 절차가 공정하다고 인식하고 있다.[36] 공정성의 관점에 비추어 볼 때 형사 재판에 관여한 사람들에게 형사 재판에 대한 부정적 인식을 심어주고 있음을 나타내 주고 있어 우려가 되고 있다.

2012년 1월부터 그해 6월 사이에 전국에서 열린 20건의 국민참여 재판에서 진행된 그림자 배심에 참여한 배심원단 295명을 대상으로 하여 설문 조사를 실시한 연구가 있다. 이 연구에 의하면 재판의 공정성의 평가에는 판사의 역할이 결정적이라는 사실이 확인되었다. 위 연구에서 측정된 판사의 역할 관련 변수는 '판사의 공정한 재판 진행', '명확한 발언', '배심원에 대한 존중과 적절한 설명 문장'이다.[37] 이러한 연구는 판사가 능동적, 적극적으로 증거를 조사하게 되면 선입견이 생

34_ 위의 글, 110면.
35_ 의의 글, 175면.
36_ 위의 글, 182면.
37_ 우지숙 외 2, "재판의 공정성에 대한 인식에 영향을 미치는 요인에 대한 연구 —국민참여 재판 그림자 배심원들의 경험을 바탕으로—", 「서울대학교 법학」 제54권 제4호(2013.12), 264-283면.

길 수 있다는 사실을 시사한다. 나아가 조서를 통해 증거를 조사하면 '예단'을 갖게 된다는 사실을 고려할 필요가 있다. '공정한 재판 진행'이란 달리 표현한다면 '공정한 심판자'라는 것을 의미하는 것이므로 판사가 섣불리 증거 조사에 개입하는 것은 재판의 공정성에 부정적 영향을 주게 된다.

한편 국민참여 재판에 대한 공정성 평가에서는 배심원이 평의 과정에 얼마나 적극적으로 참여하였는지가 주요 요인임이 확인되었다.[38] 이러한 사실은 배심제가 시민의 민주주의 제도와 기능에 대한 교육의 장이 될 뿐만 아니라 배심원의 평의가 재판의 공정성에 있어서 중요한 역할을 함을 보여준다. 또한 공정한 재판을 위해서는 유·무죄의 판단과 양형을 함에 있어 수사 기록이나 조서에 의해서가 아니라 공개된 법정에서 심리해야 하며, 피고인에게 충분한 방어권을 주어야 한다는 점이 지적되어 왔다.[39] 조서에 주로 의존하여 하는 재판을 흔히 '조서 재판'이라고 일컫고 있다. 이러한 조서 재판은 재판이 공개되어야 한다는 공개 재판의 원칙에 반할 뿐만 아니라 그 자체 공정한 재판을 받을 권리도 침해하게 된다. 그러함에도 사법 인력의 충원 문제, 법정 시설의 문제 등 현실 문제로 인하여 조서에 의존하는 것이 크게 줄어들지 않고 있는 것이 현실이다. 그러나 이러한 조서 재판의 시정은 재판의 공정성으로 나아가기 위해 우선적으로 해결해야 할 과제가 되고 있다.

이러한 문제점 외에도 재판의 공정성에 있어서 여러 문제점이 있다고 지적되고 있다. 앞서 언급한 전관 예우의 문제 외에도 향판, 연고주의 등의 문제와 관련된 법조계의 비리 등의 문제가 늘 사회 이슈화되고 있다.[40] 이렇게 법조계를 불신하는 문화 내지 구조가 고착화된다

38_ 위의 글, 283면.
39_ 위의 글, 262면.
40_ 이종수, 앞의 책, 107면 이하.

면 사법의 신뢰는 물론이고, 사회 구성원간 갈등을 심화시킬 뿐만 아니라 궁극적으로는 공동체 질서가 붕괴될 수 있다는 점에서 매우 우려되는 현상이다.

그러나 최근 형사 사건 무죄율을 살펴보면 상당히 고무적이다. 즉 아래에서 보듯 2010년 이전의 무죄율은 1~2%로 매우 낮았다. 그러나 2010년 무죄율이 8.80%이고, 2011년 무죄율이 19.44%로 무죄율이 두 자리 수로 상승하고 있다.[41]

제1심 형사 공판 사건 무죄 인원수 및 무죄율 비교표

연도 \ 구분	판결 인원수	무죄 인원수	무죄율(%)
2002	196,494	1,436,	0.73
2003	201,681	2,159,	1.07
2004	219,669	2,469,	1.12
2005	205,402	2,190	1.07
2006	192,772	2,314	1.20
2007	214,005	3,166	1.48
2008	237,234	4,024	1.70
2009	248,704	6,240	2.51
2010	241,105	21,229	8.80
2011	246,619	47,947	19.44

위 무죄 인원수는 전체 형사 사건에 대비한 무죄 인원수가 아니라 제1심 형사 공판에 회부된 무죄 인원수이므로 전체 형사 사건과 대비한 무죄 인원수와는 상당한 차이가 있다. 다만 위 통계 자료에 의할 때

41_ 법원행정처, 2012 사법연감, 2012, 673면.

제1심 형사 공판에 회부된 피고인 중 2010년도 이후 무죄율이 급격하게 증가한 것을 볼 수 있고, 이는 구두에 의한 증거를 중심으로 심리하는 등 공판 중심주의를 강화한 것 등이 영향을 미친 것으로 보여진다.

마지막으로 살펴볼 것은 재판의 공정성이 한 나라의 문화와도 깊은 관계를 맺고 있다는 사실이다. 이와 관련하여 우리나라의 문화를 살펴보면, 한국은 기본적으로 계층제 문화가 많이 나타나고 있고, 시간이 지남에 따라 개인주의 문화와 평등주의 문화가 등장하고 있는 것으로 나타나고 있다. 계층주의 문화에서는 지배 계층의 통제에 구속되기 쉬우나 평등주의 문화에서는 구성원의 정체감과 공동체 의식 수준이 높게 나타나고, 개인주의 문화에서는 기회 균등을 중요시한다.[42] 이러한 분석은 계층주의 문화 성격이 강한 한국에서 공정한 재판보다도 범인의 처벌이라는 정부나 언론의 논리에 따라갈 위험이 크고, 기회 균등이라는 가치를 소홀히 할 수 있는 위험이 있음을 보여준다.

II. 공정한 재판이란?

1. 공정한 재판과 정의와의 관계

많은 사상가들이 공정의 근거를 공동체 속에서 살아가는 인간의 생활 방식에서 찾는다. 정의에는 '공동', '배려', '성숙'이라는 의미가 있다. '성숙'은 그리스어로는 'pubes'로 어른의 상태로 성장하는 것과 개인과 타인과의 관계를 이해하며, 그들 관계를 이해하는 능력을 말한다. '배려'는 그리스어 'Kommois'에서 파생된 것으로, 관계의 중요성을 나타낸다.[43] '정의'(justice)는 '옳음'(righteousness)과 '공정'(just)을 구성

42_ 이윤경, 앞의 글, 130-132면.
43_ 이종수, 앞의 책, 140-141면.

요소로 한다. 즉 정의와 어원을 이루는 'just'가 '올바름'이란 의미 외에 '공정'이라는 의미를 갖고 있으며, 정의의 여신 디케(Dike)가 왼손에 들고 있는 거울은 공정을 상징한다.[44] 이러한 관점에서 보면 공정은 정의의 한 요소로 파악할 수 있다.

정의론을 언급할 때 흔히 플라톤, 아리스토텔레스, 롤스를 지목하는데 이하에서는 그들이 말하는 정의와 최근에 부상하고 있는 공동체주의 정의에 대하여 검토한다. 나아가 공정과 관련하여 논의되고 있는 절차적 정의, 현실로서의 정의에 대하여도 살펴보겠다.

(1) 플라톤의 정의론

먼저 플라톤의 정의에 대하여 살펴보기로 한다.

플라톤(Platon)이 활동할 당시의 그리스에서의 일반 정의 규정에 따르면 '디카이오쉬네'(dikaiosunē)는 평등, 공정, 그 자신의 것을 소유함을 의미한다. 그리스의 디카이오쉬네는 오늘날 서구의 '정의'(justice)보다 폭넓은 개념으로, '정의'(justice)보다는 '도덕'(morality)에 가까운 개념이며, 타인과의 관계에서는 '도덕성'(morality)이나 '적절성'(propriety)을 의미한다.[45] 즉 디카이오쉬네는 대타적(對他的), 또는 사회적 함의를 지닌 개념이다. 그러나 플라톤의 정의론에서는 이러한 권리 개념이 보이지 않는다.[46] 플라톤의 정의론에 나타나는 두드러진 특징은, 좋은 국가의 실현에서 중요한 것이란 주도면밀하고 오랜 기간에 걸친 '교육과정'과 '철인왕의 이념'이다. 플라톤에 따르면 '개인의 정의'란 영혼의 각 부분이 자신의 역할을 행함으로써 내적 조화를 이룸을 말하고, '국가 정의'란 국가의 각 계층이 각자 적임(適任)을 수행함으로써 내적 질서와 조화를 이루어 통합적으로 나아감을 말한다.[47] 이와 같이 플라톤

44_ 이종수, 위의 책, 151면.
45_ 남경희, 플라톤, 서양 철학의 기원과 토대, 아카넷, 2003, 384면.
46_ 남경희, 위의 책, 385면.

은 정의를 정치적 덕(德, arete)으로 이해하고, 이 덕은 자기의 몫을 행하는 것이라고 설명한다.[48]

이러한 철인왕 사상은 다산 정약용의 공평 사상과 일맥상통한다. 플라톤의 철인왕과 다산의 청렴한 공직자란 대자적(對自的), 내면적 수행과 윤리를 강조한다. 그러나 현실에 있어서 이러한 철인왕이나 청렴한 공직자는 매우 드물다는 점에서 이들 사상의 한계를 보게 된다.[49] 형사 증거법에서의 자유 심증주의 역시 법관을 향한 대자적이고 내면적 윤리를 강조한다는 점에서 오늘날의 '공정'과는 그 의미에서 큰 차이가 있다.

(2) 아리스토텔레스의 정의론

다음으로 아리스토텔레스 정의론에 나타나고 있는 공정의 의미를 검토하기로 한다.

아리스토텔레스(Aristoteles)는 '공정성'(epieikeia)과 '정의'(dikaiosyne)를 구분한다. 아리스토텔레스는 공정성이 한 종류의 정의, 즉 법적 정의보다는 우월하지만 정의에 포함된다고 주장한다. 이러한 주장에 따라 아리스토텔레스는 정의와 공정성은 일치하지만 공정성이 우월하다고 본다. 공정성이 정의이긴 하지만 법적 정의가 아니라 법적 정의를 교정하는 정의로 본다. 다시 말해 법의 결함이 있는 곳에서 법을 교정

47_ 남경희, 위의 책, 586면.

48_ Kurt Seelmann, *Rechtsphilosophie*, C. H. Beck, 1994 / 윤재왕 역, 법철학(제 2판), 세창출판사, 2010, 173면; Edgar Bodenheimer, *Jurisprudence: The Philosophy and Method of the Law*, Harvard University Press, 1981. p.7.

49_ 플라톤의 철인왕 사상에서 전제가 되는 인간의 이성에 대한 신뢰란 현실적으로는 결코 확보될 수 없는 것이다. 나아가 역사상 전체주의에 대한 경험을 통하여 알고 있듯이 철인왕 사상은 전형적 전제국가의 모습을 띠고 결정적으로 좌절될 수밖에 없는 모델이다. 이러한 플라톤 사상에서의 전체주의 색채는 칼 포퍼와 같은 자유주의론자로부터 '열린 사회의 적'으로 선언된다: 김도균 외 2, 법치주의의 기초: 역사와 이념, 서울대학교출판부, 2008, 133면.

하는 것이 공정성의 본질이라고 본다.[50] 결국 아리스토텔레스가 말하는 한 종류의 정의란 자연법과 실정법을 구분할 때 실정법상 정의를 말하는 것이고, 공정성이란 넓은 의미의 정의에 속한다고 본 것이다. 아리스토텔레스는 정의 개념이 담고 있는 기술적 구성 요소에 초점을 두어 정의란 "동등한 사람이 똑같은 배상을 받는 것"을 의미한다고 보았다. 결국 아리스토텔레스는 정의의 본질을 형평성(epieikeia)과 공정성으로 이해하고 있는 것이다. 아리스토텔레스의 공정성(fairness) 개념은 정의에 있어 분배 원칙과 관련된 서술적(敍述的) 구성 요소를 많이 포함하고 있다는 점에서 '옳다'는 정의적(情意的) 구성 요소가 많이 들어가 있는 정의와 차이가 있음을 보게 된다.[51]

아리스토텔레스는 정의를 넓은 의미의 정의와 덕의 한 부분으로서의 정의로 나누고 후자를 다시 분배적 정의, 시정적 정의, 교환적 정의로 나눈다.[52] 시정적 정의는 각 당사자가 불공정한 거래가 있기 전에 공평한 몫을 소유했다는 것을 전제로 한다. 심판관의 목표는 그러한 불공정 거래가 있기 전에 양 당사자가 누렸던 균형을 회복시키는 것이 된다. 데이비드 존스턴(David Johnston)은 아리스토텔레스의 시정적 정의 이론이란 '균형 상호성'이라는 개념에 바탕을 둔 것으로 이해한다.[53] 공정성과 정의의 관계를 살펴보면, 아리스토텔레스가 말한 동등하게 분배한다는 분배적 정의, 사람과 사람 사이의 상호 교섭에서 시정 역할을 하는 시정적 정의, 거래 관계의 공정성 및 거래 규범에 대

50_ Aristotelis, *Ethika Nikomacheia* / 천병희 역, 아리스토텔레스, 니코마코스 윤리학, 도서출판 숲, 2014, 212-213면.

51_ 이종수, 앞의 책, 152-154면.

52_ 김정오 외 4, 법철학: 이론과 쟁점, 박영사, 2012, 93-94면; Arthur Kaufmann, *Rechtsphilosophie*, C. H. Beck, 1997 / 김영환 역, 법철학, 나남, 2007, 341-342면.

53_ David Johnston, *A Brief History of Justice*, Blackwell Pu., 2011 / 정명진 역, 정의의 역사, 부글, 2011, 123면.

한 정의를 말하는 교환적 정의 모두 공정성과 관련된다.

아리스토텔레스의 분배 정의론은 서양 윤리학에 있어서 분배 정의론을 이룸에 있어 골격을 제공했다. 그러나 아리스토텔레스의 정의론은 실천 강령을 제공하고 있지 않아 형식적 정의 원칙이라고 불린다.[54] 아리스토텔레스의 정의론은 각자의 몫이 무엇인가를 결정해 주는 기준이 없고, 분배의 몫을 결정하는 데 고려되어야 할 차이점과 그렇지 못한 차이점을 구별해 주는 기준이 없다. 나아가 분배되어야 할 대상이 구체적으로 명시되어 있지 않으며, 따라서 합리성의 조건을 만족시키는 요건을 갖추지 못했다는 비판이 제기되고 있다.[55]

(3) 롤스의 정의론

이어 '공정으로서의 정의'를 제시한 롤스(John Rawls)의 정의론을 살펴보기로 한다.

롤스는 어떤 정책이 사회 전체의 행복을 극대화한다면 특정 개인이나 집단의 희생이 있더라도 그러한 정책이 정당화될 수 있다는 공리주의의 문제점을 극복하고자 '공정으로서의 정의'(justice as fairness)를 제시하였다. 다양한 이해 관계로 구성된 국가에서 불평등이 시정되고 사회적 약자에 대한 배려가 고려되는 것이 공정한 사회라 본다. 롤스에 의하면 공정 사회란 법률과 제도가 바람직한 방향으로 구축되어야 함을 말한다.[56] 이와 같이 롤스의 정의론이 갖는 가장 두드러진 특징은 '공정성'이라고 할 수 있다. 이를 요약하면 실질적으로 균등한 기회가 모든 사람에게 보장되어야 한다는 것을 말한다. 롤스의 정의론에 따르면 모든 사람을 동등하게 취급하기 위해서, 다시 말해서 진정한 기회 균등을 제공하기 위해서는 보다 불리한 지위에 있는 자에게 더

54_ 이상복, 자유 평등 정의, 박영사, 2012, 52면.
55_ 이상복, 위의 책, 52-53면.
56_ 이윤경, 앞의 글, 122-123면.

많은 관심을 가져야 한다.[57] 롤스는 그의 책 『정의론』(*A Theory of Justice*)에서 자신의 이론 주제를 사회의 '기본 구조'라고 표현한다. 즉 한 사회의 기본 구조를 이루는 제도와 관행에 따라 사회의 구성원들이 인생을 어느 정도 잘 살아갈 수 있는지가 결정된다고 본다. 롤스에 의하면 정의의 중요한 주제는 사회의 기본 구조이다.

롤스 이론의 가장 근본은 사회란 자유롭고 평등한 사람들 사이에 오랜 세월에 걸쳐 공평하게 작용하는 사회적 협력 시스템이 된다. 롤스는 이러한 '공정한 협력 시스템'을 '정의의 여건'(circumstances of justice)이라고 부른다.[58] 롤스는 정의의 조건이란 첫째, 모든 개인은 기본적 자유를 동등하게 누릴 권리를 갖는다고 보며 이를 '기회 균등의 원칙'(equal opportunity principle)이라고 부른다. 둘째, 사회 및 경제적 불평등의 원인이 되는 직무나 직위는 기회의 평등에 따라 모든 이들에게, 그리고 사회적으로 가장 취약한 사람에게 가장 큰 도움이 될 수 있는 방향으로 열려 있어야 하며, 이를 '차등의 원칙'(difference principle)이라고 부른다.

롤스는 '차등의 원칙'(difference principle)에 대하여 "정의로운 정치 조직이나 경제·사회 제도의 정의로운 배치를 포함한 정의로운 기본 구조를 배경으로 해야만 우리는 정의로운 절차가 존재한다고 말할 수 있다"라고 주장한다. 즉 사람들이 따르기로 한 규칙과 절차가 공정한 경우에만, 실제 삶에서 최종적으로 얻게 되는 재화의 몫도 공정한 것으로 기술될 수 있다고 보는 것이다.[59] 이러한 롤스의 정의론은 '공

57_ 이상복, 앞의 책, 69-71면.

58_ David Johston, 앞의 책, 301-302면, 316면, 318면.

59_ Frank Lovett, *Rawls's 'A Theory of Justice'*, The Continuum International Pu., 2011 / 김용한 역, 롤스의 「정의론」 입문, 서광사, 2013, 113-115면; 양선숙, 법철학의 기본 원리, 청목출판사, 2011, 125-126면. 롤스의 차등 원칙은 기회 균등 원칙과 최근 수혜자 이익 원칙이 결합된 것으로, 사회국가적 헌법 원리이다. 롤스의 따르면 정의의 원칙은 다음과 같은 순서에 의한다. 즉 자유 우선

정'이 정의의 한 특징임을 보여주고 있다. 기회 균등만 제공되어서는 분배 정의에 이를 수 없다. 다시 말해 현실에 있어서의 불평등이 있다는 사실을 인정하지 않고 기회만 균등하게 제공되어서는 정의에 다다를 수 없다. 따라서 현실에 있어서 불평등이 존재함을 인정하면서 불평등을 조금씩 해소해 가는 노력이 필요하다. 따라서 롤스는 단순히 기회의 평등만이 아니라 '공정한' 기회 균등이 제공되어야 한다고 주장한다.[60] 롤스가 꿈꾸는 사회는 서로가 서로를 필요로 하는 사회, 사회 통합을 우선시하는 사회인 것이다.[61]

형사소송에서도 양 당사자에게 기회만 균등하게 제공해서는 정의에 이를 수 없다. 형사소송에서 개인인 피고인은 국가 기관인 검사에 비하여 매우 열악한 지위에 있다. 따라서 이렇게 취약한 지위에 있는 피고인에게 '공정한' 기회 균등이 이루어질 수 있도록 제도적 보완책이 강구되어야 한다. 이를 재판에서의 공정에 대입해 보면, 재판에서의 공정이란 재판에 참여하는 당사자에게 공평하게 작용하는 시스템을 갖추어야 함을 말하며, 이를 공정한 재판을 위한 여건이라고 할 수 있다. 나아가 형사 재판에서 피고인은 검사에 비해 취약한 지위에 있다. 형사 재판에서 열등한 지위에 있는 피고인에게 변호인의 조력을 받을 권리를 강화시켜 주고, 증거의 제출과 증거 법칙에 있어 피고인의 지위에 맞추어 그러한 취약점이 보완되도록 하여야 함을 시사한다.[62]

성의 원칙, 기회 균등의 원칙, 차등의 원칙, 효율성과 공리의 원칙 순으로 이루어져야 한다고 본다: 김영환, 법철학의 근본 문제(제2판), 홍문사, 2008, 111면.

60_ 이양수, 정의로운 삶의 조건: 롤스 & 매킨타이어, 김영사, 2013, 141-145면.

61_ 이양수, 위의 책, 150-151면.

62_ 롤스의 정의 이론과 유사하지만 결과의 측면에서 공정을 더 강조하는 로널드 드워킨(Ronald Dworkin)의 이론도 주목받는다. 드워킨에 의하면 개인의 권리는 평등 내지 공정과 합치될 때에만, 나아가 평등 내지 공정을 실현하기 위해 개인의 권리가 필요할 때에만 타당성을 갖는다고 본다. 이러한 드워킨의 정의 이론은 사회국가를 정당화하려는 시도에 속한다: Kurt Seelmann, 앞의 책, 254-255면.

(4) 공동체주의 정의론

1980년대 이후 롤스의 자유주의적 정의론의 독주에 대한 견제로 미국에서는 공동체주의 정의론이 부상한다. 매킨타이어(Alasdair MacIntyre)의 '서사적 자아'(narrative self)에 의하면, 개인의 정체성은 개인의 목적이나 개인이 정초하고 있는 관계로부터 분리되어 있는 것이 아니라 복잡한 상호 결합에 구성된다. 테일러(Charles Tayor)에 의하면 사회적 인간관과 공동체 우위를 인정하는 전제에서 출발한다면 정의 원리는 형식에 있어 다원적이어야 한다고 본다. 배분적 정의는 전제에 대한 상이한 관념들과 가치에 대한 서로 다른 이해를 구체화해야 한다고 주장한다.[63] 왈저(Michael Walzer)는 '복합적 평등론'(complex equality)을 전개한다. 왈저에 의하면 배분적 정의의 경우, 각 재화는 특수한 영역에서 공동체 구성원들의 이해 관계에 따라 얻어진 이유와 기준에 의해 분배되어야 한다.[64] 이러한 공동체주의 정의론은 샌델(Michael Sandel)에 이르러 좀 더 구체적 형태로 나타난다. 샌델의 '상호주관적 자아'(intersubjective conception of self)에 의하면 주체로서의 자아는 인간적이고 사회적 상호 관계에 의해 규정된다. 샌델은 우애, 상호 이해, 공동선의 획득이라는 가치를 강조한다. 샌델은, 정의로운 사회란 단순히 공리를 극대화하거나 선택의 자유를 확보하는 것만으로는 실현될 수 없다는 사실을 강조한다. 샌델에 의하면 좋은 삶의 의미를 고민하고 여기에 대한 이견에 대해 때로는 도전하고 경계하면서, 때로는 경청하면서 직접적으로 개입해야 한다.[65] 샌델은 그의 책 『정의란 무엇인가』에서 공동선과 관련하여 다음과 같이 주장한다:[66]

63_ 오세혁, 법철학사 (제2판), 세창출판사, 2012, 426면.

64_ 오세혁, 위의 책, 426-427면.

65_ 오세혁, 위의 책, 428-430면.

66_Michael J. Sandel, *JUSTICE: What's the right thing to do?*, Farrar, Strauss and Giroux, 2009 / 이창신 역, 정의란 무엇인가, 김영사, 2013, 361-362면, 364-365면.

정의로운 사회는 단순히 공리를 극대화하거나 선택의 자유를 확보하는 것만으로는 만들 수 없다. 공정한 사회를 달성하기 위해서 우리는 좋은 삶의 의미를 함께 고민하고, 으레 생기게 마련인 이견을 기꺼이 받아들이는 문화를 가꾸어야 한다. … 정의는 올바른 분배만의 문제는 아니다. 올바른 가치 측정의 문제이기도 하다. … 정의로운 사회에는 강한 공동체 의식이 필요하다면, 사회는 시민이 사회 전체를 걱정하고 공동선에 헌신하는 태도를 키울 방법을 찾아야 한다. 그러자면 공적인 삶에서 드러나는 자세와 기질인 '마음의 습관'에 무관심할 수 없다. 사회는 좋은 삶에 관한 지극히 사적 견해를 배격하고, 시민의 미덕을 키울 길을 찾아야 한다.

이러한 공동체주의 정의론에 의하면 공정한 재판이라는 공동선을 위해 단순히 당사자주의를 지향하자고 외쳐서는 안 된다. 여기에서 더 나아가 공정한 재판을 이루기 위해 소송에서 약자인 피고인을 좀 더 배려하고, 소송에서 이해 관계인인 피해자에 대한 관심을 기울여야 하며, 공정한 재판으로 나아가기 위해 구체적 방안의 마련과 실천에 힘써야 한다.

(5) 절차적 정의와의 관계

다음으로 절차적 정의와 공정성과의 관계에 대해서 살펴본다.

독일의 롤란트 호프만(Roland Hoffmann) 교수는 절차적 정의와 공정성과의 관계를 파악하기 위해서는 절차적 공정성의 의미와 내용을 파악하는 것이 중요하다고 주장한다. 호프만은 이를 위해서는 적법 절차와 관련된 헌법사에 대한 고찰이 필요하며, 이러한 고찰에 의하면 적법절차가 헌법상의 보장책과 관련되어 있다고 본다. 호프만에 의하면 적법절차와 공정한 절차라는 개념이 밀접하게 관련되어 있으므로 적법절차란 절차적 정의의 기본 원칙을 말하게 된다. 결국 절차적 공정성 원칙이란 절차적 정의와 동의어이고, 적법절차에 따르는 것을 말하는 것이 된다. 적법절차는 절차적 정의의 최소 한도를 요구하는 것이고, 헌법적 보장책을 요구하는 것이라고 본다. 다시 말해 절차적 정의를 정당한 형벌의 적용이라는 목적에 대한 기술적 수단으로 이해하는 것이 아니라, 정의라는 이념이 직접 적용되는 영역으로 파악한다.[67] 호프만은 절차적 정의의 중요한 원칙이 적법절차 원칙이고, 절차적 정의와 절차의 공정성을 같은 의미로 이해한다. 이러한 절차적 정의 내지 절차의 공정성에 대하여 호프만은 먼저 정의를 실제적으로 이해하고자 하는 법철학적 연구에 따라 절차에 따른 결과와 여기에 전제되는 절차의 정당성을 구분하고 둘 사이의 관계를 검토한다. 호프만에 의하면 독일에서는 절차적 정당성을 '적법한'(rechtlich), '적정한'(ordentlich), '사법 정형적'(justizförmig), '법치국가적'(rechtsstaatlich), '정당한'(richtig), '적정한'(in billiger weise) 등으로 표현하고 있다고 한다.[68] 호프만은 이러한 절차의 공정성을 영미 용어에 따라 '공정'(Fairneß)이라는 표현을 사용하면서도 절차에 있어 윤리적으로 요구되는 최소 한도의 요건 내지 절차법이 직접적으로 중요하다고 여기는 의미로 이해한다.[69]

그러나 '공정'이라는 개념은 윤리적 개념이 아니라 당사자의 '기본권'이다. 이를 재판 관여자, 특히 법관의 윤리 개념으로 이해할 경우 형사소송법이 요구하는 청구권 개념이 성립될 수 없다. 또한 이러한 견해는 오늘날 공정한 재판을 받을 권리를 국민의 기본권으로 이해하는 일반적 견해와도 큰 차이점이 있다. 이와 같이 독일에서 이해하고 있는 절차적 정의 내지 공정의 개념은 영미의 개념보다 매우 협소하다.

67_ Roland Hoffmann, *Verfahrensgerechtigkeit: Studen zu einer Theorie prozeduraler Gerechtigkeit*, Ferdinand Schöningh, 1992, S. 36.

68_ A. a. O., S. 34.

69_ A. a. O., S. 35.

(6) 현실적 정의와의 관계

마지막으로 현실로서의 정의와 이상으로서의 정의를 구분하는 제임스 케이 피블만의 견해를 검토한다.

피블만은 정의를 두 가지로 나눈다. 법의 '이상으로서의 정의'와 법의 이상적 제도, 즉 법률, 법원, 판사 등 법률가와 이러한 운영과 집행을 담당하는 공무원을 포함하는 제도를 말하는 '현실적 정의'가 그것이다. 피블만은 후자의 정의, 즉 현실 속의 정의가 이룩되려면 법 제도가 일관성을 지녀야 하고, 시민의 다수가 가지는 근본적 확신과 모순되어서는 안 된다고 본다.[70]

공정한 재판은 후자의 정의와 관계가 있다. 공정한 재판을 위해서는 형사 재판이 예측 가능하고, 시민의 다수가 형사 재판에 공감하고, 이러한 형사 재판이 시민 다수의 가치와 부합되어야 한다.

2. 공정한 재판(fair trial)의 어원

공정한 재판을 받을 권리(the right to a fair trial)는 인권에 대한 침해를 예방하기 위한 기본적이고도 중요한 권리이다. 공정한 재판을 받을 권리라는 개념은 역사적 개념으로, 시대별로 의미가 변천하여 왔다. 이안 랭포드(Ian Langford)는 이러한 공정한 재판을 받을 권리라는 개념을 역사적으로 고찰하기 위해 1674년부터 2005년까지 10만 건의 재판에서 사용된 공정한 재판에 대한 사례를 검토하였다. 랭포드의 조사에 의하면 금세기 이전의 수 세기 동안 공정한 재판이라는 용어는 '정확한 절차'(correct procedure)를 의미하였다. 이러한 의미는 20세기 들어와서 변화를 맞이하는데, 합리적 기간 내에 공개 청문을 받을 권리, 공정한 법정, 기소된 내용을 고지받고, 증인을 신문할 권리가 함축

70_ Telford Taylor, *Perspective on Justice*, Evanston: Northwestern University Press, 1973 / 양승두 역, 정의론, 법문사, 1976, 113-114면.

된 권리로 보게 된다. 따라서 공정한 재판에 대한 역사는 인권의 성격에 대한 논쟁을 포함하고 있다.[71] 일부 학자는 이 권리가 보편적이고 고유한 권리라고 주장한다. 다른 학자는 새로운 권리라고 본다. 랭포드는 후자의 견해에 따라 보편적 권리가 아니라 새롭고 영국에서의 독특한 것으로 본다. 즉 문화 수출품으로서 영어와 함께 세계로 보급된 것으로 이해한다.[72]

과거 'fair'는 오늘날 '아름다운'(beautiful)과 같은 말이었다. 다시 말해 사람의 아름다움을 가리키는 형용사였다. 그 후 사람의 머리색깔의 복잡성과 관련된 관계항(referent)으로 한정되어 사용되었다. 즉 순수함, 선함과 관련된 '밝음'이라는 의미를 함축하였다. 16세기 후반에 들어서자 'fair'라는 말은 놀이, 거래, 다툼, 싸움 등에서 반칙을 사용하지 않는다는 의미로 사용되기 시작한다. 이러한 용어가 18세기 들어서면 법적 담화에서 판사가 편견(bias)에 사로잡히지 않는다는 의미로 사용되기 시작하였다.[73] 과거, 즉 17세기 초에는 'fair trial'이란 용어는 오늘날 '무관심한'(indifferent)이라는 의미로 사용되었고, 오늘날의 공정하고(impartial), 증거에 의한 재판이란 의미와 다르게 쓰였다.[74] 1674년부터 1834년 사이에 'fair trial'은 심문(hearing)의 길이나 증거의 신빙성과 관련하여 사용된다.[75] 그 후 'fair trial'은 양질의 증거(good evidence), 충분한 재판(a long trial), 온전한 재판(full trial)이라는 의미로 사용되었다. 18세기 들어서면서부터 'fair trial'는 '공평한'(impartial)이란 의미로 사용되기 시작한다.[76] 19세기에 들어 'fair trial'이라는 용

71_ Ian Langford, "Fair Trial: The History of an Idea", *Journal of Human Rights*, Vol. 8(2009), p.37.
72_ *Ibid.*
73_ *Ibid.*, at 40.
74_ *Ibid.*, at 43.
75_ *Ibid.*, at 45.
76_ *Ibid.*, at 46.

어는 당사자를 보호하기 위한 재판이라는 의미로 사용되었다. 20세기에 들어와서는 'fair trial'이라는 용어는 널리 사용되기 시작한다. 즉 선입견(prejudice) 없는 재판이란 의미로 사용된다.[77] 오늘날 'fair trial'은 '적정절차'(regular procedure)나 '절차의 공정성'(procedural fairness)이라는 의미로 사용되고 있다.[78]

이와 같이 'fair'란 용어의 어원과 역사적 고찰에 의할 때 'fair trial'이란 반칙을 사용하지 않고, 판사가 재판할 때 선입견에 사로잡히지 않으며, 절차가 공정하게 이루어진다는 의미를 함축하고 있음을 보게된다.

3. 공정성의 판단 기준

이상의 검토를 통해 공정한 재판을 받을 권리가 재판 청구권의 일종으로서 국민의 기본권임을 이해하게 되었다. 그런데 구체적 사건에서 당사자가 공정한 재판을 받을 권리가 침해되었다고 주장하는 경우에 법원은 어떠한 기준에 의해 재판의 공정성이 침해되었는지 여부를 판단하는지 문제된다.

이하에서는 이러한 문제에 대한 미국 연방대법원과 유럽 인권 법원의 판례를 검토한다.

(1) 미국 연방대법원의 판단 기준
아래에서 보듯 미국 연방대법원의 판례는 '근본적 공정설'이라는 입장에서 '부분적 체화설'이라는 입장으로 변천되어 왔다.
1) 근본적 공정성 기준
연방대법원은 1884년부터 1908년까지 일련의 판례를 통해 '근본

77_ *Ibid.*, at 47.
78_ *Ibid.*, at 48.

적 공정성 기준'(fundamental fairness test)이라는 법리를 발전시켰다. 이와 관련된 1884년 헐타도 사건[79]을 살펴본다.

피고인 헐타도(Jose Hurtado)는 검사에 의해 살인죄로 기소되었고, 재판에서 사형을 선고받았다. 헐타도는 대배심 전에 갖추어야 중죄에 대한 공소장 요건에 결함이 있으므로 형사 재판 절차가 적법절차에 위배된다고 주장하면서 상고를 제기하였다. 연방대법원은 헐타도의 청구를 기각하면서 대배심 제도는 자유와 정의의 보존을 위한 핵심 제도가 아니고, 국가는 자유와 정의라는 기본 원칙의 한도 내에서 국가 자신의 소송 절차를 기획할 수 있다고 판시하였다. 이 판결에서 연방대법원은 심문시 검사의 공소장이 치안판사에 의해 다시 검토되었다는 사실을 참작하였다.[80] 이후에도 연방대법원은 같은 취지의 판결을 선고하였다.[81]

연방대법원 판결의 취지를 요약하면, 연방대법원은 재판의 공정성과 관련하여 수정헌법 제14조에서 정하고 있는 적법절차의 원칙이 적용된다는 점과 이러한 원칙이 자유와 정의라는 불멸의 원칙에 반하는 실무에 대항하여 시민의 권리를 보호하는 것임을 확인한 것이다.[82] 나아가 공정한 재판에 대한 권리에 대한 침해 여부를 '근본적 공정성'에 의하여 판단하고 있으며, 이러한 기준에 의할 때 대배심에 의해 기소될 권리는 '근본적 공정성'을 침해한 것이 아니어서 주 정부를 기속시키는 것은 아니라고 본 것이다.[83] 연방대법원은 수정헌법 제14조에 대한 역사적 관점에서 볼 때 수정헌법 제14조가 권리장전을 전체적으로 체화한 것이 아니어서 주 정부를 기속하지 않는다고 보았다.[84] 그

79_ Hurtado v. California, 110. U.S. 516, 535 (1884).

80_ Matthew Lippman, *Criminal Procedure*, Sage Pu., 2011, pp.34-35.

81_ Twining v. New Jersey, 211 U.S. 78, 99, 113 (1908).

82_ Matthew Lippman, *op. cit.*, at 36.

83_ Stephen A. Saltzburg et al., *American Criminal Procedure, Cases And Commentary*, 9th ed., West, 2010, p.8.

러나 권리장전에 포함된 특정의 절차적 보장책은 자유의 개념이 함축된 것으로, 주에도 적용되어야 한다는 비판이 제기되어 왔다.[85] 연방대법원은 1960년대까지 이러한 근본적 공정성 법리를 유지한다.

2) 전체적 체화설

그러나 이러한 근본적 공정성 이론에 대하여 블랙(Hogo Black) 연방대법원 판사는 아담슨 사건에서 반대 의견을 개진하였다.[86] 블랙 판사는 수정헌법 제14조의 입법자들은 권리장전(Bill of Right)이 천명하고 있는 원칙들을 보호하고 이를 전체적으로 체화(incorporation)하기 위한 의도로 수정헌법을 제정하였다고 주장하였다.[87] 블랙 판사의 이러한 주장을 '전체적 체화설'(total incorporation theory)이라고 한다. 나아가 블랙 판사는 근본적 공정성이라는 원칙이 세부 기준을 제시하고 있지 않다는 점도 비판한다. 블랙 판사는 권리장전이 자유의 본질 사항을 이루기 위해 투쟁한 것이고, 주 정부에 대해서도 이러한 권리가 보호받아야 하며, 수정헌법 제14조의 입법자들은 자유와 정의의 본질적 권리라는 문구를 사용하고 있다고 주장한다. 즉 적법절차는 권리장전을 축약한 것이고, 권리장전상의 권리가 수정헌법 제14조에 체화된 것이므로 주 정부 역시 여기에 기속되어야 한다는 것이다.[88]

3) 부분적 체화설

이러한 논란 가운데 연방대법원의 구성에도 변화가 있게 된다. 1960년대에 들어 자유주의 사고를 갖고 있던 워렌(Warren) 판사가 연방대법원의 수장인 대법원장이 된다. 이에 따라 연방대법원은 근본적 공정성 기준을 버리고 '부분적 체화설'(selective incorporation theory)을

84_ Twining v. New Jersey, 211 R.S. 78 (1908).

85_ Yale Kamisar et al., *Modern Criminal Procedure, Case-Comments-Questions*, Thomson, West, 2008, pp. 24-25.

86_ Adamson v. California, 332 U.S. 46 (1947).

87_ Matthew Lippman, *op. cit.*, at 40.

88_ *Ibid.*, at 4.

채택한다.[89] 연방대법원은 수정헌법 제14조가 권리장전에 있는 시민과 정치적 제도의 토대가 되는 자유와 정의에 대한 근본적 원칙이 체화된 것이라고 본다. 그러나 권리장전의 전체 조항이 아니라 일부 조항이 체화되어 수정헌법 제14조로 나타난 것이며, 수정헌법 제14조는 연방과 주에 모두 적용된다고 판시하였다. 다만 주 정부는 수정헌법 제14조에 의해 체화되어 있는 범위 내에서 고유의 형사소송 절차를 도모할 수 있다고 보았다.[90]

4) 시사점

이러한 미국 연방대법원의 부분적 체화설은 우리에게 다음과 같은 사항을 시사한다.

공정한 재판을 받을 권리는 국민의 기본권에 속한다. 그러나 공정한 재판을 이루기 위한 절차의 규율은 한 나라의 법 문화나 역사, 사회 전통 등을 고려하여야 하고, 나라별 특성에 맞는 제도로 가꾸어 나갈 수 있다. 그러나 시민의 자유와 존엄성, 정의의 핵심이 되는 '재판의 공정성'은 보편적 원리이므로 이러한 권리는 절대로 침해되어서는 안 된다.

(2) 유럽 인권 법원의 판단 기준

다음으로 유럽 인권 법원이 채택하고 있는 '전체적 공정성' 기준과 '명백한 정의의 부정'이라는 기준을 검토한다.

유럽 인권 법원(The European Court of Human Rights)은 유럽 인권 협약 제6조에서 정하고 있는 공정한 재판을 받을 권리에 대하여 판결하고 있지만 여기에 대하여는 여전히 많은 논란이 계속되고 있다.

89_ Malloy v. Hogan, 378. U.S. 1, 10 (1964): Stephen A. Saltzburg, Daniel J. Capra, *op. cit.*, at 8-9.

90_ *Ibid.*, at 10.

1) 전체적 공정성 기준

먼저 유럽 인권 법원의 '전체적 공정성' 기준에 대하여 살펴본다. 유럽 인권 법원은 다음과 같이 판시하고 있다:[91]

유럽 인권 협약 제6조 제1항을 평가하기 위해서는 형사소송의 전체의 공정성을 평가해야 한다. 이러한 평가를 하기 위해서 법원은 피고인의 권리뿐만 아니라 공공의 이익, 그리고 범죄인이 적절하게 처벌받아야 한다는 피해자의 이익, 증인의 이익을 전체적으로 고려하여야 한다.

그러나 이러한 기준은 의문이 든다. 왜냐하면 공정한 재판을 받을 권리는 피고인의 기본적 인권이므로 이러한 기본적 인권이 공공의 이익과 타협되어서는 안 되기 때문이다.

2) 명백한 정의의 부정 기준

다음으로 '명백한 정의의 부정'이라는 기준을 검토한다. 유럽 인권 협약은 협약 가입국에게 직접 적용되지 않는다. 그러나 유럽 인권 법원은 협약 당사국의 공정한 재판을 받을 권리의 준수 여부를 감독할 수 있는데, 이러한 감독을 함에 있어 '명백한 정의의 부정'(flagrant denial of justice)이라는 기준에 의해 판단하고 있다.[92] 이러한 유럽 인권 법원의 엄격한 태도는 협약 당사국에 대해서 정의와 공정한 재판이라는 범세계적 개념을 적용함에 있어 이에 따른 파장을 고려하여 적용을 주저하고 있다는 인상을 주고 있다.

91_ Pichungin v Russia, no. 38623103, ECHR 23(October, 2012); Anand Doobay, "The right to a fair trial in light of the recent ECtHR and CJEU cast-law", *ERA Forum*, Vol. 14 (2013), pp. 251-252.

92_ Radha Dawn Ivory, "The right to a fair trial and International Cooperation in Criminal Matters: Article 6 ECHR and the Recovery of Assets in Grand Corruption Cases", *Utrecht Law Review*, Vol. 9, Issue 4(Sep., 2013), pp. 163-164.

4. 국제 규약과 공정한 재판

(1) 국제 규약에서의 공정한 재판

공정한 재판에 관한 권리는 여러 국제 규약에서 널리 규정하고 있다. 이에 따라 오늘날 공정한 재판이란 국제 사회에서 인정하고 있는 기능을 준수한다는 의미로도 사용되고 있다.[93]

공정한 재판을 받을 권리는 「시민적 · 정치적 권리에 관한 국제 협약」(International Covenant on Civil and Political Rights) 제14조, 「세계 인권 선언」(Universal Declaration of Human Rights) 제10조, 「인간의 권리 및 의무에 관한 미주 선언」(American Declaration on the Rights and Obligations of the Human) 제26조 제2항, 「인권 및 기본적 자유의 보호에 관한 유럽 협약」(European Convention for the Protection of Human Rights and Fundamental Freedoms) 제6조, 「인간과 인민의 권리에 관한 아프리카 헌장」(African Charter on Human and People's Rights) 제7조 제1항, 제26조, 「미주 인권 협약」(American Convention on Human Rights) 제8조 등에서 규정하고 있다. 그중 세계 인권 선언과 유럽 인권 협약을 열거하면 다음과 같다:[94]

93_ 고시면, "독일과 한국 형소법상 (주)공판에 피고인의 출석에 관한 연구", 「사법 행정」 제49권 제2호(2008.2), 4면.

94_ 정인섭, 국제 인권 조약집(증보), 경인문화사, 2008, 3면 이하; 채형복, 국제 인권법, 높이깊이, 2013, 57면 이하; Stefan Trechsel, *Human Rights in Criminal Proceedings*, Oxford University Press, 2005 / 강남일 역, 국제 인권법과 형사소송, 경인문화사, 2014, 94-95면; 김원희, "제14조 공정한 재판을 받을 권리", 「공익과 인권」 제3권 제1호(2006), 125면, 223-228면.

세계 인권 선언(Universal Declaration of Human Rights)

제10조

모든 사람은 자신의 권리와 의무, 그리고 자신에 대한 형사상의 혐의를 결정함에 있어서, 독립적이고 편견 없는 법정에서 공정하고도 공개된 심문을 전적으로 평등하게 받을 권리를 가진다.

Article 10

Everyone is entitled in full equality to a fair and public hearing by an independent and impartial tribunal, in the determination of his rights and obiligations and of any criminal charge against him.

인간의 권리 및 의무에 관한 미주 선언
(American Declaration on the Rights and Obligations of the Human)

제26조 제2항

범죄로 인하여 기소된 모든 사람은 공정하고 공개된 심리를 받을 권리를 가지며, 사전에 제정된 법률에 따라 미리 설립된 법원에 의해서 재판받을 권리와 잔인하고, 수치스럽거나 예외적인 처벌을 받지 않을 권리를 가진다.

Article 26 (2)

Every person accused of an offence has the right to be given an impartial and public hearing, and to be tride by courts previously established in accordance with pre-exsiting law and not to receive cruel, infamous or unusual punishment.

인권 및 기본적 자유의 보호에 관한 유럽 협약
(European Convention for the Protection of Human Rights and Fundamental Freedoms)

제6조

1. 모든 사람은 민사상의 권리 및 의무, 또는 형사상의 죄의 결정을 위하여 법률에 의하여 설립된 독립적이고, 공평한 법원에 의하여 합리적 기한 내에 공정한 공개 심리를 받을 권리를 가진다. 판결은 공개적으로 선고되며, 다만 민주 사회에 있어서의 도덕, 공공질서 또는 국가 안보를 위한 경우, 미성년자의 이익이나 당사자들의 사생활 보호를 위하여 필요한 경우, 또는 공개가 사법상 이익에 손상을 입힐 특별한 사정이 있다고 법원이 판단하는 경우 엄격히 필요한 한도 내에서 보도 기관 또는 공중에 대하여 재판의 전부 또는 일부가 공개되지 아니할 수 있다.

2. 모든 형사 피의자는 법률에 따라 유죄가 입증될 때까지는 무죄로 추정된다.

3. 모든 형사 피의자는 다음과 같은 최소한의 권리를 가진다.

   a. 피의자에 대한 기소의 성격 내지 이유를 피의자가 이해하는 언어로 신속하고 상세하게 통보받을 것.

   b. 자신의 변호의 준비를 위하여 충분한 시간과 편의를 가질 것.

   c. 직접 또는 본인이 선택한 법적 조력을 통하여 자신을 변호할 것, 또는 법적 조력을 받기 위한 충분한 지급 수단을 가지고 있지 못하지만 사법상 이익을 위하여 필요한 경우에는 무료로 법적 조력이 부여될 것.

   d. 자기에게 불리한 증인을 심문하거나 심문받도록 할 것, 그리고 자기에게 불리한 증인과 동일한 조건으로 자신을 위한 증인을 출석시키

도록 하고 또한 심문받도록 할 것.

e. 법정에서 사용되는 언어를 이해하지 못하거나 또는 말할 수 없는 경우에는 무료로 통역의 조력을 받을 것.

Article 6 Right to a Fair Trial

1. In the determination of his civil rights and obligations or of any criminal charge against him, everyone is entitled to a fair and public hearing within a reasonable time by an independent and impartial tribunal established by law.

Judgment shall be pronounced publicly but the press and public may be excluded from all or part of the trial in the interests of morals, public order or national security in a democratic society, where the interests of juveniles of the protection of the private life of the parties so require, or the extent strictly necessary in the opinion of the court in special circumstances where publicity would prejudice the interests of justice.

2. Everyone charged with a criminal offence shall be presumed innocent until proved guilty according to law.

3. Everyone charged with a criminal offence has the following minimum rights:

   (a) to be informed promptly, in a language which he understands and in detail, of the nature and cause of the accusation against him;

   (b) to have adequate time and facilities for the preparation of his defence;

   (c) to defend himself in person or through legal assistance of his

> own choosing or, if he has not sufficient means to pay for legal
> assistance, to be given it free when the interests of justice so
> require;
>
> (d) to examine or have examined witnesses against him and to
> obtain the attendance and examination of witnesses on his behalf
> under the same conditions as witnesses against him;
>
> (e) to have the free assistance of an interpreter if he cannot
> understand or speak the language used in court.

이러한 국제 규약에서 규정하고 있는 공정한 재판의 내용을 요약하면 무기 평등의 원칙, 공개주의, 무죄 추정, 자기부죄 거부 특권, 정보를 제공받을 권리, 신속한 재판, 통역을 받을 권리, 항소권과 형사보상 청구권, 소급효 금지와 이중 처벌 금지 원칙 등이다.[95]

공정이라는 용어는 「로마 규정」 제67조 제1항, 「전시 포로 대우에 관한 제네바협정」 제130조, 「기본권에 관한 유럽연합 헌장」 제47조에서도 사용되고 있다.[96] 이러한 공정한 재판을 받을 권리는 개방적이고 판단을 함에 있어 재량의 여지가 있는 개념으로, 광의로 또는 협의로 사용되고 있다. 공정한 재판을 받을 권리의 가장 중요한 원칙으로 무기 평등의 원칙과 당사자주의가 언급되는데 그 이유는 공정한 재판의 원칙이 피고인의 권리에서 출발하였기 때문이다.[97]

95_ Kai Ambos, "Terrorists and Fair Trial: The Right to a Fair Trial for Alleged Terrorists Detained in Guantánamo Bay", *Utrecht Law Review*, Vol. 9, Issue 4(Sep., 2013), p.110.

96_ Stefan Trechsel, 앞의 책, 2014, 55면.

97_ Stefan Trechsel, 위의 책, 99면.

(2) 유럽 인권 협약과 로마 규정

이와 같이 '공정한 재판' 내지 '공정'이라는 용어는 여러 국제 규약 등에서 널리 사용되고 있지만 유럽에서는 유럽 인권 협약이 유럽 인권 법원을 중심으로 실효적으로 적용되고 있어 오늘날 공정한 재판을 받을 권리는 주로 유럽 인권 협약과 로마 규정을 중심으로 논의되고 있다. 따라서 이하에서는 유럽 인권 협약과 로마 규정을 중심으로 살펴본다.

1) 유럽 인권 협약

먼저 유럽 인권 협약 제6조를 살펴본다. 유럽 인권 협약 제6조는 공정한 재판을 받을 권리를 규정하고 있다. 유럽 인권 협약 제6조는 형사 피고인에게 가장 중요한 협약상의 권리를 규정하고 있고, 형사 사건의 모든 단계에 적용된다. 그러나 어떠한 것이 공정한 재판을 구성하는지 동 조에서 자세히 밝히고 있지 않다. 단지 무죄의 추정 등 최소한의 기준을 규정하고 있을 뿐이다. 유럽 인권 협약은 묵비권 등을 포함한 다수의 권리를 포함하고 있다. 피고인의 변호인은 위 협약 제6조에 따른 공정한 재판을 받을 피고인의 권리가 침해되었다면 이를 사유로 하여 증거의 허용성 여부를 다툴 수 있다.[98] 변호사는 재판 관할이 다른 곳에서 재판을 받을 때 어려움을 겪게 된다. 특히 공정한 재판에 대한 보장책이 없을 경우 더더욱 그러할 것이다. 그러나 공정한 재판은 관할을 달리 하더라도 인류가 지켜야 할 보편 가치이어야 하므로, 관할 여부와 관계없이 일반 원칙으로서 보장되어야 한다.[99]

무기 평등의 원칙이란 소송에서 양 당사자가 반대 당사자에 비해 실질적으로 불이익을 입지 않도록 합리적 기회를 제공하는 것을 말한

98_ Martin Hannibal et al., *Criminal Litigation Handbook*, Oxford, 2008, p.14.

99_ Sabine Gless, "Transnational Cooperation on Criminal Matters and the Guarantee of a Fair Trial: Approaches to a General Principle", *Utrecht Law Review*, Vol. 9, Issue 4 (Sep., 2013), p.90.

다. 무기 평등은 공정한 재판을 받을 권리의 한 요소이고, 공정한 재판은 당사자주의 재판을 받을 권리를 포함한 기본권 개념이다. 유럽 인권 협약 제6조 제3항 제b목에서 무기 평등을 규정하고 있다. 이에 따르면 피고인에게 방어 준비를 할 적절한 시간과 시설이 보장되어야 한다. 피고인은 적절한 방법으로 방어 준비를 강구할 수 있어야 하고, 방어와 관련된 모든 주장을 제한 없이 제출할 수 있어야 하며, 그 결과 소송에 영향을 끼칠 수 있어야 한다.[100] 그러나 국경을 초월하는 사건에 있어 실제에 있어 이러한 무기 평등의 원칙이 잘 지켜지지 않는다. 예컨대 증인이나 증거가 해외에 있을 때 피고인의 면전에 소환할 수 없게 된다. 이와 관련하여 유럽 인권 법원은 피고인이 공정한 재판을 받도록 하기 위해 사법 당국은 피고인의 방어권이 제약을 받는 것과 균형을 이루도록 조치를 할 의무가 있다고 판시하였다.[101] 유럽 인권 협약은 유럽 인권 법원의 가장 중요한 기능이 인권 보장에 있음을 확인하고 있고, 유럽 인권 법원이 국경을 초월하는 사건에 있어서도 무기 평등의 원칙이 지켜져야 함을 규정하고 있다. 그러나 유럽 인권 법원은 지금까지 초국가적 사건과 관련하여 특별한 법리를 개발하지 않고 있다.[102]

유럽연합 회원국이 유럽 인권 협약 제6조 제1항의 보장, 즉 공정한 재판을 받을 시민의 권리를 제한적으로 해석하는 것은 허용되지 않는다. 위 조항은 회원국의 형사소송법 발전에 매우 중요한 영향을 미치는 살아 있는 규범이다. 그러나 유럽 인권 협약을 이행하여야 할 일차적 책임은 회원국에 있고, 유럽 인권 법원은 보조 역할을 담당한다는 제한성이 있다.[103] 그럼에도 위 조항은 피고인의 주관적 권리라는

100_ *Ibid.*, at 91.
101_ ECtr 16 February 2000, Japer v. The United Kingdom, appl. no. 27052/95, para. 52.
102_ *Ibid.*, at 93.
103_ Stefan Trechsel, 앞의 책, 96-97면.

측면과 법치주의의 보장이란 측면에서 매우 중요하다. 이와 같은 유럽 인권 협약 제6조는 범죄통제 모델과 적정절차 모델 중 후자에 더 가깝다고 평가되고 있다.[104]

현재 유럽연합은 유럽 인권 협약 제6조의 실효성을 담보하기 위한 구체적 대책을 강구하기 시작했다. 2013.10.27. 모든 유럽연합 회원국은 「형사소송에서 통·번역을 받을 권리에 관한 유럽연합 명령」 (The EU Directive on the right to interpretation and translation in criminal proceedings, EU Directive 2010/64/EU)이 발효하도록 하는 이행 법률을 제정하여야 한다. 이것은 유럽연합 회원국이 피고인의 권리를 위한 조치를 해야 하는 첫 번째 단계이다. 유럽연합은 모든 회원국이 상호 승인이라는 원칙하에 경제 공동체로 시작하였다. 나아가 유럽연합체로 나아가기 위한 발판으로 유럽 인권 법원을 설립하였으며, 피고인의 최소한의 인권을 보장하기 위한 제도를 도입하기 시작한 것이다.[105]

다음으로 유럽연합 회원국의 유럽 인권 협약의 준수 현황을 살펴본다.

유럽 인권 법원의 판결에 따르면, 유럽 인권 협약에서 정하고 있는 공정한 재판을 받을 권리의 준수 여부와 관련하여 살펴볼 때 일부 국가, 예컨대 러시아, 우크라이나, 터키 등이 동 규정을 위반하고 있는 것으로 드러나고 있다. 또한 영국, 프랑스, 스페인의 실무와 법률은 동 규정의 기준에 미치지 못하고 있다.[106]

동 규정을 위반하였을 경우 유럽 인권 법원으로 제소하기 위해서는 여러 관문이 놓여 있다. 즉 국내의 구제책을 다 밟아야 하고, 상당

104_ Stefan Trechsel, 위의 책, 98면.

105_ Caroline Morgan, "Implementing fair trial standands in Europe", *Centre For Crime And Justice Studies*, Vol. 22 (May, 2013), p.7.

106_ Ed Cape, "Avoiding procedural rights: the evidence from Europe", *Centre For Crime And Justice Studies* (May, 2013), p.4.

한 재판 비용도 감수해야 한다는 현실적 제약이 있다.[107]

2) 로마 규정

마지막으로 국제 형사 재판의 형사소송 규범인 로마 규정[108]에서의 공정한 재판을 받을 권리에 대하여 살펴보기로 한다.

공정한 재판을 받을 권리는 모든 권리 보호에 있어 핵심이 되고 있다. 특히 국제 형사 재판이라는 소송 절차의 합법성에 대한 척도로서 매우 중요하다. 국제 형사 법정에서 재판에 회부된 피고인은 힘의 불균형에 처해지게 된다. 따라서 피고인에게 가능한 한 힘의 불균형을 보완시켜 주기 위하여 체계적 보호책이 필요하다.[109]

이러한 절차적 우선권과 공정성, 적법절차에 대한 권리에 의해 공정한 청문권이 생긴다. 이러한 보장책으로는 ① 피고인이 이해할 수 있는 언어로 공소 제기된 사건에 대하여 신속하고 상세한 통지를 해주어야 하고, ② 변호인과 상의하고 방어 준비를 함에 필요한 적절한 시간과 시설이 강구되어야 하고, ③ 재판이 신속하게 이루어져야 하고, ④ 재판에 출석해서 방어하고, 법률 조력을 받을 권리를 통보받고, 법적 조력을 받아야 하며, ⑤ 증인을 대면하여 신문할 수 있고, ⑥ 완전한 통역을 받아야 하며, ⑦ 묵비권을 행사할 수 있어야 한다.[110]

107_ *Ibid.*

108_ 1998년 7월 17일 국제 형사 재판소(International Criminal Court, ICC)가 로마에 설립되었다. ICC 규정(Statute of the ICC, '로마 규정'이라고 함)은 2002년 7월 1일 발효되었고, 2006년 9월 기준으로 가입국은 102개국이다. 한국은 로마 규정의 83번째 당사자국이 되었고, 국내에는 2003년 2월 1일 발효되었다: 김영석, 국제 형사 재판소법 강의, 법문사, 2003, 25면 이하; 多谷千香子, 戰爭犯罪と法, 岩波書店, 2006 / 이민효, 김유성 역, 전쟁범죄와 법, 연경문화사, 2010, 64면; M. Cherif Bassiouni, *Introduction to International Criminal Law*, 2nd ed., Leiden, 2013, pp.651ff.

109_ Catherine S. Namakula, "Language rights in the minimum guarantees of fair criminal trial", *The International Journal of Speech, Language and the Law*, Vol 19, (2012), p.88.

110_ *Ibid.*, at 89.

이와 관련하여 관타나모 만(灣) 사건을 살펴보기로 한다. 아프가니스탄 관타나모 만에 있는 미국 공군기지에서 테러리스트로 알려진 피고인들에 대한 재판이 열렸다. 약 30명의 피고인이 재판을 받았고, 2008년 1심 판결이 선고되었다. 이 재판에서 피고인들에게 공정한 재판을 받을 권리가 주어졌는지와 국가를 초월하는 사건에서 형법의 일반 원칙이 준수되었는지가 문제되었다.

이와 같은 극단적 상황에서는 형사 재판의 일반 원칙들이 배제될 수 있다는 견해도 있을 수 있다. 반면 재판 시작시 이미 테러리스트라고 낙인찍혔으므로 사실상 공정한 재판이 될 수 없다고 반박하는 견해도 있다.[111] 그러나 공정한 재판을 받을 권리는 테러와의 전쟁이라는 틀 속에서도 테러리스트로 지목된 피고인에게 완전하게 적용되어야 한다. 이러한 권리는 위와 같은 협약 등에 체화되었고, 기본적 보장책으로 주어져야 한다.

국제적 차원에서 볼 때 무력 분쟁 여부와 관계없이 군인이나 민간인 관계없이 이러한 권리는 보장받는다. 구금 기간 동안에도 인도법(人道法)의 기본이자 최소한으로의 이러한 보호를 받는다. 즉 문명화된 사람들에게 주어지는 양도할 수 없고 사법상 보장된 권리이다. 평화시에는 국제 인권 기구에 의해 보장받는다. 이러한 권리는 기본권으로서 박탈당할 수 없으며, 무력 분쟁 때에도 존중되어야 한다.[112]

이러한 로마 규정은 국제 법규로서 우리나라도 회원국으로 가입되어 있을 뿐만 아니라 이행 법률이 제정되어 시행되고 있으므로 국내에서 효력을 발휘하고 있다. 위에서 살펴본 로마규정과 유럽 인권 협약상 공정한 재판은 권리의 내용에 있어 크게 다르지 않다.

이상의 검토를 통해 공정한 재판을 받을 권리는 인권의 최소한이므로 이러한 규범이 실제로 효력을 발휘하고 있는가와 관계없이 존중

111_ Kai Ambos, *op. cit.*, at 109.

112_ *Ibid.*, at 126.

되어야 할 인류의 보편 가치임을 이해하게 되었다.

5. 형사소송의 모델론과 재판의 공정성

(1) 범죄통제 모델 대 적정절차 모델

1) 패커의 두 모델

1964년 헐버트 패커(Herbert Packer) 교수가 "형사소송의 두 모델"(Two Models of the Criminal Process)이라는 논문을 발표하였다.[113] 이러한 모델론은 복잡한 형사소송을 분석하기 위한 유용한 도구로 작용할 수 있다. 이러한 모델론은 형사 사법 체계에 대한 실제 검토와 분석을 위한 지침이나 판단 자료로도 작용한다. 또한 패커의 모델은 어떤 모델이 바람직한 것인지에 대한 규범적 분석 도구로서의 유용성도 있다.[114]

패커가 제시한 두 모델, 즉 범죄통제 모델(crime control model)과 적정절차 모델(due process model)은 미국 법학계에서 가장 널리 수용되고 있는 모델이다. 패커 모델 이후 많은 학자들이 패커의 모델을 대체하거나 확장하는 모델을 제시했지만, 제시된 모델론의 수명이 짧거나 성공에 이르지 못했다.[115]

이하에서는 재판의 공정성과 관련하여 패커의 두 모델, 즉 범죄통제 모델과 적정절차 모델을 살펴본다.

2) 범죄통제 모델

먼저 범죄통제 모델에 의하면 형사 제재는 사회의 자유를 위한 실

113_ Herbert Packer, "Two Models of the Criminal Process", *U. PA. L., Rev.*, Vol. 1 (1964), in: Kent Roach, "Four Models of the Criminal Process", *The Journal of Criminal Law & Criminology*, Vol. 89, Issue 2 (Winter, 1999), p.671.

114_ *Ibid.*, at 671.

115_ *Ibid.*, at 676.

정법적 보장책으로 간주되고, 형사 제재는 공공의 질서 유지를 위해 필요하다고 본다. 이 모델은 시민의 재산과 자유를 지키고 질서 유지와 사회 안정을 보장하는 것을 목적으로 한다. 이러한 목적을 위해 형사소송은 신속함과 질서 유지 등의 목적을 위해 최소한을 규정해야 한다. 법 집행을 위한 한정된 자원을 고려할 때 형사소송은 신속해야 하고, 종국적이어야 한다. 이러한 목적 달성을 위해 전문가가 사건을 처리해야 한다. 경찰과 검찰은 유죄 판결을 위해 무고함을 호소할 기회를 사후적으로, 또 최소한으로 남겨두어야 한다. 진실 발견은 법정에서 이루어지는 것이 아니라 수사 단계에서 경찰에 의해 이루어진다.[116] 피의자가 기소되면 사실상 유죄인 것으로 간주되고, 법적 유죄, 즉 합리적 의심이 없는 증거에 의한 재판과 피고인의 권리는 그리 고려하지 않는다.[117]

3) 적정절차 모델

다음으로 적정절차 모델을 살펴본다. 이 모델에서는 형사 제재의 유용성과 도덕성에 의문을 품는다. 이러한 의심이 근거로 하는 것은 개인의 우선성과 정부 권력의 한계에 대한 보충성이라는 개념에 터잡은 자유로운 가치이다. 이 모델은 효율성이라든가 형사소송에서의 유죄 답변을 강조하지 않는다. 이 모델은 피고인의 형편과 처지에 따라 공평한 처우를 받는 것을 강조하며, 특히 변호인의 조력을 받을 권리를 강조한다. 이 모델은 사회적 약자가 경찰과 기소 권력의 남용으로부터 보호를 받아야 한다고 본다.[118]

이 모델은 경찰에 많은 제한을 가함으로써 피의자의 권리를 보호하고 비공식적 조사를 최소화해야 한다고 본다. 만약 피의자가 조사받게 되면 피의자의 권리와 변호인 선임권, 묵비권에 대하여 알려 주어

116_ *Ibid.*, at 677-678.

117_ *Ibid.*, at 678.

118_ *Ibid.*, at 680.

야 한다. 재판에서도 형사 피고인에게 이러한 권리에 대해 알려 주어야 하며, 판사는 형사소송에서 실제로 일응의 추정(prima facie)이 지배한다는 사실을 알아야 한다.[119]

이 모델에 따르면, 무죄 추정의 원칙과 미결구금의 폐단을 고려할 때 피의자는 미결구금이 절대적으로 필요한 경우 외에는 재판 전에 구금되어서는 안 된다. 다양한 보석이 허용되어야 하며, 이렇게 보석을 허용하는 것은 재판 전의 자유가 비범죄화를 이루기 때문이라고 본다. 검사나 판사는 피고인으로 하여금 유죄 답변을 종용해서는 안 된다. 합리적 의심 없는 증거가 확립되기 전까지 피고인은 무죄로 추정된다. 무고한 자가 유죄로 선고될 수 있는 위험을 고려하여 피고인에게 재판에 불복할 권리가 주어져야 한다고 본다.[120]

4) 패커 모델의 평가

패커의 모델은 실제 형사 재판을 구현한 것이 아니라 이상적 당사자주의 모델을 한 지점에 두고, 그에 상반되는 극단적 규문주의 모델을 대척점에 두고 있는 것이다. 실제 형사 재판의 규범과 실무는 양 대척점에 있는 것이 아니라 양 대척점 사이의 어디엔가 있으며, 어느 대척점에 가까우냐에 따라 한 나라의 형사 재판의 규범과 실무의 수준을 평가하게 된다.

패커의 모델을 재판의 공정성이란 관점에 비추어 보면 적정절차 모델에 가까울수록 공정한 재판에 근접할 것이다. 적정절차 모델에 의하면 검사에 비해 열등한 지위에 있는 피의자, 피고인에 대한 여러 제도적 보완책을 강구하게 된다. 반대로 범죄통제 모델에 가까울수록 공정한 재판에서 멀어지게 될 것이다.

그런데 패커의 적정절차 모델은 실제 사건과의 관련성이 떨어지고, 이러한 적정절차 모델의 비현실성이 오히려 범죄통제 모델을 추구

119_ *Ibid.*, at 681.
120_ *Ibid.*, at 682.

하게 만든다는 비판도 제기되고 있다. 즉 패커의 두 모델은 자유롭고, 당사자주의적 추론에 기반한 것이며, 형사소송에 있어 다른 대안 사고를 막게 된다는 것이다. 나아가 범죄 피해자에 대한 고려 내지 관심을 무시하고 있다는 비판이 제기되고 있다.[121]

(2) 징벌 모델 대 비징벌 모델

이러한 비판에 따라 켄트 로우크(Kent Roach) 교수는 피해자의 권리에 기반한 모델을 제안한다. 첫째는 징벌 모델(punitive model)로서 형사 제재와 처벌에 의존한다. 둘째는 비징벌 모델(non-punitive model)로서 범죄 예방과 회복적 사법을 강조한다. 전자의 모델은 적정절차와 피해자의 권리 내지 범죄 통제라는 가치가 충돌하면서 재판과 항소를 향해 질주하는 모노레일로 비유된다. 후자의 모델은 가족과 공동체를 통한 범죄의 예방과 회복적 사법을 강조한다.[122]

그러나 이러한 모델이 범죄 피해자의 고려, 회복적 사법이라는 가치를 반영하고 있지만 여기에 치중한 나머지 형사 재판이 추구해야 할 중요한 가치를 모두 고려하지 않고 있어 실제 형사 재판에 대한 평가 모델로서는 미흡함이 지적될 수 있다.

(3) 법적 모델 대 사회학적 모델

볼프강(Ludwig-Mayerhofer Wolfgang) 교수의 두 가지 모델, 즉 법적 모델과 사회학적 모델을 검토한다.

먼저 법적 모델을 살펴본다. 볼프강에 의하면 법적 관점에서 볼 때 형사소송의 주된 과제는 공정하고 법치국가적인 절차를 구성하는 것이다. 이에 따라 형사소송의 원칙들은 국가의 형벌권을 관철시키고, 피고인의 권리를 최대한 보장해야 한다. 후자는 능동적 절차 참여권이라 할

121_ *Ibid.*, at 686.
122_ *Ibid.*, at 699.

수 있다. 이에 따르면 법적 청문권(Anspruch auf rechtliche Gehör)이란, 법원이 적법절차에 따라 사실과 증거에 근거하여 판단하여야 함을 의미하게 된다.[123]

다음으로 사회학적 모델을 검토한다. 볼프강에 의하면 사회학적 관점에서 형사소송을 바라보면 관대함을 찾아볼 수 없다고 지적한다. 1960년대 말에서부터 1970년대 초까지 사회학적 비판이 제기되었는데, 민주적이고 자유로운 절차 모델에 대한 회의적 시각이 제기되었음을 언급한다. 이러한 시각에 의하면 형사소송은 본질적으로 피고인을 낙인찍는 것이라고 본다. 즉 실증 조사에 의하면 법적인 모델이 전제로 하고 있고, 교과서에서 언급하고 있는 법치국가 원리가 실제에 있어서는 제대로 적용되지 않는다는 것이다.[124]

볼프강의 두 모델은 형사 재판의 순기능과 역기능을 지적한 것이다. 이러한 평가 방법은 볼프강이 언급한 법 이론, 법사회학이라는 방법 외에도 법심리학, 범죄 심리학, 법경제학 등의 다양한 평가 방법이 있다. 또한 볼프강이 말하는 법적 모델이 형사 재판에서 무엇을 지향하느냐에 대한 구체적 언급이 없다는 점에서 이 모델의 한계가 드러나고 있다.

(4) 전통 모델 및 급진 모델, 구금 사회 모델

로저 부르케(Roger Hopkins Burke)는 세 가지 모델을 제시한다.[125]

123_ Ludwig-Mayerhofer Wolfgang, "Kommunikation in der strafrechtlichen Hauptverhandlung: von den Grenzen rechtlicher und soziologischer Modelle", *28. Kongreß der Deutschen Gesellschaft für Soziologie "Different und Integration. Die Zukunft moderner Gesellschaften"*, Dresden, 1996, S. 447.

124_ A.a.O., S. 448.

125_ Roger Hopkins Burke, "Theorizing the Criminal Justice System: Four Models of Criminal Justice Development:, *Criminal Justice Review*, Vol. 38 (2013), pp.278-283.

첫째, '전통적 사회 절차 모델'(orthodox social progress model)로 현대 형사소송 체계는 계몽주의, 관용과 합의 사회(consensual society)의 산물로, 핵심 가치를 공유한다. 이렇게 폭넓은 상식에 기초한 모델은 범죄를 다룸에 있어 중립적 사회 과학에 의해 지지되고, 사회의 공공선을 위하여 선의의 개인과 제도에 의해 도입된다.

둘째, 급진적 갈등 모델(radical conflict model)은 이와 반대로, 사회 합의의 변화와 기본적으로 갈등으로 특징지어진 것에 기초한다. 여기에서 형사소송은 노동자 계급, 소수자 그룹 등 사회에 대하여 불평을 갖고 있는 계급과 일부 사회 과학 연구에 의해 지지된다. 여기에 따르면 이에 따라 범죄통제의 모델도 도입될 수 있다.

셋째, 구금 사회 모델(carceral society model)은 위 두 모델이 갖는 한계를 인식하고, 공무원이나 전문가에 의해 사회가 권력의 핵심 부분에 대한 통제권이 있어야 한다고 본다. 따라서 전문가와 제도는 정치적 경제성의 관점에 기속되는 실질적이고 철학적 관점을 갖고 있어야 한다고 본다.

규문주의는 부르케가 말한 두 번째 모델 즉, 범죄통제 내지 급진적 갈등 모델에 가깝다. 관용, 합의 사회, 계몽주의에 따른 당사자주의 모델은 첫 번째에 해당한다.

6. 재판 공정성의 요소

구 유고 전범재판소 재판관을 지낸 스테판 트렉셀(S. Trechsel)은 그의 책『국제 인권법과 형사소송』(*Human Rights In Criminal Proceedings*)에서 공정한 재판의 요소로 당사자주의, 무기 평등, 판결 이유에 대한 권리 등을 들고 있다.[126] 공정한 재판으로 가기 위한 여러 요소 중 가

126_ S. Trechsel, 앞의 책, 94-136면.

장 중요한 요소는 무엇보다 당사자주의와 무기 평등이라고 할 수 있다.[127] 이하에서는 이런 요소 중에서 당사자주의와 무기평등의 원칙을 검토한다.

(1) 당사자주의
1) 당사자주의와 규문주의와의 구분

먼저 당사자주의를 살펴본다. 유럽 인권 협약 제6조 제1항의 공정한 재판을 받을 권리는 민주주의, 법의 지배를 선언한 것으로, 유럽 인권 협약은 비단 유럽연합 회원국뿐만 아니라 이러한 가치를 지향하는 모든 국가의 척도가 되고 있다. 그러나 대다수의 나라가 이러한 가치를 모두 수용하고 있음에도 불구하고 세계 여러 나라의 형사소송 형태는 모두 다르다. 크게는 규문주의, 당사자주의 형태로 나뉜다.[128]

형사소송 원칙의 모호함으로 인해 이러한 차이가 당연한 것으로 받아들여지고 있지만 학자들은 실제로 재판에서 형사소송이라는 규범이 어떻게 작용하고 있는지에 관심을 갖고 있다. 재판의 공정성은 선입견(prejudice)과 편견(bias)이 없다는 요건을 필요로 하며, 객관적, 주관적 요소로 나뉜다. 판사의 개인적 확신인 주관적 요소는 객관적 요소인, 합리적 의심을 배제하기에 충분한 보장을 제공하는 것과 관련되므로 주관적 요소와 객관적 요소는 서로 밀접한 관계를 맺고 있다.[129]

당사자주의와 규문주의를 구분함에 있어 판사의 역할과 당사자의

127_ 공정성이 이루어지려면 독립성이 보장된 법관에 의해 법원이 공정하게 구성되고 피고인의 방어권이 보장되고, 무기 대등이 실현되고, 실질적 당사자주의이어야 하고, 변호인의 조력을 받을 권리가 보장되어야 한다는 견해로, 김현수, "증인 신문과 공정한 재판", 「한양법학」 제21권 제3집(2010.8), 284-285면.

128_ M Panzavolta, "Reforms and Counter-Reforms in the Italian Struggle for an Accusatorial Criminal Law System", *North Carolina Journal of International Law and Commercial Regulation*, Vol. 30 (2005), p.97.

129_ *Ibid.*, at 99-100.

소송에서 참여의 범위가 중요한 기준이 되고 있다. 이러한 구분에 대하여, 예컨대 수사판사의 경우 사회의 이익 관점에서 공정하게 수사하는 것이 아니어서 당사자로 보아야 하므로 이러한 구분은 의문이 있다는 지적이 있다.[130] 또한 완전한 당사자주의보다는 당사자주의 바탕 위에 규문주의 요소를 절충하는 것, 즉 당사자주의 골격 위에 규문주의 요소를 첨가하는 형태로 나아가야 한다는 일부 견해도 있다. 실제 프랑스에서는 규문주의 내지 절충주의 요소를 없애고 완전한 당사자주의로 나아가려는 최근의 움직임에 대하여 회의적 견해를 제시하는 학자도 있다. 또한 이탈리아에서 대륙법의 전통을 버리고 완전한 당사자주의로 나아가려는 최근의 움직임에 대하여도 회의적으로 바라보는 시각이 있다.[131]

또한 당사자주의와 규문주의의 선명한 구분은 법적 민족주의 (legal nationalism)로 나아가게 만든다는 비판적 견해도 있다. 이 견해에 따르면 다른 나라의 형사소송법 체계에 대한 무관심과 불신은 형사 재판의 개혁을 방해하고, 자국의 체제를 옹호하게 되며 결과적으로 민족주의로 나아가게 할 위험이 있다는 것이다. 이러한 민족주의는 외부에서의 비판을 거부하며, 자국 이외의 다른 나라의 제도를 결함투성이로 바라보게 한다는 것이다. 나아가 언어 장벽으로 인해 이러한 문제점이 더욱 빈발하게 나타난다고 주장한다.[132]

130_ *Ibid.*, at 7.

131_ M Panzavolta, 'Reforms and Counter-Reforms in the Italian Struggle for an Accusatorial Criminal Law System'(2005) 30 *North Carolina Journal of International Law and Commercial Regulation* 577 at 578; WT Pizzi and M Montagna, 'The Battle To Establish An Adversarial Trial System In Italy' (2004) *Michigan Journal of International Law* 429 at 430; E. Amodio, The Accusatorial System Lost And Regained Reforming Criminal Procedure In Italy (2004) 25 *American Journal of Comparative Law* 489, in: M. Panzavolta, *op. cit.*, at 8-9.

132_ M. Panzavolta, *op. cit.*, at 11-13.

2) 당사자주의에 이르는 길

이와 같이 당사자주의가 공정한 재판으로 나아가는 데 있어 가장 중요한 요소이자 가치라는 점에 대하여는 다툼이 없음에도 불구하고 세계 모두가 공감하는 형사 재판이라는 절차적 가치가 없어 공통의 형사 재판을 구성하는 데 어려움이 있다. 형사 재판 내의 가치의 우선성에 대하여도 앞에 본 패커의 두 모델, 즉 범죄통제 모델과 적법절차 모델간에 끊임없는 투쟁이 계속된다. 더 어려운 것은 이러한 양 가치의 조화가 언제 이루어질 수 있는가라는 문제가 있고, 이러한 점은 절차적 가치에 대한 본질적 측면에 대한 정체성과 관련되어 있다는 점이다.

다마스카(Damaška)는 이러한 차이가 국가 권력의 성격과 조직의 차이에서 비롯된다고 주장한다.[133] 다마스카는 이러한 차이가 나타나는 것은 범죄를 입증하는 문제에서 기원한다고 본다. 다마스카에 의하면 대륙법과 영미법 사이에는 증거법상 차이점이 분명히 존재하고, 이러한 차이점이라는 것이 학자들이 창안한 것이 아니라고 본다. 이러한 차이는 크게 세 가지로 나누어 볼 수 있는데, 첫째 절차에 있어 당사자주의적이냐 아니냐이고, 둘째 심판하는 구조이고, 셋째 재판 전 수사에 있어 당사자주의적인가 아닌가라는 것이다.

당사자주의가 재판의 공정성과 관련하여 주로 논의되는 것은 판사의 수동성과 판사가 당해 사건에 대하여 선입견이나 편견을 갖지 않는 것, 그리고 제도적 공정성이다. 이러한 제도적 공정성과 관련하여 공개주의, 직접주의, 구두 변론주의 등이 논의되고 있다. 이러한 제도적 공정성은 탄핵주의의 발전과 밀접한 관계가 있고, 형사 재판의 발전사와도 연관되어 있다. 유럽 형사 재판의 전통은 19세기 형사 재판의 발전에서 기원한다. 이러한 발전에는 두 가지 요인이 있다. 첫째는 프랑스 혁명이다. 규문주의 재판에 대한 불만과 부정의에 대한 반발로

133_ *Ibid.*, at 14-15.

형사 재판에서 절차적 가치를 받아들이게 되었고, 증거법에 대한 관심이 증가하였다. 19세기는 계몽주의라는 자유로운 사조를 형사 재판에서 받아들인 시기이다. 피고인을 시민으로 받아들이고, 피고인을 객체가 아닌 주체로 이해하기 시작했다.[134]

1808년 프랑스에서는 개혁된 형사소송법이 탄생하였다. 영국 형사 재판의 영향을 많이 받아 권한의 분배에 관심을 갖고 재판과 재판전 단계를 분리하였다. 그러나 수사는 여전히 규문주의 형태를 갖고 있었다. 즉 중립적 국가 기관인 수사판사가 증거를 수집한다. 이러한 프랑스에서의 개혁은 독일, 오스트리아 등 유럽에서 논쟁이 되었고, 독일에서는 포이어바흐(Feuerbach) 등이 개혁의 필요성을 제기하였고, 이러한 영향을 받아 독일에서는 1877년 최초로 형사소송법이 제정된다.[135]

이 법에 의하면 판사가 증거를 조사할 때 한편으로는 구두 증거를 청취할 수 있고, 다른 한편으로는 조서에 근거하여 판단할 수 있도록 하고 있다. 이 시기의 유럽에서는 재판이 공정하게 진행되어야 하고, 피고인과 검사 모두 동등한 기회를 가져야 한다는 생각이 탄핵주의를 낳았다. 그러나 수사 단계에서는 이러한 가치가 반영되지 않아 위와 같이 수사판사 제도가 여전히 남는다.[136] 19세기 학자들은 재판의 공정성을 위해서는 직접적으로 재판이 이루어져야 하고, 구두주의여야 한다고 주장했다. 직접주의(immediacy, Unmittelbarkeit)는 19세기 독일 형사소송법에서 채택되었는데 이러한 직접주의는 재판이 구두로 이루어져야 한다는 것과 밀접하게 관련되고 있다.[137]

134_ *Ibid.*, at 21-25.
135_ *Ibid.*, at 24-25.
136_ *Ibid.*, at 27.
137_ *Ibid.*, at 47.

이상의 검토를 통해 당사자주의가 재판의 공정성의 본질을 이루는 가장 중요한 요소이고, 여기에서 탄핵주의, 구두주의, 직접주의가 파생되어 왔음을 보게 된다. 그러나 이러한 당사자주의를 구현하는 방법론에 이르러서는 공통된 형사 재판의 모델이 존재하지 않고, 이러한 공통된 제도나 가치를 모색함에 있어 여러 방법론이 있고, 이에 따른 진통도 있다.

(2) 무기 평등의 원칙

마지막으로 살펴볼 것은 재판의 공정성에 있어 당사자주의 다음으로 중요한 무기 평등의 원칙이다.

영미의 당사자주의 전통에 따르면 소송 참여자에게 최대한 동등한 기회를 제공하라는 무기 평등의 원칙(equality of arms, Prinzip der Waffengleichheit)을 보장해야 한다. 이러한 공정한 재판을 보장하라는 원칙은 형사 재판에서 당사자간 지위의 균형을 이루는 기능으로 나타난다. 즉 기소를 담당하는 검사에게 입증 책임을 지우고, 피고인의 방어적 지위를 개선시키는 여러 조치를 강구하라는 것이다. 즉 수사 기관이 작성한 조서에 대하여 피고인의 변호인이 제한 없이 접근할 수 있도록 함으로써 영미의 증거개시와 같은 방어적 지위를 인정해야 한다는 것이다.[138]

무기 평등의 원칙은 특정의 권리를 보장하는 것이 아니지만 청문권 등이 공정하게 적용되는지 확인하는 역할을 한다. 무기 평등의 원칙은 특히 조서에 대한 불평등한 접근과 관련하여 문제된다. 특히 검사가 관련성 있는 조서 등에 대한 증거개시를 거부할 경우 논쟁이 된다.[139]

138_ Claus Roxin et al., *Strafverfahrensrecht*, 27. Aufl., C. H. Beck, 2012, S. 69.

139_ M. Panzavolta, *op. cit.*, at 104-105.

무기 평등의 원칙에 따르면 검사와 피고인을 동등하게 대우해야
할 뿐만 아니라 증인을 신문함에 있어서도 동등한 접근이 보장되어야
한다. 즉 당사자주의 재판을 받을 권리란, 검사와 피고인 모두가 타방
당사자가 제출한 증거와 증인에 대하여 알고, 이를 탄핵할 동등한 기
회가 주어지는 것을 말한다.[140]

결국 무기 평등이란 당사자주의를 수용한 결과로 나타나는 것으
로서 형사 재판에서 양 당사자 사이에 균형이 이루어져야 한다는 것을
의미하는 것이라고 할 수 있다.

7. 공정한 재판을 받을 권리의 효력

다음으로 검토할 사항은 공정한 재판을 받을 권리의 법적 효력이
다. 구체적 형사 사건에서 이러한 권리가 침해되었을 때, 다시 말해 형
사 절차의 각 단계에서 공정한 재판을 받을 권리가 침해되었거나 형사
절차가 공정한 재판을 받을 권리의 요소에 위배됨이 드러날 경우 어떠
한 효과가 나타나거나 구제책이 주어지느냐의 문제이다. 이하에서는
여기에 대한 미국 연방대법원의 판례를 검토하고, 유럽 인권 협약 제6
조가 적용되는 유럽의 경우를 살펴본다. 이러한 검토를 마친 후 국내
에서의 효과에 대하여 살펴본다.

(1) 미 국

앞서 살펴본 바와 같이 미국에서는 연방대법원이 공정한 재판을
받을 권리에 대하여 부분적 체화설을 채택하고 있다. 이러한 태도에
따르면 주 정부로서는 고유의 형사소송 절차를 도모할 수 있지만 공정
한 재판을 받을 권리가 자유와 정의의 근본 원칙이므로 이러한 원칙은

140_ Belziuk v. Poland, judgment of 25 Mar 1998, Reports 1998-II, 338 (2000),
in: M. Panzavolta, *op. cit.*, at 110-111.

연방과 주를 기속시킨다. 따라서 공정한 재판을 받을 권리가 침해된 경우 적법절차를 위배한 것이 되고, 이를 위반하여 수집된 증거는 허용되지 않는다. 또한 이러한 권리가 침해된 재판 절차는 적법절차의 위배가 되고 이러한 적법절차 위배는 항소 사유가 된다.

(2) 유 럽

다음으로 유럽 인권 협약 제6조의 공정한 재판을 받을 권리가 적용되는 유럽의 경우를 독일을 중심으로 하여 살펴본다.

1) 유럽 인권 협약과 자국법과의 관계

이러한 검토에 앞서 유럽 인권 협약과 유럽 회원국의 자국법과의 관계를 살펴볼 필요가 있다. 유럽연합의 공동체법은 유럽 각국의 법률뿐만 아니라 헌법보다 상위에 있다. 다만 민주주의, 기본권의 핵심 영역을 포함한 법치국가 원리 등 헌법 질서의 본질적 내용에는 영향을 미치지 않는다.[141] 따라서 유럽 인권 협약에서의 공정한 재판에 대한 권리는 보편적 기본권으로서 유럽연합 회원국의 법률을 기속하는 효력을 갖게 된다. 이에 따라 독일 형사소송법에서 가장 상위되는 원칙이 공정성 원칙(Das Fairnessprinzip)이다. 이러한 일반 조항 역시 독일 기본법에서 규정하고 있는 법치국가 원리와 사회국가 원리라는 가치 판단에 따른다고 본다. 유럽 인권 협약 제6조 제1항을 관철시키기 위해 누구라도 적정한 방법(in billiger weise)으로 법원이 자신의 사건에 대해 들어 줄 것을 요구하는 청구권을 갖게 된다. 이는 곧 절차적 정의를 의미하며, 최적의 방법에 의해 방어를 한다는 의미가 포함된다.[142] 여기에 대하여 이러한 원칙을 과도하게 적용하면 일반 조항이 지나치

141_ Eric Hilgendorf, *Grurdlagen · Staatsrecht · Strafrecht*, Deutscher Taschenbuch Verlag, 2003 / 홍기수 · 홍우원, 독일법의 기초, 한국 형사정책연구원, 2010, 163면.

142_ Claus Roxin et al., a.a.O., S. 68.

게 적용되는 것이고, 결국 과잉 사법화(Überjustizialisierung)를 초래할 수 있다고 비판하는 견해도 있다. 이러한 비판은 이 원칙이 적용되어서는 안 된다는 것이 아니라 공정한 절차 원칙이 법치국가적 의미를 갖고 있어 규제 원리로 작용한다는 사실과 헌법적 가치와 부합되게 최대한 적용하라는 요구 내지 지도 원리로 이해하라는 것이다.[143]

2) 원칙의 적용

공정한 재판을 받을 권리가 형사 재판에서 의미가 있으려면 공익과 사익이라는 이해가 상반되는 상황에서 피고인의 이익을 관철시키고, 형사 재판의 효율성에 의해 피고인을 희생시키지 않고, 절차가 공개적으로 이루어져야 한다.[144] 그러나 구체적 사건에 이르러서는 이러한 원칙의 적용 여부에 대하여 항상 논란이 제기되어 왔다.

독일 연방대법원은 공정한 절차의 원칙을 다룸에 있어 신중한 태도를 보이고 있다. 이 원칙을 위반하였다고 하여 곧바로 절차를 중단시키는 사유가 된다고 보지 않는다.[145] 다만 절차의 토대를 완전히 무너뜨리는 정도에 이른 경우에는 절차 중단 사유가 될 수 있다고 본다.[146] 이러한 경우 이외의 경우에는 공정한 재판의 원칙이 조정 원칙으로 작용한다. 즉 수사 기관에 의해 피의자의 증거 수집이 제한된 경우 추후 재판에서 판사가 이와 관련된 증거를 평가할 때 이러한 사실을 반영하라는 것과 '의심스러울 때에는 피고인의 이익으로'(in dubio pro reo)라는 원칙을 적용하라는 것이다.[147] 유럽 인권 협약은 국제 조약으로 독일법에 편입되어 있고, 독일 내에서 법률로서의 지위를 갖는다. 따라서 형사소송의 실제에 있어 위 협약 제6조와 충돌이 발생될 때 위 협약 제6조에 합치되도록 해석하여야 하므로 실제에 있어 위 조

143_ A.a.O.

144_ Klaus Volk, *Grundkurs StPO*, 6. Aufl., C. H. Beck, 2008, S. 171.

145_ BGHSt 46, 159, 171.

146_ BGHSt 46, 159, 171.

147_ Klaus Volk, a.a.O.

항이 관철되고 있고, 독일법으로도 체화되고 있다고 보고 있다.[148]

3) 최근 판례의 동향

최근 독일의 판례를 살펴보면 소송 관여자에게 공정한 재판의 원칙을 적용하는 판례가 늘어나고 있다. 즉 독일 연방대법원은 법치국가 원리, 기본권 조항, 유럽 인권 협약에 의거하여 위 원칙을 적용하고 있다.[149] 실제에 있어서는 공정한 절차 원칙의 적용 범위와 원칙을 위반하였을 때의 효과가 주로 다투어진다. 독일 연방대법원은 이 원칙이 헌법적 차원의 원칙이므로 법률을 기속한다고 보고 있고, 따라서 이 원칙을 위반할 경우 곧바로 절차 중단 사유가 되는 것은 아니지만 이를 근거로 항소 사유로 삼거나 증거 사용 금지의 효과가 뒤따른다고 본다.[150]

(3) 한 국

마지막으로 우리나라에서 공정한 재판을 받을 권리가 침해받았을 경우 어떤 법적 효과가 생기는지 살펴보기로 한다.

공정한 재판을 받을 권리는 실제 형사 재판에서 당사자주의 재판을 받을 권리, 무기 평등의 원칙 등의 피의자, 피고인의 권리 침해의 형태로 나타난다. 따라서 이러한 구체적 침해에 대해 사례별로 검토하는 것이 타당할 것이나 여기에 대해서는 제4장에서 살펴본다. 다만 공정한 재판을 받을 권리가 침해되었을 경우 일반적 효과에 대하여 검토하기로 한다.

앞서 헌법재판소 결정을 검토한 것에서 보듯 공정한 재판을 받을 권리는 헌법이 보장하는 재판 청구권이자 기본권이다. 나아가 우리 헌법 제12조 제1항, 제3항에서 적법절차 원칙을 선언하고 있고, 형사소

148_ A.a.O., S. 172.

149_ BGHSt 32, 345, 350.

150_ Werner Beulke, *Strafprozessrecht*, 11. Aufl., C. F. Müller, 2010, S. 29.

송법 제308조의2에서 위법수집 증거 배제법칙을 규정하고 있다.[151] 따라서 형사 재판에서 공정한 재판을 받을 권리는 형사소송법의 해석에 있어 이러한 가치를 최대한 반영하라는 규제 원리로 작용한다. 나아가 구체적 사안에서 공정한 재판을 받을 권리가 침해된 경우 항소 사유가 되고, 이 권리를 침해하여 수집한 증거는 위법수집 증거에 해당하여 증거로 허용되어서는 안 된다.

151_ 권영법, 형사증거법 원론, 세창출판사, 2013, 242-243면.

제2장

소송의 구조와 재판의 공정성

Ⅰ. 소송의 구조론

Ⅱ. 한국 형사소송의 구조

Ⅰ. 소송의 구조론

1. 소송의 구조론과 모델론

미국의 워렌 법원(Warren Court)은 미국 연방 사법 실무가 미국 연방헌법에서 밝히고 있는 입법자의 이념에 부합하라는 여론의 압력을 받게 된다. 이에 따라 수색, 피의자 신문, 변호인의 조력을 받을 권리, 재판의 공개와 관련하여 주(州)의 형사소송에서 적용될 새로운 기준을 마련하게 된다. 이와 같이 워렌 법원이 헌법상의 이념을 구체화하려고 노력하고 있었음에도 법 현실주의자[1]들은 먼저 정치권에서부터 '법과 질서'(law and order)를 강조하는 목소리를 내기 시작한다. 이와 같이 대립되는 양 진영 사이에 긴장이 생기게 되었고, 패커는 대립되는 이러한 양 진영이 주장하는 것을 고려하고 이를 단순화하여 두 가지 모델, 즉 적정절차 모델과 범죄통제 모델을 제시한 것이다.[2] 패커의 두 모델은 규범 모델로서 형사소송의 각 단계, 즉 피의자를 체포한 때로부터 판결을 선고할 때까지 단계별로 두 모델이 갖는 함의를 제시하고 있다. 패커는 범죄통제와 형사 재판의 효율성을 옹호하는 진영과 효율

1_ 미국의 법 현실주의(Legel Realism)란 1920년대와 1930년대 콜롬비아와 예일 로스쿨 법학 교수의 주장에서 나타나는 실증주의, 도구주의 법 사상이라고 할 수 있다. 법 현실주의 진영의 판사나 학자는 법은 작동하는 도구여야 하며 그런 관점에서만 존재 의의가 있다는 도구주의적 법 사상을 내세운다. 또한 경험 과학적, 사회 과학적 법학 연구의 중요성을 강조한다. 이러한 경향은 1930년대 이후 많은 학자와 판사들을 매료시켰다: 조기영, "미국(美國)의 법 현실주의(法現實主義) 논쟁(論爭)에 관한 고찰─Pound, Llewellyn 논쟁(論爭)─",「법철학 연구」제10권 제1호(2007), 281-282면.

2_ Abraham S. Goldstein, "Reflections on Two Models: Inquisitorial Themes in American Criminal Procedure", *Stanford Law Review*, Vol. 26, No. 5(May, 1974), p.1012.

성에 제한을 가하고 적정절차를 옹호하는 진영 사이에 긴장 관계가 있음을 지적한다. 이에 따라 패커의 모델은 규범과 실무 사이의 위와 같은 상호작용 관계를 드러내고 있다.[3]

패커는 범죄통제 모델이 법 현실주의 진영에서 취하는 모델이라고 주장한다.[4] 그러나 소송에서 효율성만 고려한다면 이러한 모델은 소송 모델이라기보다 범죄통제라는 목적을 이루기 위하여 법적 제약을 반대하는 일반적 경향을 드러내는 것이라고 할 수 있다. 그러나 이러한 경향에서는 범죄통제라는 목적에 사용되는 수단의 적법성을 간과되고 있다. 범죄인을 발견하여 신속하게 처벌한다는 것은 형사소송이라는 규범을 통하여 진실을 발견하거나 국가권력의 남용을 억제한다는 가치를 고려하지 않는 것이다. 형사소송에서 효율성을 강조하는 범죄통제 모델은 적법성 원칙(the principle of legality)의 대척점에 있다. 즉 범죄는 반드시 규명되어야 하고, 형사 제재는 가혹해야 하며, 형사소송에서 비공식적 절차도 허용되어야 한다고 본다. 적정절차 모델은 적법성 원칙이 적용되는 특수한 예라고 할 수 있다. 이 모델은 미국의 판사와 배심원, 경찰과 검사 등 미국의 사법 체계와 가치에 깊이 경도된 것으로, 이상주의 진영에서의 입장을 대변하고 있다.[5]

미국의 형사소송은 탄핵주의(accusatorial) 혹은 당사자주의(adversary)라고 불리며, 미국에서 양자는 동의어로 사용되고 있다. 그러나 당사자주의는 분쟁을 해결하는 방법과 재판의 형태와 관련되는 용어이다. 당사자주의는 양 당사자가 증인을 신청하고 증인에 대하여 반대신문을 함에 있어 당사자가 적극적 역할을 한다. 이에 비해 판사는 상대적으로 중립적 절차 참여자로서 역할을 수행하고, 소송 절차가 증거 규칙에 위배되는지 여부만 감독하며, 배심원에게 법률에 대하여 설명한다.[6]

3_ *Ibid.*, at 1009.
4_ *Ibid.*, at 1015.
5_ *Ibid.*, at 1016.

이상에서 보듯 형사소송의 모델은 형사소송이 지향하는 가치와 규범을 조율하고 형사소송의 현실을 진단하기 위한 척도이고, 그에 따라 양 대척점을 제시하고 있다. 이러한 모델론은 소송의 현실을 진단하고 나아가 형사소송이 지향하는 가치를 제시하기 위한 도구로서의 유용성이 있다. 이러한 모델론과 별도로, 현실의 형사소송이 어떠한 형태를 취하고 있는가의 문제인 소송의 구조론의 검토는 소송의 현실을 직시하고, 형사소송이 나아갈 가치를 설정하기 위한 정초 작업으로서 의의가 있다고 본다.

이하에서는 이러한 소송의 구조론과 관련된 독일과 영미에서의 논의를 검토하기로 하겠다.

2. 독일에서의 논의

독일에서는 영미의 당사자주의와 대비하여 자국의 형사소송 형태를 직권주의, 혹은 규문주의라고 부르며, 이와 별도로 기소권자와 판사의 역할을 구분하는 체계를 탄핵주의라고 하고 있다.

(1) 독일에서의 탄핵주의

먼저 독일에서 이해하고 있는 탄핵주의(Akkusationsprinzip)에 대하여 살펴본다.독일에서 탄핵주의란 법원이 공소가 제기된 공소 사실 범위 내에서만 재판할 수 있다는 원칙 내지 체계를 말한다. 즉 기소권자와 판사의 역할이 엄격하게 구분됨을 말한다.[7] 그러나 원래 탄핵주의(accusatorial)란 용어의 사전적 의미는 강한 비난(blame)이나 비판(criticism)이다.[8] 영미에서는 이러한 비판 내지 비난의 의미에 중점을

6_ *Ibid.*

7_ Klaus Volk, *Grundkurs StPO*, 6. Aufl., C. H. Beck, 2008, S. 170.

8_ www. thefreedictionary.com/Accusatorial Catched(2014.6.16. 방문).

두어 탄핵주의를 당사자에 의한 논쟁을 의미하는 것으로 이해하여 당사자주의와 거의 같은 말 내지 동의어로 사용하고 있다. 근대에 들어 유럽에서 기소를 담당하는 검사 제도를 도입함으로써 기소와 재판이 분리되었으나 일부 국가, 예컨대 독일이나 프랑스에서는 수사판사 제도를 그대로 존치시킨다. 이러한 수사판사 제도에 문제점이 많아 독일도 형사소송법 개정을 통하여 수사판사 제도를 폐지시켰다. 이와 같이 기소와 재판의 분리가 소송의 구조를 변화시킨 하나의 중요한 요인이 될 수 있지만 이것이 소송 구조에 있어 근본적 변화를 가지고 온 것이라고 할 수 없다. 나아가 오늘날 대다수 국가는 기소와 재판을 분리하고 있어 이러한 탄핵주의란 소송의 구조를 분석함에 있어 그리 의미가 남아 있지 않다. 따라서 이러한 탄핵주의는 오늘날 소송 구조를 분석하는 도구로서의 유용성이 상실된 것이다.

(2) 독일에서의 당사자주의

다음으로 살펴볼 것은 당사자주의이다. 독일의 대다수의 학자들은 자신들의 형사소송 형태를 직권주의로 이해하면서 이와 대비되는 체계를 당사자주의라고 부른다. 그러나 독일 학자들은 이러한 당사자주의에 대하여 그리 호의적 시선을 보이지 않는다. 즉 클라우스 록신(Claus Roxin)은 영미에서 배심제와 결합한 당사자주의가 진실 발견에 가장 적합한 형태라고 주장함을 언급한다. 즉 대립된 당사자로 하여금 다투게 하는 것이 법관이 판결할 수 있는 증거를 수집하는 최선의 방법이라는 것이다.[9] 여기에 대하여 록신은 이러한 이해는 인식론적으로 볼 때 맞지 않는다고 비판한다. 즉 이러한 방법에 의한 증거 수집은 당사자 입장에 선 대화일 뿐이며, 법관의 입장에서 질문하지 않는 것이므로 최선이 아니라고 본다. 또한 당사자에게 완전한 증거 제출 의무

9_ Claus Roxin et al., *Strafverfahrensrecht: Ein Studienbuch*, 27. Aufl., C. H. Beck, 2012., S. 86.

가 부과되는 것이 아니므로 진실 발견에 걸림돌이 된다고 비판한다. 나아가 당사자주의는 유죄 답변(guilty plea)에 의해 진실과 다른 결론이 도출될 위험이 도사리고 있다고 지적한다.[10]

(3) 직권주의와 규문주의

독일 학자들은 자국의 형사소송 형태를 직권주의라고 표현한다. 이에 앞서 먼저 살펴볼 것은 직권주의라는 용어이다. 우리나라 학자들의 다수는 독일 형사소송이 직권주의 형태를 취하고 있다면서 이를 'Offizialmaxime'라고 병기하여 표기한다. 그러나 'Offizialmaxime'는 국가 소추주의를 의미한다. 독일 형사소송법 제152조 제1항에 의하면 독일에서는 검사에 의해 공소가 제기되는데 이를 국가 소추주의(Offizialmaxime)라고 한다.[11] 따라서 'Offizialmaxime'를 '직권주의'로 이해하거나 '직권주의'를 'Offizialmaxime'라고 표기하는 것은 잘못이다.

독일 학자들은 직권주의를 '직권 조사주의'(Ermittlungsgrundsatz), '직권 탐지주의'(Untersuchungsgrundsatz), 혹은 '규문주의'(Inquisitionsprinzip)라고 표현한다. 즉 직권주의를 규문주의와 같은 용어 내지 동의어로 이해한다. 이 점에 대해 록신은 다음과 같이 설명한다:[12]

> 민사소송에서는 당사자 처분권주의(Dispositionsmaxime)에 따라 소송물을 처분할 수 있다. 그러나 형사소송에서는 직권 조사주의(Ermittlungsgrundsatz)에 따라 법관은 실체 진실주의(das Prinzip des materiellen Wahrheit)에 따른다. 이를 '규문주의'(Inquisitionsprinzip)라고도 한다.

10_ A.a.O., S. 87.
11_ Klaus Haller et al., *Das Strafverfahren*, 5. Aufl., C. F. Müller Verlag, 2008, S. 4.
12_ Claus Roxin et al., a.a.O., S. 95-96.

클라우스 폴크(Klaus Volk) 역시 직권주의을 규문주의와 같은 말로 이해한다. 폴크는 직권주의에 대하여 다음과 같이 설명한다:[13]

법원은 직권으로 사실 관계를 조사할 의무가 있다(독일 형사소송법 제155조 제2항, 제160조 제2항, 제244조 제1항). 법원은 당해 사건을 조사할 권한과 책무를 지고 있고, 스스로 심리하고, 규문적으로 소송을 진행한다. 즉 규문주의(Inqiusitionsprinzip)에 의한다. 형사소송에서는 소송물과 증거 절차가 소송 관여인의 처분에 좌우되지 않는다. 형사소송의 목적은 사실이 실제로 어떻게 존재하고 있는가를 밝히는 것이다.

즉 록신과 폴크는 직권주의를 규문주의와 같은 말로 이해하고 있다. 그 외 대다수의 학자들 역시 직권주의를 규문주의와 같은 용어로 이해한다. 베르너 보일케(Werner Beulke)는 직권 조사주의(Ermittlungs-grundsatz)가 규문주의(Inquisitionsprinzip)와 같은 말로 사용되고 있음을 언급하면서 직권 조사주의란 직권으로 사건의 실체를 조사하는 것을 말한다고 주장한다.[14] 다만 보일케는 '규문주의'라는 용어가 수사 기관과 법관이 일체라는 인상을 주고 있음을 경계한다. 그러나 이러한 이해는 잘못된 것이고 직권 조사주의는 경찰과 검찰이 사건을 온전히 밝혀야 하는 것을 말하고, 일단 재판으로 회부되면 이러한 수사 원칙이 지배하지 않는다고 본다.[15]

이러한 독일 학자들의 설명에 의하면 국내 다수의 학자들이 주장하는 사실, 즉 수사 기관과 재판 기관이 동일체로 된 소송 형태가 규문

13_ Klaus Volk, a.a.O., S. 173-174.

14_ Werner Beulke, *Strafprozessrecht*, 11. Aufl., C. F. Müller, 2010, S. 24.

15_ A.a.O. 직권 조사주의란 형사소송에서 사건의 실체에 대한 법관의 광범위한 인식을 필요로 한다는 것을 말한다. 이를 법관의 인식의무(gerichtliche Kognitionspflicht)라고도 한다: Hennig Radke et al., *Strafprozessordnung Kommentar*, Franz Vahlen, 2011, § 155 Rn 1-2.

주의이고, 이와 달리 양 기관이 분리된 형태가 탄핵주의라는 견해가 잘못된 것임을 보게 된다. 또한 규문주의란 수사 기관과 재판 기관이 분리되지 않은 소송 형태이고, 직권주의란 재판시 법원이 직권으로 조사하는 소송 형태이므로 양자가 구분된다는 주장 역시 잘못된 것임을 보여준다. 결국 국내 다수의 학자들이 이해하고 있는 탄핵주의, 규문주의, 직권주의라는 용어는 이론적 · 역사적 근거가 있는 것이 아니라 보일케가 언급하였듯이 '규문'이라는 용어가 드러내고 있는 인상에 의해 임의적으로, 혹은 잘못된 이해에 의해 제기된 주장임을 보게 된다.

(4) 직권주의의 의미

다음으로 독일에서 직권주의(규문주의)란 어떤 의미를 갖고 있는지 살펴본다.

직권 조사주의란 형사소송에서 사건의 실체에 대한 법관의 광범위한 인식을 필요로 한다는 것을 말한다. 이를 법관의 인식의무(gerichtliche Kognitionspflicht)라고도 한다.[16] 직권 조사주의란 법관이 실체 진실을 추구하는 것을 말한다. 법관 자신이 사건을 조사하고, 원칙적으로 당사자의 증거 신청이나 해명에 기속되지 않는 것을 말한다. 즉 실체 진실 발견이 형사소송의 주된 목적이 된다. 직권주의에 의하면 법관에게 진실 발견에 대한 책무가 주어지고, 그에 따른 법적 결론을 도출해야 함을 의미한다.[17] 그러나 "진실은 어떤 경우에도 밝혀져야 하는 것은 아니며"(Die Wahrheit ist nicht um jeden Preis zu erforschen), 법치국가적 제한이 따른다.[18]

16_ Hennig Radke et al., *Strafprozessordnung Kommentar*, Franz Vahlen, 2011, § 155 Rn 1-2.

17_ Gerd Pfeiffer, *Karlsruher Kommentar zur Strafprozessordnung und zum Gerichtsverfassungsgesetz mit Einführungsgesetz*, 5. Aufl., C. H. Beck, 2003, S. 4.

18_ BGHSt. 14, 358, 365.

3. 영미에서의 논의

(1) 용어의 사전적 의미

영미의 문헌을 살펴보면 소송 구조와 관련하여 주로 당사자주의, 규문주의라는 용어가 사용되고 있다. 간혹 탄핵주의가 당사자주의와 같은 의미로 사용되는 예도 볼 수 있다. 당사자주의와 규문주의에 대한 자세한 검토를 하기에 앞서 우선 당사자주의와 규문주의의 사전적 의미를 살펴보기로 한다.

1) 당사자주의의 사전적 의미

먼저 사전에서 설명하고 있는 당사자주의에 대하여 살펴보면 다음과 같다:[19]

> 일부 학자는 당사자주의가 중세의 사투(死鬪, trial by combat)에서 유래한다고 주장한다. 당사자주의는 보통법 하에서 배심 제도의 채택으로 발달되었고, 양 당사자에게 논쟁에 대한 동등한 기회를 제공한다. 당사자주의(adversarial system 혹은 adversary system)란 공정한 심판자 앞에서 대립되는 당사자의 논쟁을 옹호하고, 이에 따라 사건의 진실을 판단하는 체계를 말한다. 당사자주의의 특징은 피고인에게 진술을 강요하지 않는 것에 있다. 피고인의 변호인은 전략에 따라 어떠한 주장과 증거를 제출할지 결정하므로 당사자주의는 '법률가의 진실 조종'(a lawyer's manipulation of the truth)이라고 불린다. 법관은 공정한 경기(fair play)에서 공정성을 유지한다. 증거 법칙은 판사나 배심원에게 예단(prejudice)을 방지하기 위해 발달되었다.

2) 규문주의의 사전적 의미

다음으로 규문주의의 사전적 정의에 대하여 살펴본다. 사전에서

19_ http://en.wikipedia.org/wiki/Adversarial system(2014.6.9. 방문).

는 규문주의를 다음과 같이 설명한다:[20]

규문주의(inquisitorial system)는 법원이 사건의 진실 발견에 능동적으로 참여하는 체계를 말한다. 규문주의는 대륙법(civil legal system) 나라에서 채택되는 경우가 많다. 그러나 영미법에서도 약식 기소의 경우 규문주의를 채택한다. 그러나 규문주의와 당사자주의는 대륙법, 영미법의 구분과 무관하다. 규문주의에서 판사는 공적 범죄 조사관(public inquisition of crime)으로 역할을 수행한다. 판사는 증인에게 질문하고 피고인을 신문하며 증거를 조사할 수 있고, 평결하고, 양형을 한다. 판사의 판결에 대한 오류는 검사와 피고인 모두 항소 사유로 삼을 수 있다. 12세기 중세의 규문주의(Medieval inquisitorial)가 전개되기 전까지 유럽에서는 당사자주의에 따라 기소 및 유·무죄를 결정하였다. 규문주의에 의하면 범죄 혐의가 있는 자는 공식적으로 피해자나 충분한 증인이 있는 고소나 특정 목적을 위해 소집된 대배심의 기소(inquest)가 없이는 재판받지 않는다. 그러나 이 체계의 단점은 피해자가 범죄 사실을 충분히 입증하지 못하게 될 경우 무고죄로 처벌받게 되므로 고소를 주저한다는 취약점이 있다는 것이다. 1198년 교황 이노센트 3세는 개혁된 교회법을 공포하였다. 이 법에 따르면 기소를 위해서 대배심의 공식적 소추가 필요 없게 되었다. 그 대신 교회법원은 자신이 증인과 피고인을 조사하여 재판할 수 있게 되었다. 1215년 라테란 공회(Council of the Lateran)에서 이러한 규문주의를 공식적으로 채택하였다.

(2) 당사자주의와 규문주의

이러한 규문주의라는 용어는 일부 나라에서는 영미법 체계와 대비한 대륙법 체계라는 의미로 사용되기도 한다. 그러나 위에서 보듯

20_ http://en.wikipedia.org/wiki/inquisotorial system (2014.6.9. 방문).

당사자주의와 규문주의의 구분은 영미법과 대륙법의 구분과 무관하다.[21] 그런데 일부의 경우 규문주의가 다른 의미로 잘못 사용되는 경우가 있어 일부 학자는 규문주의라는 용어 대신에 비당사자주의(non-adversarial system)라는 용어를 선호한다.[22]

당사자주의란 당사자가 사건 진행을 주도한다는 것을 의미한다. 당사자주의에서 소송 당사자는 스스로 전략을 세워 증거를 조사·수집하여 제출한다. 판사는 경기 규칙을 준수하는지 여부만 감독할 뿐이다.[23] 이에 비해 규문주의(inquisitorial) 제도에 있어서 판사는 재판의 진행에 있어 주도적 역할을 담당한다.

미국에서는 형사소송에서 당사자로 하여금 경쟁하도록 하는 당사자주의가 최선이라는 믿음을 갖고 있다. 골드슈타인(Abraham S. Goldstein)은 탄핵주의(accusatorial system)란 당사자주의 전통을 포함하면서 이보다 더 넓은 개념이라고 이해한다. 즉 탄핵주의는 사회적

21_ 대륙법과 영미법의 차이점을 몇 가지 기준에 의해 분석한 글이 있다. 이에 의하면, 첫째, 진실 발견과 역사적 배경에 있어서 대륙법은 진실 발견에 중요성을 두고 있으나 영미법은 진실 발견보다는 분쟁의 정당한 해결을 우선시한다. 대륙법은 11세기 후반 이후 전문화된 관료에 의해 재판이 이루어져 왔으나 영미법은 일반 시민이 재판에 참여하였으므로 증거 법칙이 발달하였다. 둘째, 수사에 있어서 대륙법에서는 수사시 수사 기관과 대화를 유지하면 수사판사 내지 검사가 재판 전에 당해 수사에 대한 지휘를 한다. 영미법에서는 체포 이후 진술거부권을 행사하는 것이 일반적이다. 셋째 증거법에 있어서 영미법에서 재판부는 중립적 지위를 유지한다. 대륙법에서는 재판부의 주도하에 증거 조사가 이루어진다. 대륙법은 증거 평가에 있어 자유 심증주의를 채택하나 영미법에서는 증거배제법칙, 전문법칙 등을 발달시켜 왔다: 이태엽, "국제 형사 재판에 있어 재판의 공정성에 관한 연구—대륙법과 영미법의 충돌과 조화를 중심으로—", 「법조」 Vol. 604 (2007.1), 308-313면.

22_ http://en.wikipedia.org/w/index.phptitle=inquisitorial system (2014.4.22. 방문).

23_ Lawrence M. Friedman, *American Law: an Introduction*, Norton & Company, 1984 / 서원우·안경환 역, 미국법 입문, 대한교과서 주식회사, 1987, 90면.

균형점(social equilibrium)이 무너지지 않도록 하기 위해 국가가 분쟁에 적극적으로 나서는 것을 막는 데 가치를 둔다. 탄핵주의는 형법의 집행이 법정 안에서 이루어져야 함을 강조한다. 따라서 경찰이나 검찰의 수사에 의존하지 않는다. 즉 당사자에게 증거 주집과 제출을 하도록 주도권을 준다는 것으로 본다.[24]

(3) 규문주의와 규문주의 요소

그러나 소송의 현실에 있어서는 미국의 형사소송이 당사자주의 요소보다 규문주의 요소가 많음이 지적되고 있다. 골드슈타인에 의하면 수사에 있어서 강제적이고 효율적 범죄통제가 강조된다고 본다. 그러나 이러한 수사에 있어서 규문주의 성격은 형사소송 체계와 정합되지 않는다고 지적한다. 규문주의에서는 수사와 재판을 함에 있어 피고인을 가장 중요한 증거로 인식한다. 피고인을 소환하여 조사하고, 판사 역시 범죄와 관련되어 피고인이 아는 것 모두에 대하여 질문할 수 있다고 본다. 소수의 증거 규칙이 규율하고 있을 뿐이고, 국가에게 명백한 입증 책임을 지우지 않는다. 판사가 절차를 장악하고, 재판의 결과를 미리 암시하기도 한다. 규문주의의 두드러진 특징은 주요 범죄에 대한 미결구금이 널리 사용된다는 점이다. 규문주의에서는 구두에 의한 증거를 중요시하지 않는다고 본다.[25] 대신 수사판사나 수사 기관이 작성한 조서(dossier)에 의해 재판이 이루어진다. 소송법이 성문화되어 있어 수사판사와 공판판사의 역할이 규정되어 있다고 본다. 수사판사는 피의자 체포시부터 관여하며, 상당한 증거가 있어야 한다는 규정에 기속된다. 그러나 실제에 있어서 서류, 조서 등에 기속된다. 절차에 있어 법원이 모든 것을 주도하고, 변호인의 조력을 받을 권리를 부차적인 것으로 본다. 실제로 수사판사가 서류를 넘기면 공판판사는 이를

24_ Abraham S. Goldstein, *op. cit.*, at 1017.
25_ *Ibid.*, at 1018.

집행할 뿐이다. 그러나 골드슈타인은 이러한 분석은 피상적이며, 실제 대륙의 형사소송은 순수하게 규문적이지 않다고 지적한다. 골드슈타인은 규문주의에 있어 지배적 특징은 법원이 사건을 주도한다는 것이며, 당사자주의는 당사자가 이를 주도한다는 데 있다고 본다.[26]

4. 소송 구조론의 평가

(1) 진실 발견

당사자주의와 규문주의는 여러 가지 기준에 의해 구분할 수 있지만 무엇보다 진실 발견에 있어 큰 차이점이 있다고 본다.

규문주의 하에서는 법원이 사실 조사에 대한 주도적 역할을 한다. 조서가 작성되고, 판사로 하여금 사건의 세부 사항을 알게 한다. 판사는 증인을 소환하고 신문하는 것을 결정하고, 검사와 피고인의 변호인의 역할은 보조적이다. 순수한 당사자주의는 이와 반대로 사건의 입증 책임이 당사자에게 있다. 판사와 배심원은 공정한 심판자의 역할을 하고, 당사자가 제출하는 증거를 경청하고, 절차 원칙에 따라 소송을 진행하며 사건이 종결될 때 선고한다. 당사자가 증인을 신청하지 않으면 법원은 아무런 역할을 할 수 없다. 당사자주의는 게임과 같다는 평가를 받는다.[27]

그러나 이것은 너무 단순화한 것이고, 양 체계 모두 사실 인정을 함에 있어서는 확실성에 이를 정도의 입증을 요구하고 있다. 그러나 이러한 목적을 달성하는 수단은 달리한다. 당사자주의는 진실이란 당사자의 강력한 질문과 수동적이고 공정한 심판자에 의해 밝혀진다고 본다.

26_ *Ibid.*, at 1019.
27_ Andrew Sanders et al., *Criminal Justice*, 4th ed., Oxford, 2010, p.14.

(2) 규문주의의 위험: 조서 재판

규문주의의 위험은 조사를 누구가 하느냐, 예컨대 경찰이나 치안 판사가 하느냐에 따라 달라진다는 데 있으며, 특정 관점을 선호할 때 조서 작성에 큰 영향력을 행사한다는 점이다. 판사 역시 조서를 읽음으로써 선입견에 사로잡힐 수 있게 된다.[28]

전형적 사건에서 한 그룹은 조서를 읽게 하고 나머지 그룹은 읽지 않게 하고 재판을 하게 하였다. 그 결과 조서를 읽은 그룹은 모두 피고인에게 유죄를 선고하였으나 그렇지 않은 그룹은 27%만이 유죄를 선고하였다.[29]

이러한 사실은 조서와 검사의 의견이 선입견에 강력하게 영향을 미친다는 것을 보여준다. 판사의 조서와 검사에 대한 우호성은 강력한 편견을 야기한다. 즉 죄가 없는데 왜 이런 조서가 작성되겠는가, 국가기관인 검사가 무고한 사람을 기소할 리 없다고 보는 것이다. 조서에 기반한 체계는 구두 진술을 믿지 못하게 한다. 즉 한 번 조서에 기록이 되면 이를 떨쳐버리는 것을 어렵게 한다. 당사자주의의 장점은 사실과 법률에 대한 그들의 해석과 주장을 제출하게 한다는 점에 있다.

(3) 당사자주의와 진실 발견

규문주의에서는 재판 전에 진실 발견을 위한 광범위한 조사가 이루어지고, 법정에서 검사는 사건의 진실이 드러났다고 주장한다. 당사자주의는 이와 반대로 당사자로 하여금 입증하게 하며, 다른 이유로 인해 진실에 이르지 않을 수 있다. 즉 기술적 이유로 관련성 있는 증거를 제출하지 않을 수 있고, 공격적 반대신문이 증인으로 하여금 혼란을 야기할 수 있다는 것이다.[30] 그러나 실제 어느 체계가 진실 발견에

28_ *Ibid.*, at 15.
29_ *Ibid.*
30_ *Ibid.*, at 16.

더 적합한지에 대한 신뢰성 있는 증거는 없다. 당사자주의와 규문주의는 사회에서 권력이 어떻게 분배되어야 하는지에 대한 서로 다른 생각을 보여준다. 당사자주의는 규문주의보다 진실 발견에 더 큰 비중을 두지 않는다. 즉 진실 발견이 중요하지 않다고 보는 것이 아니라 진실 발견에 이르는 데 있어 다른 중요한 가치를 추구한다는 것이다.[31]

(4) 당사자주의와 권한 분배

당사자주의는 국가가 형법을 집행하기 위한 책무를 이행하기 위해 개인인 시민을 상대로 사건을 입증할 책임이 있다고 본다. 강력한 국가의 권한 남용에 대한 방어책이 반드시 세워져야 한다고 본다. 이러한 방어책의 표현이 권한의 분배이다. 즉 수사를 하는 권한과 이를 판단하는 권한이 분리되어야 한다고 본다. 판사나 배심의 수동성은 반드시 필요하며, 이것이 공정성의 보장책이라고 본다. 당사자주의는 소추측의 증거가 공정하고 적법한 방법으로 수사함에 대하여 민감하다. 예컨대 피의자의 변호인은 수사에 있어서도 적극적이고, 피의자가 수사를 받는 시간의 제한도 요구한다. 이러한 연유로 증거의 허용성과 신빙성에 대한 증거법이 발달하였다. 이에 반해 규문주의 하에서는 국가가 수사를 함에 있어 중립적이라는 가정을 전제로 한다.[32] 그러나 이러한 수사 기관의 '중립성'은 이해 관계인과의 밀착성에 대한 그 어떤 대책이 없고, 사건에 대한 편견, 선입견으로부터의 중립성에 대한 보장책이 없다는 점에서 의문이 든다.

(5) 규문주의의 폐단

규문주의 하에서 판사의 수동성, 증거 법칙 등은 당사자주의에 비해 덜 중요하게 보며, 변호인의 역할도 당사자주의에 비해 덜 적극적

31_ *Ibid.*
32_ *Ibid.*, at 17.

이다. 많은 피의자들이 미결구금을 당한다. 프랑스에서는 미결구금이 남용되고 있고, 한번 구금되면 무죄가 선고될 때까지 계속 구금되고 있다고 보고되고 있다. 규문주의는 압도적 경찰력에 대한 통제가 검사와 법원에 의해 가능하다고 가정한다. 이러한 프랑스 체계에 대한 실증 조사에 의하면 사법 통제는 조사 전과정에 대하여 이루어지지 않으며, 그 자체 공정성이 담보되어 있지 않다는 것이다. 실제 재판, 특히 중요한 사건에서 이러한 수사 결과물이 선호되고, 대중의 관심은 중범죄를 처벌하는 데 있다고 보고 되고 있다.[33]

이러한 수사판사의 권한 남용 내지 효율성에 대한 의문 제기로 인해 1975년 독일은 수사판사 제도를 폐지하였다. 이탈리아에서는 수사판사의 부패 사건으로 1988년 이를 폐지하였고, 프랑스에서도 1993년과 2000년 대대적 개혁이 이루어졌다. 그러함에도 이러한 개혁의 실효성에 대한 의문은 계속되고 있다.[34]

(6) 증거법상의 차이점

다마스카(Mirjan Damaska)는 당사자주의와 규문주의가 진실 발견의 방법에 있어서 나타나는 차이점 외에도 증거 규칙에 있어서도 차이점이 드러난다고 지적한다. 즉 규문주의에 있어서 증거 규칙의 중요성은 크지 않다. 피고인 자신이 진실 발견에 있어서 대상이 되며, 여기에 대한 규제도 거의 없다. 이에 비해 당사자주의에서는 증거 규칙이 정교하고, 매우 기술적 증거 규칙이 발달해 있다. 배심 제도가 있고, 비공식적 유죄 답변 절차가 있다. 유죄 답변 절차에서는 진실 발견 절차가 생략될 수 있으며, 배심 재판을 받기 원하면 소송으로 회부된다. 만약 피고인이 배심 재판 받기를 원하면 온전한 증거법이 규율하는 소송으로 회부되므로 기계적 절차는 끝나게 된다. 그러나 유죄 답변 절차

33_ *Ibid.*, at 18.

34_ *Ibid.*

로 유인하는 실제적 여러 유인책이 있어 비공식적으로 경찰이나 검사의 조사가 이루어지고 있다고 본다.[35]

(7) 역사적 차이점

다마스카에 의하면 당사자주의에 대한 사적 고찰에 의할 때 당사자주의는 로마제국 이후, 암흑 시대를 거쳐 13세기 초에 시작되었다고 본다. 이에 비해 흔히 규문주의는 13세기부터 19세기 전반까지 유럽 형사소송을 지배했다고 설명한다. 규문주의는 수사관이 재판을 주도하며 비밀 조사를 특징으로 한다고 설명한다.[36] 규문주의 하에서 수사관은 피의자가 범죄를 저질렀는지와 당해 범행의 범인인지 조사한다. 피의자가 범인인 것으로 판단되면 피의자를 상대로 직접 조사한다. 전형적으로 피의자는 구금되고, 수사관은 증인을 일방적으로(ex parte) 조사한다. 모든 조사는 조서로 남기고 피의자에 대하여 유죄가 가능할 만큼 조사가 되면 수사는 종결된다. 대부분의 증거가 정황증거(circumstantial evidence)여서 유죄로 하기에 부족하다. 따라서 피의자로부터 자백을 받아내기 위해 노력한다. 자백이 이루어지면 유죄가 될 개연성이 높아지게 되고, 자백을 하지 않으면 자백을 받아내기 위해 여러 가지 방안을 강구한다. 법원은 이러한 서류를 토대로 재판을 한다. 그러나 기록이 재판으로 넘겨지면 사실상 끝난 셈이 된다. 검사가 있지만 소송에서 그리 역할을 수행하는 것이 없다.[37]

다마스카에 의하면 대륙에서 당사자주의는 프랑스 혁명 이후 도입되었다. 그러나 수사에서는 여전히 규문주의가 지배하였다. 수사판사, 검사, 수사관이 수사를 주재하고 증거를 수집한다. 절충주의는 중

35_ Mirjan Damaska, "Evidentiary Barriers to Conviction and Two Models of Criminal Procedure: A Comparative Study", *The University of Pennsylvania Law Review*, Vol. 121, No. 3 (Jan., 1973), pp.550-551.

36_ *Ibid.*, at 556.

37_ *Ibid.*, at 557.

세의 규문주의와 달리 자백 의존이 줄어든다. 형사소송 단계에서는 탄핵주의 요소가 가미된다. 검사가 기소 여부를 결정하며, 유죄 답변 제도가 없고, 재판은 공개된다. 양 당사자가 출석해서 다툴 기회를 제공한다. 증거 조사는 직업 법관인 판사가 주재한다. 증거에 관한 엄격한 규칙이 없어서 관련성 없는 증거도 제출한다.[38]

이러한 다마스카의 견해는 다수의 견해와 달리하지만 오늘날 여러 나라의 형사소송의 형태가 당사자주의, 규문주의라는 양 형태로 선명하게 구분되지 않다는 점을 지적하고 있다. 즉 다수의 나라들이 절충 형태의 소송 형태를 취하고 있다. 그러나 당사자주의에 가깝냐, 아니면 규문주의에 가깝느냐를 평가하기 위한 척도 내지 규범적 척도로서 당사자주의와 규문주의의 구분은 아직도 유용성이 남아 있다고 본다.

II. 한국 형사소송의 구조

1. 소송 구조와 관련된 용어의 검토

우리나라 형사소송 구조와 관련하여 학자들이 제시하는 개념은 크게 네 가지이다. 즉 규문주의, 탄핵주의, 당사자주의, 직권주의이다. 이하에서는 소송 구조와 관련하여 위에서 언급한 네 가지 개념에 대하여 살펴보기로 한다.

(1) 규문주의와 탄핵주의
1) 학설의 현황
국내 학자의 압도적 다수는 소추 기관과 재판 기관의 분리 여부에

38_ *Ibid.*, at 558.

따라 규문주의와 탄핵주의로 구분된다고 본다. 이러한 견해를 살펴보면, 규문주의(糾問主義, Inquisitionsprinzip, inquisitorial system)는 법원이 스스로 절차를 개시하고 재판하는 주의를 말하고, 탄핵주의(彈劾主義, Akkusationsprinzip, accusatorial system)는 재판 기관과 소추 기관을 분리하여 소추 기관의 공소 제기에 의하여 법원이 절차를 개시하는 주의를 말한다는 견해가 있다.[39] 규문주의(Inquisitionsmaxime)란 법원이 스스로 절차를 개시하고 재판하는 방식을 말하며, 탄핵주의(Anklage-grundsatz)란 재판 기관과 소추 기관이 분리된 방식을 말한다고 설명하는 견해[40]도 같은 취지의 주장이다. 규문주의는 재판 기관이 소추 기관의 소추 없이 직권으로 재판하는 주의이고, 탄핵주의는 소추 기관의 소추에 의해 심리를 개시하는 주의라고 보는 견해,[41] 규문주의란 규문관이 스스로 수사를 개시하여 심리하는 형사 절차를 말하며, 탄핵주의란 소추 기관과 재판 기관이 분리된 형사 절차를 말한다고 주장하는 견해,[42] 규문주의는 소추 기관과 재판 기관이 일치하는 소송 구조를 말하고 탄핵주의는 재판 기관과 소추 기관이 분리된 소송 구조를 말한다고 설명하는 견해[43] 역시 같은 취지의 주장이다. 규문주의란 법원이 스스로 절차를 개시하고 재판하는 방식을 말하고, 탄핵주의란 재판 기관과 소추 기관이 분리된 형태를 말한다고 보는 견해,[44] 규문주의란 법원이 직권으로 수사하여 재판을 하는 원칙이고, 탄핵주의란 재판 기관과 소추 기관이 분리된 형태라고 설명하는 견해,[45] 규문주의는 법원이

39_ 이재상, 신형사소송법(제2판), 박영사, 2011, 40면. 수사와 공판 절차를 단절시키는 것이 탄핵주의 절차라는 견해도 같은 취지이다: 차용석, "형사소송법상 공판 중심주의에 관한 고찰", 「법조」 Vol. 617 (2008.2), 7면.

40_ 신양균, 신판 형사소송법, 화산미디어, 2009, 55-56면.

41_ 박상열 · 박영규, 개정판 형사소송법, 형설출판사, 2009, 46면.

42_ 배종대 외 2, 신형사소송법(제2판), 홍문사, 2009, 24면.

43_ 손동권, 개정 신판 형사소송법, 세창출판사, 2010, 28면.

44_ 이은모, 형사소송법, 박영사, 2010, 23-24면.

45_ 이영란, 개정판 한국 형사소송법, 나남, 2008, 79면.

수사와 재판을 하는 절차를 말하고 탄핵주의는 소추 기관과 재판 기관이 분리된 형태를 말한다고 주장하는 견해[46] 역시 위에서 본 견해와 다를 게 없다. 소송의 형태가 규문소송(Inquisitionsprozess)와 탄핵소송(Anklageprozess)으로 나뉘며, 전자는 수사와 재판이 모두 국가가 하는 형태를, 후자는 소추와 재판이 분리된 형태를 말한다고 보며 독일 형사소송은 탄핵 소송 구조를 취하고 있다고 주장하는 견해도[47] 같은 취지이다.

2) 사적 고찰

이러한 견해를 검토하기 전에 먼저 형사소송을 사적으로 고찰한다. 이러한 고찰은 다음 장에서 자세히 다루겠지만 우선 개략적으로 살펴본다. 역사적으로 볼 때 근대 국가로 접어들면서 수사 기관과 재판 기관이 분리되었다. 그러나 독일과 프랑스 등 대륙법 국가에서는 최근까지도 수사판사라는 제도가 남아 있었으므로[48] 역사적으로 볼 때 규문주의 형태에서 탄핵주의라는 형태로 소송의 형태가 바뀌었고, 이러한 변혁이 소송 형태에도 근원적 변화를 가져왔다는 주장은 성립되기 어렵다.[49]

46_ 권오걸, 형사소송법[이론·판례], 형설출판사, 2010, 19면.

47_ 대법원, 바람직한 형사 사법 시스템의 모색 결과 보고서(Ⅱ)—독일·프랑스· 일본의 형사 사법 시스템—, 대법원, 2004, 134면.

48_ 중죄의 경우 유죄를 뒷받침하는 증거가 선호되고, 대중은 그러한 경우 처벌되지 않는 것을 용납하지 않는다. 직권주의 남용 문제는 판사가 하는 재판 지휘의 효율성에 의문을 제기하게 하였고, 독일은 1975년 수사판사 제도를 폐기하기에 이른다. 수사판사의 부패로 인해 1988년 이탈리아에서도 수사판사 제도를 폐지하였다. 1993년, 2000년 프랑스에서 근본적 개혁이 이루어졌다. 그러나 프랑스의 경우 이러한 남용에 대한 적절한 보장책이 세워졌는지는 의문이다 오랜 법 문화가 피고인의 유죄와 유죄 선고에 대한 효율성을 선호하기 때문이다: Leigh L. et al., *A report on the administration of criminal justice in the pre-trial phase in France and Germany*, HMSO, (1992), p.53.

49_ 독일 규문재판(Inquisitionsprozess)에서 재판 절차의 시작과 종결은 국가가 한다. 이러한 규문재판은 19세기 개혁된 형사소송법에 의해 직접주의와 구두주

3) 의미론적 검토

다음으로 규문과 탄핵이라는 용어를 의미론적으로 검토한다. 규문(糾問)의 사전적 의미는 '죄를 따져 묻는다'는 것이다.[50] 규문주의란 소송에서 수사 기관이나 재판관이 죄를 따져 묻는다는 것을 의미하므로 사전적 의미에서 볼 때 규문주의는 소추 기관과 재판 기관을 분리하는 것과 아무런 관련이 없다. 오히려 '직권주의'라는 의미에 가깝다. 탄핵(彈劾)의 사전적 의미는 '죄상을 들어 책망한다'는 뜻이다.[51] 이에 따르면 탄핵주의란 소송에서 '공소 사실을 따진다, 논쟁하다'는 것을 의미하므로 의미론적으로 볼 때 탄핵주의는 '당사자주의'라는 의미에 가깝다. 결국 규문과 탄핵에 대한 의미론적 검토에 의할 때 양자는 소추 기관과 재판 기관의 분리라는 논의와 무관함을 볼 수 있다.

4) 비교법적 검토

마지막으로 규문과 탄핵에 대한 비교법적 고찰을 한다. 이미 살펴보았듯이 독일의 다수의 학자들이 규문주의를 직권주의와 같은 의미로 이해하고 있으며, 영미의 다수의 학자들은 탄핵주의를 당사자주의와 같은 용어로 사용하고 있다. 위와 같이 정작 대륙법에 속한 독일에서조차 규문주의를 직권주의와 동의어로 사용하고 있다. 따라서 규문주의라는 전근대적 소송 형태를 극복한 형태가 '탄핵주의'라는 국내의 다수의 견해는 비교법적 고찰에 의하더라도 전혀 근거를 찾아볼 수 없다. 국내의 학자들이 이러한 오해에 이르게 된 것은 결국 일본 학자들의 견해를 무비판적으로 그대로 수용하거나, 아니면 '규문'이라는 용어

의가 도입되어 변화된다고 주장하는 견해가 있다: 최준혁, "직접 심리주의에 대한 기초―직접 심리주의의 '전형적 예외'인 독일 형사소송법 제251조의 검토―",「형사법의 신동향」통권 제41호(2013.12), 164-165면. 그러나 위에서 보듯 소추 기관과 재판 기관의 분리 유무에 의해 개혁된 소송법으로 나아갔다고 보는 것은 잘못이다.

50_ http://krdic.naver.com/search.nhn(2014.6.30. 방문).
51_ http://krdic.naver.com/search.nhn(2014.6.30. 방문).

가 갖는 부정적 뉘앙스로 인하여 직권주의를 규문주의로 잘못 번역하거나, 아니면 규문에 대한 해석을 잘못한 것으로 보인다.

(2) 당사자주의와 직권주의

다음으로 당사자주의와 직권주의에 대한 국내의 견해를 살펴본다. 국내의 다수의 학자들은 당사자주의와 대립되는 소송 형태가 직권주의이고, 규문주의는 이와는 별개의 형태, 즉 소추 기관과 재판 기관이 미분리된 전근대적 소송 형태로 이해한다. 이러한 국내 학자들의 견해를 열거하면 다음과 같다.

당사자주의(adversary system)란 당사자에게 소송의 주도적 지위를 인정하여 당사자 사이의 공격과 방어에 의해 심리가 진행되고 법원은 제3자의 입장에서 당사자의 주장과 입증을 판단하는 소송 구조를 말한다. 이에 반하여 직권주의(Instrukitonsmaxime, Ermittlungsmaxime)란 소송에서의 주도적 지위를 법원에 인정하는 구조를 말한다고 본다.[52] 또 다른 견해는 직권주의는 실체적 진실 발견의 책무를 법원에서 부과하는 태도를 말하며, 당사자주의는 실체적 진실 발견의 원동력을 갈등·투쟁하는 대립 당사자의 소송 활동에서 구한다고 본다.[53]

이와 같이 소송의 주도적 지위가 누구에게 있느냐에 의하여 당사자주의와 직권주의를 구분한다. 여기에 속하는 견해로는 직권주의란 소송의 주도적 지위가 법원에 있는 형태를 말하며 당사자에게 주도적 지위가 있는 것을 당사자주의라 말한다고 보는 견해,[54] 직권주의는 소송에서의 주도적 지위를 법원에게 인정하는 구조를 말하고 당사자주의는 당사자에게 주도적 지위를 인정하는 구조라는 견해,[55] 당사자주

52_ 이재상, 앞의 책, 41-42면.
53_ 신동운, 신형사소송법(제3판), 법문사, 2011, 11-12면.
54_ 신양균, 앞의 책, 56-58면.
55_ 박상열·박영규, 앞의 책, 47면.

의란 소송의 주도권을 당사자가 갖는 탄핵주의 소송 구조를 가르키며, 직권주의는 소송의 주도적 지위가 법원에 있는 소송 구조를 말한다는 견해,[56] 당사자주의는 피고인과 검사에게 당사자 지위를 부여하고 법원은 제3자 입장에서 재판하는 구조를 말하고 직권주의는 소송의 주도권을 법원에 인정하는 소송 구조를 말한다는 견해,[57] 당사자주의란 당사자에게 소송의 주도적 지위를 인정하는 형태를 말하며 직권주의란 소송의 주도적 지위가 법원에게 있는 형태를 말한다는 견해,[58] 직권주의와 당사자주의는 소송의 주도권이 누구에게 있느냐에 따라 구분된다는 견해,[59] 당사자주의는 소송이 당사자의 주도하에 진행되고, 직권주의는 소송의 주도권이 법원에게 있는 구조라는 견해[60]도 같은 취지이다.

그러나 앞서 살펴보았듯이 직권주의란 규문주의라는 용어가 주는 부정적 이미지를 탈피하고자 독일 학자들이 사용하게 된 것에서 비롯된 것이다. 따라서 규문주의와 직권주의가 다른 소송 형태라는 견해는 잘못된 것이다. 오히려 영미의 학자의 대다수는 당사자주의와 대립된 소송의 형태로 '규문주의'라는 용어를 사용한다. 독일의 학자들 대다수도 규문주의와 직권주의를 같은 말로 이해하고 사용하고 있다. 따라서 이 책에서는 당사자주의와 대립 내지 구분되는 소송의 형태를 규문주

56_ 배종대 외 2, 앞의 책, 25면.

57_ 손동권, 앞의 책, 29면.

58_ 이은모, 앞의 책, 24-26면.

59_ 이영란, 앞의 책, 80면.

60_ 권오걸, 앞의 책, 20면. 직권주의는 규문주의와 달리 피고인을 소송의 객체가 아닌 주체로 이해한다는 견해가 있다: 권순민, "소송 구조와 합리적인 형사소송의 방향",「비교 형사법 연구」제10권 제1호(2008), 284면. 그러나 규문주의가 탄핵주의 이전에 있었던 체계로 이해하는 것은 잘못이다. 영미에서 다수의 학자들은 당사자주의를 탄핵주의와 같은 용어로 이해한다. 규문주의는 직권주의로 볼 수 있다. 규문주의, 직권주의의 구분은 독일식 체계를 도입한 일본의 학자들이 주장해 온 것이며, 역사적으로 근거가 있는 것이 아니다.

의라는 용어로 표현한다.[61]

2. 한국 형사소송의 구조에 대한 논의

한국 형사소송이 당사자주의, 규문주의의 어디에 가까운 구조인가에 대하여 학설의 다수는 절충형에 가깝다고 보지만, 당사자주의, 규문주의에 가깝다는 견해도 있으므로 이하에서는 이러한 논의를 검토한다.

(1) 학설의 현황
1) 절충형이라는 견해
먼저 검토할 것은 양 주의가 절충된 형태라는 견해이다.

직권주의 요소로는, 법원은 공소장 변경을 요구할 수 있으며(형사소송법 제298조 제2항, 이하 '형사소송법' 생략함), 공소장 변경에 대한 허가권을 가진다(제298조 제1항). 증거 조사에 관해서도 직권으로 증거조사를 실시할 수 있으며, 당사자의 증거 조사 신청에 대한 결정 권한을 가진다(제295조). 그리고 증인(제161조의2), 피고인(제296조의2)에 대해 신문할 수 있으며, 증거의 증명력에 대해서는 법관의 자유 판단에 의한다(자유 심증주의, 제308조). 이 외에도 법원은 소송 지휘권(제270조)을 가지며 직권으로 변론을 재개할 권한을 가진다(제305조). 당사자주의 요소로는, 검사는 공소장을 통한 심판의 범위를 확정할 수 있다(제254조 제4항). 증거 조사 단계에서도 당사자는 증거 신청(제294

61_ 당사자주의(adversarial)에서 증거의 확보와 제시는 당사자에게 달려 있고, 판사는 중립적 감독관의 역할을 한다. 판사는 운동 경기의 심판관처럼 규칙의 준수 여부를 감독한다. 증인에 대한 교호신문(cross-examination)이 이루어지고, 그 목적은 진실 규명보다 배심원의 설득에 있다. 규문주의(inquistorial)에서는, 증거 확보 및 처리가 판사에 의해 이루어진다: 박광배, 법심리학, 학지사, 2010, 20-23면.

조), 증거 보전(제184조), 증거 조사 참여권(제145조, 제163조, 제176조), 증거 조사에 대한 이의 신청권(제296조)을 가진다. 전문법칙의 채택(제310조의2) 또한 당사자주의 요소라고 볼 수 있다. 이 외에도 검사의 모두 진술(제285조), 피고인의 진술권(제286조)과 진술 거부권(제283조의2), 재판장의 처분에 대한 이의 신청권(제296조의, 제304조), 검사의 의견 진술(제302조)과 피고인의 최후 진술(제303조), 소장 부본의 송달(제266조), 제1회 공판 기일의 유예 기간(제269조), 피고인의 공판 기일 변경 신청권(제270조), 변론 재개 신청권(제305조)이 당사자주의 요소이므로 양 주의가 혼합된 절충적 구조라고 보는 견해가 있다.[62]

당사자주의 요소로는 공소 사실의 특정(제254조 제4항), 공소장 변경(제298조), 공소장 일본주의(형사소송규칙 제118조 제2항), 공소장 부본의 송달(제266조), 제1회 공판 기일의 유예 기간(제269조), 피고인의 공판 기일 변경 신청권(제270조), 당사자의 공판정 출석권(제275조, 제276조), 검사의 모두 진술(제285조), 당사자의 증거 조사 신청(제296조), 증거보전 청구권(제184조), 당사자의 증거 조사 참여권(제145조, 제163조, 제176조), 증거 조사에 대한 이의 신청권(제296조), 교호신문 제도(제161조의2), 전문법칙(제310조의2), 당사자의 증거 동의(제318조), 탄핵증거(제318조의2), 피고인의 진술 거부권(제283조의2)가 있고, 직권주의 요소로는 법원의 증거 조사(제296조), 재판장의 증인 신문(제161조의2), 피고인 신문(제296조의2), 공소장 변경 요구(제298조 제2항)가 있다. 따라서 양 구조가 절충되어 있는 것으로 보는 견해가 있다.[63]

당사자주의 요소로 국민참여 재판, 피고인, 검사의 증거 신청권(제294조의 제1항), 증인 신문에 있어 교호신문 제도(제161조의2), 증거 동의(제318조)가 있고, 직권주의 요소로 직권 증거 조사(제295조 후단), 법원의 증인 신문(제161조의2)이 있으므로 절충형 구조라는 견해가 있다.[64]

62_ 이영란, 앞의 책, 81면 이하.
63_ 권오걸, 앞의 책, 21면 이하.

현행 형사소송법은 양 요소를 모두 포함하고 있다고 보는 견해[65]도 같은 취지이다.

2) 당사자주의 구조에 근접한다는 견해

다음으로 살펴볼 것은 당사자주의 소송 구조가 원칙이고 규문주의 요소가 가미되어 있다는 견해이다.

여기에 속한 견해를 살펴보면, 우리 형사소송은 양자가 절충된 구조이다. 당사자주의가 원칙이고, 직권주의 요소가 가미되어 있다는 견해[66]가 여기에 속한다.

현행 형사소송법은 당사자주의를 기본 구조로 하여 직권주의를 가미하고 있다. 즉 증거 조사가 원칙적으로 당사자의 신청에 의해 행해지고(제294조), 증인 신문에 관하여 상호 신문 제도가 채택되어 있다(제161조의2). 전문법칙(제310조의2), 탄핵증거(제318조의2)가 채택되어 있으며, 양 당사자의 모두 진술(제285조), 최후 변론이 주어진다. 그러나 법원이 직권 조사를 할 수 있고(제295조), 증인 신문에서 재판장의 신문권이 인정되고(제161조의2), 피고인 신문 제도 등이 있어 직권주의 요소가 가미되어 있다는 견해[67]도 같은 취지이다.

현행법이 당사자주의를 기본으로 하면서 직권주의를 보충적으로 채택하고 있다고 보는 견해[68]도 이러한 입장에 속한다.

대법원(1984.6.12. 선고 84도796 판결)과 헌법재판소(헌재 1995.11. 30. 선고 92헌마44 결정)도 당사자주의를 기본으로 하는 구조라고 보고 있다.

3) 규문주의 요소가 강하다는 견해

마지막으로 살펴볼 견해는 우리 형사소송은 규문주의가 원칙이

64_ 신동운, 앞의 책, 14-17면.
65_ 신양균, 앞의 책, 59면.
66_ 손동권, 앞의 책, 30면.
67_ 이재상, 앞의 책, 42-46면.
68_ 이은모, 앞의 책, 28면.

고, 당사자주의 요소가 가미되어 있다고 보는 견해이다.

우리 형사소송은 규문주의 소송 구조를 기반으로 하여 당사자주의 요소를 대폭 받아들인 개혁된 규문주의이다. 규문주의 바탕에 영미적 당사자주의 요소를 부분적으로 가미한 것이다. 독일, 프랑스 등 대륙법계 국가에서 규문주의 구조에서 영미의 영향을 받아 당사자주의 요소를 받아들였던 역사적 고찰을 전제로 하면서 규문주의와 탄핵주의의 구분은 수사와 재판의 분리되었느냐를 기준으로 삼고 있으나 독일은 1975년에야 법원의 사전 조사(Voruntersuchung)를 폐지하였다는 점을 고려할 필요가 있으므로 규문주의와 탄핵주의라는 용어의 사용이 잘못 되었음도 아울러 지적한다.[69]

법원의 개입이 광범위하므로 규문주의를 원칙으로 하고 당사자주의를 보충적으로 하고 있다는 견해[70]도 여기에 속한다. 직권주의 형사 사법 체계와 당사자주의 형사 사법 체계는 각각 장단점이 있으며 어느 형사 사법 체계가 우월하다고 할 수 없으며 현실적으로 한국의 형사 사법 체계는 규문주의적(직권주의적)이라는 견해도 있다.[71]

4) 소송 구조론에 대한 회의적 시각

이러한 다수의 견해와 다르게 소송 구조론의 검토가 형사소송론에서 그다지 의미가 없다는 회의론적 시각도 있다. 이에 따르면 학설이 이해하고 있는 당사자주의는 피고인의 방어적 참여권을 보장하는 제도를 규합한 개념이지 소송 구조와 직접 관련이 있는 것이 아니다.

69_ 박노섭, "직권주의 형사소송 구조론 비판—직권주의 소송 구조의 고유성에 대한 연혁적인 고찰—", 「비교 형사법 연구」 제2권 제1호(2010), 243-246면.

70_ 박상열·박영규, 앞의 책, 49면.

71_ 이완규, "형사 사법 권력의 통제와 소송 구조론의 관련성", 「법조」 Vol. 587 (2005.8), 20면 이하. 그러나 당사자주의와 대립되는 체제는 직권주의가 아니라 규문주의다. 당사자주의는 공평한 재판이라는 이념의 한 요소이다. 따라서 당사자주의는 지향해야 할 가치 개념이며, 규문주의와 당사자주의가 더 우월한지 따질 수 있는 비교 대상의 개념이 아니다. 다만 당사자주의, 규문주의 어느 것이 진실에 더 다가갈 수 있느냐의 실증적 접근은 가능하다.

당사자주의와 직권주의는 형사소송법의 해석과 형성에서 어떤 구체적 지침을 제공하는 것이 없다고 본다.[72] 그러나 형사소송의 구조를 어떻게 이해하고, 어떻게 방향을 설정하는가는 형사소송의 이념의 구현에 있어 매우 중요하므로 이러한 견해에는 찬성할 수 없다.

(2) 학설의 검토

이와 같이 학설의 다수는 우리나라 형사소송의 구조가 절충형에 속한다고 보면서도 당사자주의, 규문주의 어디에 더 근접한 구조인가에 대하여는 의견의 첨예한 대립이 있다고 볼 수 있다. 결국 우리나라 형사소송의 구조를 어떻게 이해하는가는 결국 어떠한 기준에 의해 당사자주의와 규문주의를 구분하느냐의 문제로 귀결된다. 따라서 이하에서는 당사자주의와 직권주의의 구분 기준에 대하여 살펴보기로 한다.

3. 당사자주의와 규문주의의 구분

(1) 판사의 수동성과 당사자 대등주의

국내 대다수의 학자들은 당사자주의와 규문주의라는 소송 구조의 구분의 기준을 판사의 수동성 여부와 당사자 대등주의의 구현 여부에서 찾는다. 즉 진실 발견 내지 증거 조사에 있어 판사의 역할이 주도적인가, 아니면 수동적인가 여부와 소송에서 실질적으로 당사자 대등주의 내지 무기 평등의 원칙이 구현되고 있는가 여부를 구분의 척도로 삼고 있다. 이와 같은 기준이 양 체제를 구분하는 중요한 기준임은 분명하다. 그러나 이러한 단순한 원칙에 의해 당사자주의와 규문주의가 구분된다고 보는 것에는 의문이 든다. 이하에서는 당사자주의와 규문주의를 구분하는 기준에 대한 여러 견해를 검토한다.

72_ 배종대 외 2, 앞의 책, 28-29면.

(2) 구분의 척도에 대한 논의

1) 당사자주의 특징에 의하자는 견해

먼저 당사자주의의 특징되는 요소를 추출하여 이러한 당사자주의의 요소에 의해 구분하자는 견해를 살펴본다.[73] 이러한 견해에 의하면 당사자주의 요소로는 소극적 판단자, 당사자에 의한 주장과 증거의 제출, 당사자의 대립을 유도하는 구조, 당사자에게 동등한 기회를 부여하는 것이 있다. 여기에 대하여 살펴보면,

첫째, 소극적 판단자의 경우 당사자주의 기본 특징은 증거를 조사하는 적극적 기능과 증거를 판단하는 소극적 기능을 엄격하게 분리하는 데 있다고 본다. 이러한 분리 원칙은 전자가 후자를 오염시키므로 공정성을 잃을 수 있다는 것에 있다고 본다. 둘째, 당사자에 의한 주장과 증거의 제출의 경우, 당사자주의는 증거 수집과 제출 책임이 당사자에 있으며 당사자 제출주의는 많은 정보를 제출하게 하고, 공정성을 촉진시킨다는 것이다. 셋째, 당사자의 대립을 유도하는 구조의 경우, 당사자주의는 증인에 대한 교호신문을 허용하고 간접 증거가 아닌 직접 증거, 즉 구두에 의한 증언을 요구한다고 본다. 이러한 구두와 증인의 태도 관찰을 통하여 신빙성을 파악하게 한다는 것이다. 넷째, 당사자에게 동등한 기회 부여의 경우, 무기 평등의 원칙은 당사자주의의 핵심이고, 특히 검사와 피고인이 나란하게 서고, 피고인의 변호인과 검사가 나란히 양복을 입는다는 것도 중요하다고 본다.

2) 소송의 목적, 절차, 증거법, 참여자에 의해 구분하자는 견해

다음으로 소송의 목적, 소송 절차, 증거법, 참여자의 측면에서 구분한다는 견해가 있다.[74] 이러한 견해에 대하여 살펴본다.

첫째, 소송의 목적에서 영미법계에서는 범죄가 사인간의 분쟁이

73_ 장영진·하혜경, 미국법 강의, 세창출판사, 2008, 117-119면.

74_ 주승희, 당사자주의와 직권주의 소송 구조 비교 연구, 한국 형사정책연구원, 2006, 37면 이하.

며, 이를 해결하는 것이 형사소송의 목적이라는 인식이 강하지만 대륙
법계에서는 법적 안정성 및 정의의 추구를 목적으로 삼는다고 본다.
그러나 영미법계 역시 정의 및 법적 안정성을 추구한다. 영미에서 사
인 소추의 전통이 남아 있지만 영미 모두 국가가 기소를 담당하며 소
송의 주도라는 관점에서 볼 때 영미법계에서는 당사자가 주도하고, 대
륙법계에서는 법원이 주도한다는 점에서 구분된다고 본다. 둘째, 소송
절차의 측면에서 볼 때 수사에서 영미에서는 피고인의 유죄 판결의 획
득을 목적으로 삼으나 독일과 프랑스에서는 실체적 진실 발견을 목적
으로 한다. 공소 제기에 있어 영국은 사인소추를 원칙으로 한다. 그러
나 독일과 프랑스에서는 부분적으로 사인소추를 인정한다. 유죄 협상
과 배심 제도 인정에 있어 차이점이 보이지 않는다고 본다. 셋째, 증거
법을 살펴볼 때 영미에서는 당사자에게 입증 책임이 있고 대륙에서는
법원에게 실체 진실 발견의 책무가 있으나 무죄 추정의 원칙에 의해 큰
차이가 없다. 영미에서는 증거의 허용성 문제로, 대륙에서는 사실 인정
의 자격 부여의 문제로 본다. 넷째, 소송 참여자 관점에서 볼 때 영미에
서는 당사자가 소송을 주도한다. 법원은 심판자로서 수동적이다. 대륙
에서 법원이 소송의 주도자로서 능동적으로 재판에 참여한다. 영미의
검사는 유죄 입증에 주력하나 대륙에서 검사는 준사법 기관이다.

　　그러나 이러한 구분은 당사자주의, 규문주의 구분이라기보다 영
미와 대륙법 소송 형태의 구분에 가깝다. 앞서 살펴본 바와 같이 영미
에서도 수사나 약식 재판에서 규문주의 요소가 있다고 지적되고 있으
므로 영미와 대륙법 소송의 특성에 의해 당사자주의와 규문주의를 구
분하는 것은 올바른 태도가 아니다.

　　3) 사인소추, 증거 형태 등에 의해 구분하자는 견해

　　다음으로 사인소추의 유무, 증거의 형태, 피고인 신문, 소송의 목
적, 유죄 답변 등에 의해 구분한다는 견해를 살펴본다.[75]

　　첫째, 사인소추(private prosecution) 유무에 구분된다고 본다. 대

류의 규문주의에서도 사인소추가 유지되고 있지만 주로 국가가 기소권을 행사한다. 이에 반해 당사자주의에서는 사인소추의 전통을 그대로 유지하고 있다. 그러나 영국도 검사 제도를 도입하였으므로 양자의 차이는 크지 않다. 둘째, 증거의 형태에 의해 구분한다고 주장한다. 즉 규문주의에서는 서면 중심의 재판을 하나 당사자주의에서는 구술 중심의 재판을 한다고 본다. 셋째, 피고인 신문에 의해 구분된다고 본다. 규문주의에서는 모든 형사소송이 피고인 신문에서 시작하고, 피고인이 묵비권을 행사할 경우 실제에 있어 불이익하게 작용한다. 영국에서는 피고인에 대한 신문이 허용되지 않고 피고인 스스로 묵비권을 포기하고 증언을 하는 경우에만 신문할 수 있다. 물론 묵비권의 원칙이 관철되고 있는지에 의해 당사자주의와 규문주의가 구분될 수 있지만 최근 영국에서도 묵비권에 제한을 가하는 조치가 도입되고 있다. 넷째, 소송의 목적에 의해 구분된다고 본다. 규문주의에서는 실체 진실을 추구하나 당사자주의에서는 진실 발견에 소극적이라고 본다. 다섯째, 유죄 답변에서 차이가 있다고 본다. 규문주의에서는 유죄 답변이 없으나 당사자주의에서는 유죄 답변 절차를 진행한다. 그러나 독일에서는 이와 유사한 협상(Absprache)제도를 도입하여 시행중에 있다.

4) 법 실증주의 · 자연법론 · 법 현실주의 관점에서 구분하자는 견해

이 견해에 의하면 당사자주의를 바라보는 데 세 가지 관점이 있다고 본다. 첫째, 법 실증주의 관점에 의하면 당사자주의의 대표적 특징을 묘사하는 데 중점을 둔다. 둘째, 자연법론자는 당사자주의를 개인의 권리로 이해한다. 셋째, 법의 도구적 · 개혁적 기능을 강조하는 법 현실주의(legal realism)에 의하면 당사자주의를 개혁의 도구로 이해하게 된다.[76]

75_ 대법원, 바람직한 형사 사법 시스템의 모색 자료집(Ⅰ), 대법원, 2004, 523-524면.

76_ 이성기, "당사자주의의 원칙에 입각한 피의자 대면권의 헌법적 권리와 조서의

첫째의 관점에 따라 당사자주의 특징을 살펴보면, 당사자가 절차를 주도하고 사실 인정자는 소극적 역할을 담당하여, 구두주의, 공개주의, 무기 평등의 원칙, 갈등 해결을 지향한다고 본다.

둘째의 개인의 권리라고 이해하는 입장에서는 공동체의 규범 내지 기본권 규범으로 이해한다. 당사자주의의 기본 원칙에서 구두주의, 정부 권력에 대한 통제 및 견제 장치로서의 역할, 절차적 정당성을 강조한다.

셋째의 개혁의 도구로 이해하는 입장에서는 피고인의 균형적이지 않은 공평성(asymmetric fairness)을 강조한다.[77]

(3) 논의의 검토

다수의 학자들이 영국과 미국의 형사소송이 전형적 당사자주의라고 하고, 독일, 프랑스, 이탈리아가 전형적 규문주의라고 본다. 여기에 나아가 프랑스, 중국, 일본이 규문주의의 전형이라고 보는 견해도 있다.[78] 규문주의, 당사자주의라는 용어는 영어 문헌에 한정되지 않으며, 유럽에서도 자신의 형사소송이 규문주의의 축에 서 있다고 본다. 예컨대 독일과 인접해 있는 스위스는 자신의 형사소송보다 독일의 형사소송이 더 규문적이라고 보며, 스위스 형사소송은 규문주의 구조를 탈피하였다고 보고 있다.[79]

당사자주의, 규문주의라는 용어가 비교법적 검토에 있어 보편적 용어로 사용되고 있지만 이러한 구분이 형사소송의 특징을 뚜렷하게 구분해 줄 수 있는지 의문이 있으며, 그 특징에 있어 모호성이 있다고 지적하는 견해도 있다. 규문주의와 당사자주의는 대칭되는 형사소송

증거능력에 관한 논의", 「성신법학」 제2호 (2013.2), 200-201면.

77_ 이성기, 위의 글, 201-207면.

78_ Sarah J. Summers, *Fair Trial: The European Criminal Procedural Tradition and the European Court of Human Rights*, Hart Pu., 2007, p.4.

79_ *Ibid.*, at 5.

의 양 극점을 가르키는 용어로 사용되어 왔다. 그러나 규문주의와 당사자주의라는 용어에 대한 합의는 적다. 규문주의란 '법원이 조사하는 것', 혹은 '국가로 하여금 실체와 결과 모두를 수행해야 하는 책무를 지우는 것' 혹은 '국가로 하여금 피고인의 범죄 사실을 밝히도록 하는 것'이라고 이해하고 있다.[80] 절충주의(mixed procedure system)란, 당사자주의를 따르나, 판사로 하여금 수사단계에서 검사나 판사에 의해 수집된 증거에 의해 판단 내리는 것을 말하며, 절충주의란 본질적으로 규문주의라고 보는 견해도 있다.[81]

이와 같이 당사자주의와 규문주의를 구분하기란 어렵다. 그 이유는 당사자주의, 규문주의 구분이 역사적 개념인 동시에 가치 개념이기 때문이다. 따라서 당사자주의, 규문주의의 구분이 단순히 역사적, 비교법적 고찰만으로는 가능하지 않으며, 공정한 재판의 본질적 요소로서의 당사자주의라는 가치 개념을 같이 고려해야 한다는 것을 함의하고 있다. 이러한 비교법적, 역사적, 가치 고려적 고찰에 의해 구분의 기준을 검토하면 다음과 같이 일응의 기준을 제시할 수 있을 것이다.

첫째, 'fair'라는 용어의 사적 고찰에 의할 때 'fair'가 갖고 있는 함의, 즉 재판관이 선입견과 편견에 사로잡히지 않는다는 것과 공정한 재판을 규율하는 규칙이 있어야 당사자주의라 할 수 있다고 보게 될 것이다.

둘째, 재판관이 선입견과 편견에 사로잡히지 않고 재판하는 조건이 충족되어야 한다. 이러한 조건 충족을 위해서 재판관 자신이 공정한 재판의 주재자로서 증거 조사에 적극 개입하는 것은 선입견과 편견에 이르게 될 위험이 매우 커지게 됨을 의미하게 될 것이다. 따라서 재판관의 수동성이 당사자주의의 중요한 요소가 된다.

80_ *Ibid.*
81_ *Ibid.*

셋째, 당사자주의로 보려면 재판에서 당사자의 역할이 적극적이어야 할 뿐만 아니라 형사 재판에서의 당사자인 검사와 피고인 사이에 실직적 무기 평등이 이루어져야 한다. 이를 위해서는 피고인에게 실질적으로 묵비권이 보장되어야 하고, 변호인의 조력을 받을 권리가 보장되어야 하며, 공정한 증거개시가 이루어져야 한다.

넷째, 공정한 재판 규칙이 정립되어야 당사자주의라고 할 수 있다. 공개주의, 직접주의, 구두 변론주의, 무죄 추정의 원칙이 실효성 있게 이루어질 수 있는 제도적 장치가 강구되어야 한다. 따라서 수사 기관이 작성한 조서에 의존한 재판을 당사자주의라고 볼 수 없다.

다섯째, 공정한 증거 규칙이 갖추어져야 당사자주의라고 할 수 있다. 판사가 공정한 재판을 감독하고 공정한 증거 규칙이 정립되어야 한다. 관련성, 성격증거법칙, 증거배제법칙, 탄핵증거법칙 등 정교하고 공정한 증거 규칙이 마련되어 이것이 실효성 있게 적용되고 있어야 당사자주의라고 할 수 있다.

4. 한국 형사소송의 구조

(1) 당사자주의의 의의
1) 당사자주의에 대한 여러 이해

앞서 살펴보았듯이 당사자주의, 규문주의, 탄핵주의에 대한 잘못된 견해가 여전히 있다. 예컨대 국가 권력이 소송의 구조를 취하지 않고 범인을 색출하여 처벌하는 비민주적 형식의 절차가 규문주의이고, 범죄를 조사·기소하는 기관의 소추로 재판의 형식을 갖추어 법원이 범죄의 죄상을 가려 처벌 여부를 결정하는 것을 탄핵주의로 이해하는 견해가 있다.[82] 또한 법원이 스스로 절차를 개시하여 심의·재판하는

82_ 백형구, 형사소송법 강의, 박영사, 2001, 23면.

주의를 규문주의라 하고, 소추 기관의 공소 제기에 의해 법원이 절차를 개시하는 주의를 탄핵주의라는 견해도 있다.[83] 그러나 이러한 주장은 일본 학자들이 논의해 온 것과 유사하다. 국가 권력이 소송의 구조를 취하지 않은 형태는 중세 이전에도 사인소추 형태가 있었다는 점에서, 소추 기관과 재판 기관의 분리는 1970년대까지 독일에서도 엄격하게 이루어지지 않았다는 점에서 이러한 주장은 역사적으로나, 제도적으로 볼 때 당사자주의 내지 탄핵주의와 규문주의를 구분하는 잣대가 되기 어렵다.

형사 법학자들은 보편적으로 공판 절차가 개시된 이후 공판의 구조를 영미식의 당사자주의(adversary system)와 대륙식의 규문주의(inquisitorial system)로 구분하여 왔다.[84] 그러나 당사자주의, 직권주의는 매우 다양하게 이해되고 있다. 이에 따라 당사자주의를 소송 당사자가 주도한다는 의미를 넘어 사인소추(private prosecution)나, 배심제까지 포함시켜 넓게 이해하는 견해도 있다.[85] 영미의 당사자주의 아래에서 판사는 소극적 역할만 하도록 되어 있어 피고인에게 주장과 증거에 대한 제출 책임이 있으므로 변호인이 법률 문외한인 피고인을 조력하며 배심원을 설득함에 있어 그 역할의 중요성이 매우 크다고 지적하는 견해도 있다.[86]

당사자주의에서는 증거의 확보와 제시가 당사자에게 달려 있고, 판사는 중립적 감독관의 역할을 한다. 판사는 운동 경기의 심판관처럼 규칙의 준수 여부를 감독하며, 증인에 대한 교호신문(cross-examination)이 이루어지고, 증인 신문의 목적은 진실 규명보다 배심원의 설득에

83_ 이재상, 형사소송법, 박영사, 2001, 37면 이하.

84_ 표성수, 영미 형사 사법의 구조—그 가치에 대한 새로운 이해—, 비봉출판사, 2004, 86-87면.

85_ 표성수, "영미 형사 변호인의 지위와 역할에 대한 비판적 검토", 「법조」 Vol. 666(2012.3), 155면.

86_ 표성수, 위의 글, 156-157면.

있다고 지적하는 견해도 있다.[87]

2) 규문주의에 대한 논의

미국의 형사소송 중에서 직업 법관에 의한 재판의 경우 규문주의 성격을 띠고 있다고 지적된다. 이에 따라 직업 법관에 의해 이루어지는 형사소송에서 공정한 재판을 위해서는 ① 공판 준비 절차에서 활동한 법관을 공판 절차에 참여하지 않도록 하고, ② 증거 채부 과정에서 법관이 증거 법칙에 엄격하게 기속되도록 하고, ③ 직업 법관의 판결에 대한 항소심의 개입과 심리 범위를 확대하고, ④ 피고인과 변호인이 법관의 심증 형성에 개입할 수 있는 방어권을 확대하며, ⑤ 충분하고 합리적 근거가 제시되는 판결문을 작성토록 하고, ⑥ 변론 후 법관으로 하여금 잠정적 판결을 공개하도록 하자는 제안이 제시되고 있다는 미국에서의 최근의 논의가 소개되고 있다.[88]

3) 당사자주의에 대한 다차원적 논의

이상에서 보듯 소송 구조론과 관련하여 매우 다양한 논의가 있었을 뿐만 아니라 그 안에서 다차원적 논의(사실 차원, 규범 차원)가 있었음을 보게 된다. 오늘날 당사자주의는 한 나라의 형사소송을 평가하는 잣대로서의 역할만 하고 있는 것이 아니라 형사소송이 지향해야 할 가치로서의 이정표 역할도 수행하고 있다. 이러한 '가치'로서의 당사자주의에 대해서는 다음의 장에서 살펴보기로 하고, 위에서 검토한 기준을 토대로 하여 우리나라의 형사소송을 분석하기로 하겠다.

(2) 대법원과 헌법재판소의 견해

1) 대법원의 견해

먼저 대법원 판결을 살펴본다. 대법원은 우리나라 형사소송법이

87_ 박광배, 법심리학, 학지사, 2010, 20-21면.

88_ 김성룡, "직업법관의 형사 재판에서 당사자주의 구현에 관한 미국 논의의 시사점", 「법학논고」 제40집(2010.10), 593-594면.

당사자주의를 채택하고 있다고 본다. 즉 대법원은 우리 형사소송법이 당사자주의, 공판 중심주의, 직접 심리주의, 증거 재판주의를 채택하고 있다고 보고 있다. 대법원은 아래와 같이 판시하였다:[89]

종래 우리나라의 형사 재판 실무는 검사가 제1회 공판 기일 이전에 수사 기록 일체를 법원에 제출하는 것이 관행이었다. 그리하여 법원에 따라서는 제1회 공판 기일에 들어가기 이전에 검사로부터 제출받은 수사 기록을 살펴보고 사안을 미리 파악하기도 하는 등 실무상 혼란이 없지 않았고, 이에 대해서는 예단 배제를 위한 공소장 일본주의의 취지에 반한 것이라는 비판이 있었다.

이러한 실무 관행은 2006.4.1. 개정된 대법원 재판 예규에 의하여 전국적으로 증거 분리 제출 제도가 시행됨으로써 획기적인 변화가 이루어지게 되었다. 이 제도의 시행으로 검사는 피고인이 자백하든 부인하든 제1회 공판 기일 이후 증거 조사에 들어가서야 비로소 증거 서류를 법정에서 제출하게 된 것이다. 또한, 2007.6.1. 법률 제8495호 **「국민의 형사 재판 참여에 관한 법률」의 제정으로** 국민참여 재판 제도가 도입되어 직업법관이 아닌 배심원이 국민참여 재판을 하는 사건에 관하여 사실의 인정, 법령의 적용 및 형의 양정에 관한 의견을 제시할 권한을 가지게 됨으로써 공판 절차에서 법관이나 배심원이 공평한 제3자의 입장에서 심리에 관여할 수 있도록 제도적 장치를 보완할 필요가 생겼다. 이러한 사정을 반영하여 2007.6.1. 법률 제8496호로 개정된 형사소송법은 공판 절차에 관한 규정을 개정하여, 재판장은 증거 조사를 하기에 앞서 검사 및 변호인으로 하여금 공소 사실 등의 증명과 관련된 주장 및 입증 계획 등을 진술하게 할 수 있으나, 다만 증거로 할 수 없거나 증거로 신청할 의사가 없는 자료에 기초하여 법원에 사건에 대한 예단 또는 편견을 발생하게 할 염려가 있는 사항은 진술할 수 없도록 하였고(법 제287

89_ 대법원 2009.10.22. 선고 2009도7436 전원합의체 판결.

조 제2항), 공판 절차의 순서를 바꾸어 증거 조사를 피고인 신문에 앞서 서 실시하도록 규정하는(법 제290조, 제296조의2) 등 **당사자주의 소송 구조를 강화하였다.**

즉 대법원은 우리 형사소송법이 당사자주의 원칙을 채택하고 있 으며, 국민참여 재판 등의 실시로 당사자주의 요소가 강화되었다고 보 고 있다. 그러나 이러한 대법원 판결의 취지는 헌법과 형사소송법에 의할 때 우리 형사소송법이 당사자주의 원칙에 서 있음을 밝히고 있는 것이다. 즉 당사자주의라는 이념을 형사소송이 추구해야 할 가치로 설 정하고 있는 것이지 우리 형사소송의 실제의 모습이 당사자주의에 근 접해 있다고 보고 있는 것은 아니다. 이러한 사실은 아래의 대법원 판 결에서 확인되고 있다.[90]

공판 준비 또는 공판 기일에서 이미 증언을 마친 증인을 검사가 소환한 후 피고인에게 유리한 그 증언 내용을 추궁하여 이를 일방적으로 번복시 키는 방식으로 작성한 진술조서를 유죄의 증거로 삼는 것은 **당사자주 의·공판 중심주의·직접주의를 지향하는** 현행 형사소송법의 소송 구조 에 어긋나는 것일 뿐만 아니라, 헌법 제27조가 보장하는 기본권, 즉 법관 의 면전에서 모든 증거 자료가 조사·진술되고 이에 대하여 피고인이 공 격·방어할 수 있는 기회가 실질적으로 부여되는 재판을 받을 권리를 침 해하는 것이므로, 이러한 진술조서는 피고인이 증거로 할 수 있음에 동 의하지 아니하는 한 그 증거능력이 없다고 하여야 할 것이고, 그 후 원진 술자인 종전 증인이 다시 법정에 출석하여 증언을 하면서 그 진술조서의 성립의 진정함을 인정하고 피고인측에 반대신문의 기회가 부여되었다고 하더라도 그 증언 자체를 유죄의 증거로 할 수 있음은 별론으로 하고 위 와 같은 진술조서의 증거능력이 없다는 결론은 달리할 것이 아니다.

90_ 대법원 2000.6.15. 선고 99도1108 전원합의체 판결.

위 판결에서도 대법원은 형사소송법이 당사자주의를 '지향'하고 있다고 표현하고 있으며, 실제의 형사소송의 구조가 당사자주의를 구현하고 있다고 보고 있는 것은 아닌 것이다.

2) 헌법재판소의 견해

헌법재판소는 헌법상에 나타난 입법자의 가치 결단과 형사소송법의 소송 구조를 구분한다. 헌법재판소는 헌법에 의할 때 형사소송법이 당사자주의를 지향해야 한다고 보고 있다. 이 점에 관하여 헌법재판소는 다음과 같이 판시하고 있다:[91]

공정한 재판을 받을 권리 속에는 공개된 법정의 법관의 면전에서 모든 증거 자료가 조사 · 진술되고 이에 대하여 피고인이 공격 · 방어할 수 있는 기회가 보장되는 재판, 즉 원칙적으로 당사자주의와 구두 변론주의가 보장되어 당사자에게 공소 사실에 대한 답변과 입증 및 반증의 기회가 부여되는 등 공격 · 방어권이 충분히 보장되는 재판을 받을 권리가 포함되어 있다. 그리고 무죄 추정 원칙을 규정하는 헌법 제27조 제4항을 종합하여 살펴보면, 피고인은 형사소송 절차를 형성 · 유지하는 절차의 당사자로서, 검사에 대하여 '무기 대등의 원칙'이 보장되는 절차를 향유할 헌법적 권리를 가진다.

즉 헌법재판소는 실질적 무기 대등이 구현되는 당사자주의가 형사소송의 원칙임을 선언하고 있는 것이다. 그러나 현행 형사소송법에 대하여는 당사자주의와 규문주의(직권주의)가 절충된 구조라고 보고 있다. 헌법재판소는 "현행 형사소송법은 직권주의 요소와 당사자주의 요소를 조화시킨 소송 구조를 취하고"[92] 있는 것으로 보고 있다.

91_ 헌법재판소 2013.8.29. 선고 2011헌바253, 2012헌바470 결정; 헌법재판소 2012.5.31. 선고 2010헌바402 결정.
92_ 헌법재판소 2012.5.31. 선고 2010헌바128 결정.

5. 현행 소송 구조에 대한 평가

현재의 소송 구조를 평가하기 위해 앞서 위에서 검토한 기준을 다시 상기해 보자. 당사자주의로 보려면 첫째 판사가 선입견과 편견에 사로잡히지 않는 수동적 지위에 있어야 하고, 둘째, 당사자, 즉 검사와 피고인의 역할이 적극적이고, 그들 사이에 실질적 무기 평등이 이루어져야 하며, 셋째, 공정한 재판의 규칙이 정립되어 있어야 하며, 넷째, 공정한 증거 규칙이 갖추어져 있어야 한다. 아래에서는 이러한 기준에 의해서 현행 소송 구조를 검토하기로 한다.

(1) 판사의 수동성

국·내외 대다수의 학자들이 공통적으로 형사소송이 당사자주의인가 아니면 규문주의인가에 대한 첫 번째 척도로 판사의 '수동성'을 꼽고 있다. 그러나 현행 형사소송법을 살펴보면 판사의 수동성과는 거리가 멀고 오히려 규문주의 내지 직권 탐지주의에 가까운 것을 볼 수 있다.

즉 법원은 공소장 변경을 요구할 수 있으며(형사소송법 제298조 제2항), 공소장 변경에 대한 허가권을 가진다(제298조 제1항). 증거 조사에 관해서도 직권으로 증거 조사를 실시할 수 있으며 당사자의 증거 조사 신청에 대한 결정 권한을 가진다(제295조). 그리고 증인(제161조의2), 피고인(제296조의2)에 대해 신문할 수 있으며, 증거의 증명력에 대해서는 법관의 자유 판단에 의한다(자유 심증주의, 제308조). 이 외에도 법원은 소송 지휘권(제270조)을 가지며 직권으로 변론을 재개할 권한을 가진다(제305조). 다시 말해 공소장 변경, 증거 조사, 증인 신문, 증거의 평가, 변론의 재개, 소송 지휘 등에 있어 광범위한 재량을 갖고 진실 발견에 '적극' 참여한다. 나아가 판사는 수사 기관인 사법 경찰관이나 검사가 수사시 작성한 조서를 통하여 심증을 형성한다. 이러한 조서를 통한 심증 형성, 즉 조서의 증거로서의 허용은 규문주의 소송의 전형을 보여준다. 조서를 통한 심증 형성은 판사로 하여금 '선입견'과 '편견'을 낳게 하며, 이러한 간접 증거를 증거로 허용하지 않고, 일정한 경우 예외적으로 조서를 '낭독'하게 하는 독일보다 더 '규문주의'적 형태를 취하고 있는 것이다.

나아가 우리나라의 조서는 독특하게도 '문답식 조서' 형태로 되어 있다. 이러한 문답식 조서는 일제시대 때 수사관이 피의자를 취조하기 위해 만든 것에서 유래하는데, 정작 일본에서는 이러한 문답식 조서를 폐기한 지 오래되었다. 이러한 문답식 조서는 조사관의 질문과 피의자 내지 참고인의 '답변'이란 형태로 구성되어 있다. 문답식 조서에서 조사관의 질문은 피의자가 범죄를 저질렀다는 것을 암시하거나 피의자의 범죄를 추궁하는 등 일방적으로 피의자에게 불리한 내용으로 구성되어 있다. 규문주의 소송의 전형인 독일에서도 이러한 문답식 조서를 작성하지 않고 있고, 사건 순서대로 기재하는 진술서가 작성되고 있다. 이러한 문답식 조서는 판사로 하여금 강력한 선입견, 편견을 야기할 수 있는 문제점이 있다.[93]

(2) 당사자의 적극적 역할과 실질적 무기 평등
1) 규문주의 요소
수사에 있어 우리나라는 사인소추 제도를 채택하고 있지 않아 수사권은 수사 기관이 독점하고 있고, 이에 따라 공소권도 검사가 독점하고 있다(기소 독점주의, 제246조).[94] 나아가 소송의 한쪽 당사자인 검사는 공소를 제기할지 여부에 대한 광범위한 재량을 갖고 있다(기소 편

93_ 이러한 문답식 조서의 법적인 문제점을 검토한 글로는 권영법, 형사증거법 원론, 세창출판사, 2013, 43-45면.

94_ 원래 형사소송은 가해자와 피해자가 대립하는 형태에서 비롯되었고, 배심 제도를 기반으로 하였다. 이러한 사인소추의 전통은 영미는 물론이고 독일에도 남아 있다.

의주의, 제247조).

공판정에서 검사의 좌석과 피고인 및 변호사의 좌석은 법대를 바라보고 있는 것이 아니라 마주 보고 위치하고 있다(제275조 제3항 전단). 증인의 좌석은 법대의 정면에 위치하고 있는데 피고인 신문을 할 때만 피고인은 증인석에 좌석한다(제275조 제3항 후단). 당사자주의를 취하고 있는 영미에서 피고인 신문이란 제도는 존재하지 않는다. 나아가 검사와 피고인, 변호인이 법대를 마주보고 있다. 검사와 피고인 및 변호인이 마주보고 있는 형태는 규문주의 소송 형태를 취하고 있는 독일 등지에서 볼 수 있는 형태이다.

이와 같이 수사권, 공소권, 공소 재량, 공판정의 구조, 피고인 신문 제도 등에서 규문주의 요소가 나타나고 있다.

나아가 검사에게는 기소 재량이 있는데, 정작 규문주의 소송 구조를 취하고 있는 독일에서 기소 법정주의를 취하고 있으므로 이러한 측면에서 볼 때 독일의 규문주의보다 더 규문주의에 치우친 형태라고 평가된다.

또한 법정의 배치와 검찰청 건물의 배치도 당사자주의에 반한다. 우리나라에서는 전국의 대부분의 법원 건물이 검찰청 건물과 나란하게 설치되어 있다. 나아가 양 건물의 크기도 거의 같고, 나아가 법원과 검찰청의 건물이 양 날개를 편듯이 배치되어 있다. 이러한 법원과 검찰청 건물이 배치되어 있는 구조하에서 과연 피고인이 '대등한' 당사자로서의 지위를 인식할 수 있을지 심히 의구심이 든다. 우리나라 형사재판에서는 소송 참여인의 복장에서도 당사자주의가 실현되지 않고 있다. 즉 판사와 검사는 법정에서 법복을 착용하고 있으나 변호인은 사복을 착용하고 있고, 나아가 상당수의 구속 피고인은 선택권이 주어졌음에도 여전히 죄수복을 착용하고 법정에 나타난다. 이렇게 검사가 법정에서 법복을 착용하는 것은 검사의 준사법 기관론과 무관하지 않는다고 본다. 준사법 기관론에 의하면 검찰이 사법부와 비슷할 정도로 법률에 구속된다고 한다. 그러나 대부분 행정부도 법률에 구속된다. 준사법관론은 검사가 피의자·피고인의 이익을 위해 수사를 해야 한다고 하는 객관 의무가 있다고 한다. 그러나 공정한 수사를 해야 하는 것은 검사의 당연한 의무이다. 준사법 기관론은 수사를 위해 변호를 희생시키고, 피의자나 피고인의 주체성을 약화시키고, 검사와 피의자·피고인이 대등한 지위에 있다는 것을 부정한다.[95] 이러한 준사법 기관론은 소송상의 당사자 지위가 미분화된 형태를 보여준다. 역사적으로 볼 때 변호인의 활발한 활동이 피고인의 권리를 신장시켰다. 반대로 검사의 권한이 막강해지면 나치시대와 같이 여러 힘이 일원화되어 남용됨을 보여준다.

2) 당사자주의 요소

우리 형사소송법에는 당사자주의 요소가 반영되어 있다는 견해가 있다. 즉 검사는 공소장을 통한 심판의 범위를 확정할 수 있고(형사소송법 제254조 제1항), 증거 조사 단계에서도 당사자는 증거 신청(제294조), 증거 보전(제184조), 증거 조사 참여권(제145조, 제163조, 제176조), 증거 조사에 대한 이의 신청권(제296조)을 가진다. 전문법칙이 채택(제310조의2)되어 있으며 피고인의 진술권(제286조)과 진술 거부권(제283조의2), 재판장의 처분에 대한 이의 신청권(제296조 제1항, 304조), 검사의 의견 진술(제302조)과 피고인의 최후진술(제303조), 공소장 부본의 송달(제266조), 제1회 공판 기일의 유예 기간(제269조), 피고인의 공판 기일 변경 신청권(제270조), 변론 재개 신청권(제305조), 공소 사실의 특정(제254조 제4항), 공소장 변경(제28조), 공소장 일본주의(형사소송규칙 제118조 제2항), 당사자의 공판정 출석권(제275조, 제276조), 검사의 모두진술(제285조), 당사자의 증거 조사 신청(제296조), 증거보전 청구권(제184조), 당사자의 증거 조사 참여권(제145조, 제163조, 제176조), 증

95_ 김인회, "검찰에 대한 불신과 신뢰의 뿌리—당사자주의와 직권주의의 재조명—",「형사정책」제2권 제1호(2013.4), 98-100면.

거 조사에 대한 이의 신청권(제296조), 교호신문 제도(제161조의2), 당사자의 증거 동의(제318조), 탄핵증거(제318조의2), 피고인의 진술 거부권(제283조의2), 국민재판이 있고, 이러한 요소들은 당사자주의를 반영하고 있다고 주장한다. 이러한 요소들이 당사자주의를 반영하고 있는 것이 사실이지만 위에서 살펴본 여러 측면들로 인해 검사와 피고인이 '실질적'으로 대등한 지위에 있다고 보기 어렵다.

(3) 공정한 재판의 규칙

공정한 재판의 규칙, 즉 공개주의, 직접주의, 구두 변론주의, 무죄 추정의 원칙이 실효성 있게 적용되어야 당사자주의라고 할 수 있다. 공개주의란 누구라도 재판을 참관하고 재판이 공정하게 이루어지는지 알 수 있어야 함을 의미한다. 그러기 위해서는 심리가 집중적으로 이루어져야 하고 조서 재판이 아니라 구두로 증인에 대하여 당사자의 공방이 이루어져야 한다. 그러나 구두주의 원칙으로 조금씩 나아가고 있다고 하지만 여전히 주로 조서에 의존하여 증거를 평가하고 있어 현행 형사소송은 공개주의라는 원칙에 부합하지 않는다고 평가된다. 이러한 조서 재판은 직접주의, 구두 변론주의에도 반한다. 나아가 현행 형사소송은 피고인 신문 제도를 유지하고 있는데 이는 무죄 추정의 원칙에 반하며, 피고인 신문은 피고인의 당사자로서의 지위에도 반한다.

당사자주의가 실효성 있게 적용되려면 무엇보다 묵비권이 실효적으로 보장되어야 한다. 즉 수사에서 피의자의 자백에 편중한 수사가 아닌, 객관적 증거를 수집하고, 과학적 수사 기법에 기반한 수사가 이루어져야 한다. 재판에서 피고인이 묵비권을 행사하더라도 묵비권의 행사로 인하여 피고인이 실질적으로 불이익을 입어서는 안 된다. 그러나 수사에서 피의자의 자백 등의 진술 획득이 수사의 중심이 되고 있고, 이에 따라 조서 작성을 통한 자백 편중 수사가 이루어지고 있다. 이에 따라 수사에서 이루어진 자백이 임의성이 없더라도 피고인이 그러한 사실을 다툴 경우 조서를 읽은 판사는 이미 선입견이나 편견에 사로잡히게 된다.

따라서 공정한 재판의 규칙이란 측면에서 볼 때 현행 형사소송은 규문주의에 가까운 형태라고 평가된다.

(4) 공정한 증거 규칙

다마스카가 지적하였듯이 당사자주의와 규문주의는 증거 규칙에 있어 큰 차이점이 있다. 당사자주의 하에서는 증거 규칙이 정교하고 매우 기술적 증거 규칙이 발달해 있다. 이러한 증거 규칙 중 가장 중요하다고 할 전문법칙, 성격증거법칙, 탄핵증거법칙, 증거배제법칙, 자백법칙 등을 중심으로 살펴보기로 한다.

1) 전문법칙

현행 형사소송법 제310조의2 내지 제316조가 전문증거법칙과 관련된 규정이라고 소개되고 있다. 오늘날 전문증거(hearsay evidence)란 '주장된 사실이 진실이라는 것을 입증하기 위해 제출된 법정 외의 진술'이다(미국 연방증거 규칙 제801조)라는 것으로 이해되고 있다. 전문법칙이란 이러한 전문증거가 증거로서의 가치가 적고 따라서 원칙적으로 법정 내의 진술이 아닌 법정 외의 진술로 허용하지 않는다는 것을 말한다.[96] 나아가 형사 사건에 있어서는 대면권(Confrontation Clause)에 의해 상당수의 전문법칙 예외도 허용하지 않는다.

그러나 현행 제311조 내지 제316조 이하에서는 대부분의 수사 서류를 그대로 허용하고 있다. 즉 피고인이 증거로 함에 부동의하여도 원진술자가 나와서 조서가 진정하게 성립하였다고 하면 조서 자체가 증거로 허용되고 있다. 특히 제310조의2는 조서 '자체'를 증거로 허용하고 있어 조서 재판을 허용하고 있다. 이러한 규정들은 전문법칙을

96_ 권영법, 앞의 책, 11-13면.

규정하고 있다기보다 전문법칙의 예외를 허용하고 있다고 평가된다.

2) 성격증거(character evidence)

피고인에 대한 나쁜 성격증거는 법정에서 불공정한 예단을 초래한다고 본다. 당사자주의 하의 영미에서는 이를 엄격하게 제한하고 있다. 이에 따라 영국 보통법에서 성격증거를 제한하는 법리를 발달시켰고, 미국 연방증거 규칙에서는 이러한 성격증거를 규율하는 상세한 규정을 두고 있다. 그러나 우리의 경우 이러한 성격증거를 규율하는 규정이 전무하다. 오히려 피고인의 나쁜 성격에 해당하는 성격증거인 전과 사실의 경우 누범 가중(형법 제35조 및 특별법), 집행유예의 제한(형법 제62조 단서, 형법 제64조 제1항), 선고유예의 제한(형법 제59조 제1항 단서, 형법 제61조 제1항 단서), 상습범 가중 사유(형법 및 특별법)로 삼고 있다.

3) 탄핵증거(impeachment)

탄핵이란 법정에서 양 당사자가 증인의 신빙성을 다투는 방법을 말한다. 이러한 탄핵증거에 대한 신문을 아무런 제한 없이 허용하게 되면 불공정한 예단, 쟁점의 혼란, 시간의 낭비를 초래하므로 이를 규율하여야 한다.[97] 그런데 현행 형사소송법 제318조의2는 전문법칙 관련 규정에 따라 법정에서 허용하지 않는 증거로 진술의 신빙성을 다투기 위하여 증거로 할 수 있다고 규정하고 있다. 이에 따라 전문법칙에 따라 허용되지 않는 증거도 진술의 신빙성을 다투기 위해서 허용되고 있다. 위와 같이 탄핵이란 증인의 신빙성을 다투는 방법과 사유를 규율하는 것인데, 여기에 대해서는 전혀 언급하지 않고 있어 탄핵증거법칙은 사실상 규율되고 있지 않다고 할 수 있다.

4) 증거배제법칙

증거배제법칙(exclusionary rule)이란 형사소송에서 적법절차에 위배되어 수집된 증거를 허용하지 않는다는 것을 말한다. 2008.1.1.부터

97_ 권영법, 앞의 책, 109-110면.

시행중인 형사소송법 제308조의2에서 "적법한 절차에 따르지 아니하고 수집한 증거는 증거로 할 수 없다"라는 규정이 신설되어 증거배제법칙이 명문화되었다.[98] 이러한 증거배제법칙은 오늘날 세계 문명국가 대부분이 채택하고 있고, 국제 형사법을 규율하는 로마 규정 제67조 제7항에서도 이를 명문화하고 있다. 증거배제법칙에서 핵심은 이 법칙의 적용 범위인데 이러한 법칙의 적용 범위는 각국의 헌법, 형사소송법 등의 입법 등에 따라 다르게 된다. 다만 이러한 증거배제를 '이익 형량'에 의할 때 배제의 기준이 임의적일 수 있다는 위험이 놓여 있다.[99] 그러함에도 우리 대법원은 이익 형량의 관점에 따라 증거의 배제의 적용 범위를 조율하고 있다.[100]

이와 같이 오늘날 규문주의 소송 형태를 취하고 있는 대륙법 계통의 나라들 역시 대부분 증거배제법칙을 채택하고 있는데, 이러한 사실을 감안한다면 대법원의 증거 배제법칙의 위와 같은 중도적 운영은 당사자주의와 규문주의 사이에서 중도적 입장을 취하고 있는 것이라고 평가된다.

5) 자백법칙

자백법칙은 자백의 임의성 법칙과 자백의 보강법칙으로 나누어진다. 자백의 임의성 법칙이란, 임의성 없는 자백은 증거로 허용하지 않는다는 것을 말한다. 형사소송법 제309조(강제 등 자백의 증거능력)에서 "피고인의 자백이 고문, 폭행, 협박, 신체 구속의 부당한 장기화 또는 기망, 기타의 방법으로 임의로 진술한 것이 아니라고 의심할 만한 이유가 있는 때에는 이를 유죄의 증거로 하지 못한다."라고 규정하고 있어 자백의 임의성 법칙을 채택하고 있다. 그러나 이러한 재백의 임의

98_ 권영법, 앞의 책, 155면.

99_ 권영법, 앞의 책, 333-334면.

100_ 대법원 2007.11.15. 선고 2007도3061 판결; 대법원 2009.3.12. 선고 2008도1437 판결 등.

성 법칙이 있음에도 수사 기관에서는 여전히 자백에 의존한 수사 형태를 계속하고 있다.

자백의 보강법칙이란 자백이 있더라도 이를 보강하는 증거가 없을 경우 자백만으로는 유죄로 선고하지 못한다는 것을 말한다. 형사소송법 제310조에서 "피고인의 자백이 그 피고인에게 불이익한 유일의 증거인 때에는 이를 유죄의 증거로 하지 못한다"라고 규정하여 자백의 보강법칙을 채택하고 있다. 그런데 이러한 자백의 보강법칙의 핵심은 보강증거를 어느 정도까지 요구하느냐에 있다. 이와 관련하여 미국 연방대법원은 '진술의 신빙성을 확립할 만한 독립된 증거'라는 기준을 제시하고 있다.[101] 그러나 형사소송법이나 대법원이 여기에 대한 구체적 기준을 제시하고 있지 않아 자백의 보강법칙의 실효성을 약화시키고 있다.

무고한 사람이 허위 자백할 가능성은 얼마든지 있고, 수사 기관은 자백은 '증거의 여왕'(Queen of Evidence) 이라는 말에 따라 항상 피의자로부터 자백을 획득하기 위해 노력한다. 따라서 자백법칙이 실효성 있게 적용되어야 하지만 이와 관련된 규정이나 적용에 있어 미흡함이 보여진다. 다만 이와 같이 형사소송법이 자백법칙의 골격을 채택하고 있기에 이 점에 있어서는 당사자주의에 가깝다고 평가된다.

(5) 검토: 현행 소송 구조
이상에서 검토한 사항을 정리해 본다.

첫째, '판사의 수동성'이라는 척도에 의할 때, 현행 형사소송은 규문주의에 가깝다고 평가된다.

둘째, '당사자의 적극적 역할과 실질적 무기 평등'이라는 척도에

101_ Boaz Sangero, "Miranda is not enough: A new Justification for Demanding 'Strong Corroboration', to a Confession", *Cardozo L. Rew*, Vol. 28(2006-2007), pp. 2803-2805.

의할 때, 현행 형사소송은 규문주의 요소가 강하다. 나아가 실질적으로 볼 때, 양 당사자는 무기 평등에 이르지 못하고 있다고 평가된다.

셋째, '공정한 재판의 규칙'이라는 척도에 의할 때, 현행 형사소송은 규문주의에 가까운 형태라고 평가된다.

넷째, '공정한 증거 규칙'이라는 척도에 의할 때, 전문법칙, 성격증거법칙, 탄핵증거법칙은 규문주의 요소가 강하고, 증거배제법칙은 당사자주의 내지 중도적 입장에 있다고 평가된다.

이상의 검토를 종합하면, 현행 형사소송은 당사자주의, 규문주의가 양 대척점에 있다고 가정할 때, 규문주의 요소가 매우 강한 구조라고 평가된다.

이러한 이해를 토대로 하여 다음 장에서는 오늘날 인류 보편적 이념이 되고 있는 당사자주의의 가치에 따라서 검토하기로 한다.[102]

102_ 이와 관련하여 조선시대의 형사 재판을 살펴보기로 하자. 조선시대의 형사 재판이 지향하는 것은 국가 질서 확립을 위한 법치주의이다. 「조선경국전」「헌전」(憲典) 총서(總序)에서도 법률과 형벌이 국가 운영의 보조 수단으로 질서 유지 기능을 담당하는 차원에서 적용되기를 원하였다고 기록하고 있다. 조선은 전제적 절대 왕권의 구축과 국가 질서 확립을 위해 성문 법전을 편찬하였으므로 이는 '전제 법치주의'라고 할 수 있다. 이러한 가운데에서도 범죄자의 처우를 신중하게 하기 위하여 잘못된 판결을 없애고 행형 담당자와 조사 기관의 부당한 인권 침해를 근절하는 것에 노력을 기울였다. 나아가 태종 17년에는 신장안 (訊杖案)을 채택하였는데, 여기에선 절차적 정의를 구체화하여 범죄자의 권익이 보장되는 제도적 보호 장치를 마련하였다: 이명복, 조선시대 형사 제도, 동국대학교출판부, 2007, 24-30면, 145-152면. 그러나 이러한 노력에도 불구하고, 이러한 조선시대의 형사 재판은 오늘날의 공정한 재판과는 거리가 먼 것임을 알 수 있다. 소추 기관과 재판 기관이 분리되지 않았고, 변호인 제도가 없으며, 상소 등 불복하는 수단이 있긴 하나 극히 제한적이었다. 결국 조선시대 형사 재판은 극단적 규문주의 소송이라고 할 수 있다.

제3장

당사자주의의 가치

Ⅰ. 당사자주의의 사적 전개

Ⅱ. 당사자주의 이론

Ⅲ. 당사자주의 이념 요소

Ⅳ. 당사자주의 위험 요소

Ⅴ. 당사자주의 강화책

Ⅵ. 당사자주의의 가치

I. 당사자주의의 사적 전개

1. 당사자주의의 기원

당사자주의의 기원은 로마법에서 찾아볼 수 있다. 로마법에 의하면 형사소송은 사인인 개인의 고소로 개시된다. 공화국 시대에 이르러 점차 규문주의 영향을 받게 된다. 특별한 사건에 있어서는 수사 권한을 가진 자가 지명되었다. 그럼에도 당사자주의의 골격은 유지되었다.[1] 그 후 교회와 국가가 재판권을 공유하는 체제가 수세기 동안 지속되었다. 11세기 이전 수세기 동안 교회가 재판을 담당한다. 로마 가톨릭 교회는 초기에 로마법을 채택하였다. 이어 교회법(cannon law)을 개발하였다. 5세기부터 8세기 동안 초기 교회법에서는 탄핵주의를 인정하였다. 9세기 들어 프랑스에서는 변화를 겪게 된다. 공공의 의견(infamia)에 따른 기소의 경우 피고인은 스스로 무죄임을 입증해야 했다. 이것이 프랑스 규문주의의 시작이 된다.[2] 양 체제의 차이점의 발견은 12세기 유럽으로 거슬러 올라간다. 로마법에 의하면 고소인은 피고인에 대하여 고소인이 원하는 형벌을 신청해야(subscripto) 했다. 만약 피고인이 유죄가 아닌 것으로 결론날 경우 고소인이 동일한 형벌을 받아야 한다. 이러한 요건은 고소를 억제하게 만든다. 13세기 말에 이르자 새로운 형태, 즉 규문주의 소송(processus per inquisitionem)이 출현한다. 규문 소송에서 기소는 공공 기관에 의해 공적으로(ex officio) 이루어지고, 고소인이 원하든 그렇지 않든 재판이 개시된다. 13세기에 이르러 제도화된 공적 조사 규칙과 증거에 대한 교회 규칙이 결합한

1_ Christa Roodt, "A historical perspective on the accusatory and inquisitorial systems", *Fundamina: A Journal of Legal History*, Vol. 10 (2004), p.141.

2_ *Ibid.*, at 142-143.

다.[3] 이때 교회법에서 고소를 없애고 고소인 없이 규문 절차가 이루어지는 형태를 유지하게 된다.

영국에서는 1140년 사인소추와 주교 앞에서 증언함으로써 이루어지는 공적 소추가 있었다. 국가의 권력이 강화되자 입법에 의해 사인소추 원칙은 희석된다. 로마법과 교회법이 형사소송 절차에 영향을 미쳐 규문주의 원칙이 확립되어 간다. 양 체제의 차이는 소송에서의 판단의 역할과 관련된다. 중세 재판에서 판사는 공적 진실 발견자로 간주된다. 당사자의 고소 없이도 법원은 진실 발견을 위해 증인을 소환하여 신문할 수 있었다.[4] 율리우스 시저(Julius Caesar)의 영국 침입 이후에도 영국에서는 로마법 형태가 유지된다. 윌리엄의 침입 이후 영국에서는 노르만 제도가 도입되었다. 국가에 의한 공적인 기소는 12세기에 도입된다. 헨리 2세 때 공적 기소와 함께 배심 제도를 발전시켰다. 대배심(grand jury)이란 시민들로 구성되고, 국가에 의한 공소에 대한 근거에 대하여 심사하는 것을 말한다. 1879년 영국에서 검찰청 제도가 도입되어 국가에 의해 소추가 개시되었다.[5] 종교재판소(Ecclesiastical Courts)는 규문주의를 채택하였다. 종교재판소에서는 범죄 혐의를 알리지 않고 피의자를 소환하였으며, 종교재판소 절차는 후기 로마 소송 절차와 유사했다.[6] 1690년대 영국의 탄핵주의는 후기에 접어든다. 영국에서 수사에 대한 공식 기구가 없어 증거의 제출은 양 당사자의 책임 하에 있었다. 1730년대 영국 법원은 피고인으로 하여금 변호인의 조력을 받도록 한다. 피고인의 변호인은 증인에 대한 반대신문을 하여 제도적 균형을 이루도록 하였다.[7]

이와 같이 당사자주의의 기원은 로마법의 사인소추 전통에서 찾

3_ *Ibid.*, at 143.

4_ *Ibid.*, at 144-145.

5_ *Ibid.*, at 148-149.

6_ *Ibid.*, at 150.

7_ *Ibid.*, at 151-152.

는다. 그러나 당사자주의의 기원이 고대의 사투(trial by battle)에 기원한다는 견해도 있다. 그러나 이러한 추정은 역사적 근거가 없다는 비판이 제기된다. 사투에 의하면 분쟁 해결을 위해 싸움을 하고, 패자는 죄인이 된다. 중세 영국 법원에서 사투는 여러 대안 중의 하나였다. 나머지 선택 사항은 법적 내기(wager of law)와 선서(ordeal)였다.[8]

2. 영국에서의 당사자주의 전개

중세 영국의 대다수 사건에서 법원은 고용(employ)이라는 방안을 채택한다. 원고(plaintiff)가 법원에 구두로 고소 내용을 진술하고 논리적으로 설득력 있는 증거나 선서서를 제출한다. 피고(defendant)의 방어는 부인하는 것으로 제한된다. 법원은 내부 결정(medial judgment)을 하고, 재판의 형태를 정한다.[9] 영국 중세의 재판에서는 신판(神判, divine) 형태가 개입된다. 사투에서는 선서 체계를 수용한다. 신판은 사람에 의한 것이 아닌 신에 의한 재판이라고 할 수 있다. 따라서 증거가 사용되는 것은 극소수였으며 사실 발견은 불필요했다. 이러한 중세의 재판은 당사자주의와 무관하다고 보는 견해가 우세하다. 그러나 이러한 전통은 당사자에 의한 분쟁 해결이라는 원칙을 만들었다. 나아가 이러한 실무는 사법 관리의 역할을 창출한다.[10]

영국에서는 배심 제도가 당사자주의의 전개에 있어 매우 중요한 의미를 갖는다. 대다수의 역사학자들이 칼로링가 시대, 즉 12세기 말에 배심 제도가 영국의 소송에 편입되었다고 본다.[11] 13세기부터 17세기까지 사이에 당사자주의의 골격이 완성된다. 피고인이 법정에 서고

8_ Stephan Landsman, "A Brief Survey of the Development of the Adversary System", *Ohio State Law Journal*, Vol. 44 (Summer, 1983), pp.717-718.

9_ Stephan Landsman, *op. cit.*, at 719.

10_ *Ibid.*

11_ *Ibid.*, at 720.

어떻게 고소되었는지 질문하고 유죄 답변 과정을 거쳐 배심 재판을 받게 된다. 17세기 후반 영국의 정치적 혼란은 극적으로 개혁을 낳는다. 1640년대부터 당사자주의 체제가 정착하고 1700년대 말에 이르러 오늘날의 당사자주의 체제가 완성되었다.[12]

　　18세기 영국 보통법에 의하면 경죄로 기소된 피고인의 경우 사실관계에 대하여 변호인의 조력을 받는 것이 금지되었다. 피고인의 변호인은 법적 쟁점에 대하여 다툴 수 있으나 증거의 제출이나 교호신문을 할 수 없었고, 배심원 앞에서 모두진술이나 최후진술도 할 수 없었다. 반면 소추 측의 법률가는 모든 소송 단계에서 대리할 수 있었다. 당시 기소를 담당하는 공무원은 없었으므로 피고인의 친구나 친척이 피해자측 변호사를 고용하였다.[13] 1730년부터 피고인의 변호인은 반대신문을 할 수 있게 된다. 변호인이 참여하기 전에는 유죄를 다투는 경우가 거의 없었고 소송은 사실상 선고 절차나 다름없었다. 이러한 사실은 당사자주의에 있어 변호인의 조력을 받을 권리나 변호인의 역할이 매우 중요함을 알게 한다. 1836년에 이르러 피고인의 변호인은 일반 중죄 사건에 있어 소송의 모든 단계에서 변론할 수 있게 된다.[14] 영국 보통법은 당사자주의를 지속적으로 수정하여 왔다. 당사자주의를 지지하는 것도 역사적으로 볼 때 최근의 일이라고 할 수 있다. 영국에서 변호인의 변론권이 생긴 것은 1836년이고, 미국에서는 1963년 이전에는 피고인의 변론권(공공 변호인)이 법적으로 보장되지 않았다.[15]

12_ *Ibid.*, at 721.

13_ Randolph N. Jonakait, "The Rise of the American Adversary System: America before England", *Widner Law Review*, Vol. 14 (2009), p.324.

14_ *Ibid.*, at 325-326.

15_ Norman W. Spaulding, "The Rule of Law in Action: A Defense of Adversary System Values", *Cornell L. Rev.*, Vol. 3 (Sep., 2008), p.1400.

3. 영국법의 계수

미국은 초기에는 영국법을 그대로 계수하였다. 다만 소송에 있어 영국과 달리 피고인에게 완전한 변호인의 조력을 받을 권리를 허용하였다.[16] 즉 변호인의 권한을 제한하지 않았다. 수정헌법 제6조에서뿐만 아니라 초기 각 주의 헌법에서도 변호인의 조력 받을 권리를 보장하였다. 미국에서 변호인의 조력 받을 권리의 보장은 영국에서보다 더 빨리 당사자주의 체제를 확장시킨다. 즉 1780년 미국 헌법에서 변호인의 조력 받을 권리를 보장함으로써 당사자주의를 채택한 것이다.

검사 제도의 채택 역시 당사자주의 제도화와 관련 깊다. 영국에서 검사는 일반 형사 범죄를 기소하지 않았으며 피해자나 피해자의 친척이나 친구가 기소하였다.[17] 18세기 미국에서는 검사가 형사 사건을 기소할 의무가 있게 되었다. 이에 따라 판사의 역할이 줄어들고 공정한 재판을 위해 피고인의 변호인, 검사의 역할이 증대된다. 즉 피고인에 대한 완전한 변호인의 조력을 받을 권리의 확보와 검사 제도의 시행이 미국의 당사자주의 체제를 확립시킨다.[18] 이러한 사실은 사인소추가 당사자주의와 관련된다는 주장이 잘못된 견해임을 알게 한다. 즉 당사자주의란 소송의 당사자(피고인, 검사)가 주도하여 소송을 진행한다는 의미를 갖는다고 할 수 있다.

영국에서 1780년대 전문법칙이 활발하게 발전하기 시작하였고,

16_ Randolph N. Jonakait, *op. cit.*, at 327.

17_ 영국의 형사소송은 탄핵적이다. 수사 절차에 덜 관심을 갖는다. 18세기 이전의 영국에서의 형사소송은 민사소송과 닮아 있었다. 중앙집권화된 체계에 의한 기소 기관의 부재로 피해자가 검사의 역할을 담당했다. 그러나 이러한 체계는 비효율적이라는 지적이 있어 19세기 말에 이르러 검사 제도가 도입되었다: M Panzavolta, "Reforms and Counter-Reforms in the Italian Struggle for an Accusatorial Criminal Law System", *North Carolina Journal Of International Law and Commercial Regulation*, vol.30(2005), p.35.

18_ *Ibid.*, at 334.

1800년대에 이르러 오늘날과 같은 전문법칙이 확립된다. 영국에서 공격적 변호사의 활동으로 전문법칙이 발달하였고, 18세기 후반에 이르러 형사 사건에서 당사자주의 정신이 나타나기 시작했다. 19세기 중반에 전문법칙에 있어 기본 법리의 개발은 교호신문(cross-examination)을 발달시켰다. 1770년대와 1780년에 이르러 대면권(Confrontation Right)과 선서하지 않은 전문증거의 금지와 관련하여, 미국의 법률가는 선서하지 않은 전문증거의 금지가 대면권이 한 요소라고 인식하기 시작했다.[19]

형사 사건에서 조서(deposition)는 허용되지 않았으며 1794년 미국 법원은 교호신문과 증거의 허용성과의 관련성을 밝힌다. 즉 "교호신문에 대한 권리가 있으므로 그렇지 않은 증거에 의해 선입견을 가지지 않은 것이 보통법의 규칙이다"라고 판시하였다.[20] 영국보다 미국에서 당사자주의가 더 빨리 확립된 것은 미국 수정헌법 제6조에 의해 입법화되었기 때문이다.

최근 미국 연방대법원은 이러한 헌법의 의지에 따라 대면권을 수정헌법 제6조와 관련하여 이해하고 있다.[21]

4. 미국에서의 최근의 동향: 반규문주의의 전개

최근 미국 연방대법원에서 전개하고 있는 반규문주의에 대하여 살펴본다.

반규문주의(anti-inquisitorialism)는 미국 형사소송에서 오래된 주제이다. 미국에서 규문주의란 이상적 모델에 대한 반대 의미로 사용되

19_ *Ibid.*, at 335-336.
20_ *Ibid.*, at 339; State v. Webb, 2 N. C.(1 Hayw.,) 103(N. C. 1794) 그러함에도 그로부터 200년이 넘은 지금에도 한국에서는 조서에 의해 재판을 하고 있다.
21_ Crawford v. Washington, 541 U.S. 36 (2004); *Ibid.*, at 353.

어 왔다.[22] 여기서 당사자주의와 규문주의의 의미에 대하여 다시 살펴볼 필요가 있다. 당사자주의(adversarial)와 규문주의(inquisitorial)의 특징에 대한 전형은 존재하지 않는다. 규문주의와 대비된 당사자주의란 판사 자신이 사실과 법률에 대한 조사를 하지 않고, 당사자의 찬반 논쟁과 사실에 관한 근거에 대하여 판단하는 것을 말한다.[23] 따라서 수사 단계는 규문적이라고 할 수 있다.

1990년대까지 미국 연방대법원 판례에서 규문주의와 대비된 당사자주의는 큰 역할을 하지 않는다. 그러나 수정헌법 제6조의 '피고인에게 불리한 증인을 대면할 권리'가 형사소송에서 크게 부각된다. 즉 크로포드 판결(Crawford Decision)에서 미국 연방대법원은 대면권 조항(Confrontation Clause)을 재해석하였다.[24] 이 판결에서 반규문주의가 매우 강조되었다. 즉 '형사소송에서 대륙법 사조'(the civil-law mode)가 '대면권 조항이 직면한 중요한 악'(principal evil)이라고 규정하였다.[25] 이러한 대면권 조항에 의하여 미국 연방대법원은 전문증거가 증언적(testimonial)일 경우에만 허용한다고 판시하였다.[26] 즉 대면권 조항이 형사소송에서 규문주의를 막고 규문주의로부터 형사소송을 보호하는 것이라고 본 것이다. 블레이클리 판결(Blakely Decision)에서 미국 연방대법원은, 수정헌법 제6조의 배심 재판을 받을 권리는 배심원이 아닌 판사에 의한 사실 조사에 근거하여 판결 선고를 강제하는 것을 금지하는 것이라고 판시하였다.[27] 즉 대륙법과 비교할 때 보통법(common

---

22_ David Alan Sklansky, "Anti-Inquisitorialism", *Harvard Law Review*, Vol. 122 (2009), p.1635.

23_ McNeil v. Wisconsin, 501 U.S. 171, 189 (1991) at 181 n.2(majority opinion).

24_ Crawford v. Washington, 541 U.S. 36 (2004).

25_ 541 U.S. at 50.

26_ 541 U.S. at 68.

27_ Blakely v. Washington, 542 U.S. 296 (2004).

law)이 국가 권력을 제한한다는 이념은, 판사와 배심원 사이의 엄격한 구분에 의해서 이루어진다고 본 것이다.[28]

나아가 미국 연방대법원은 수사와 자백을 규율하는 헌법상 법리를 다듬음에 있어 규문주의에 반대하는 논조를 계속하고 있다. 1999년 미국 연방대법원은 유죄 답변(guilty plea)이 수정헌법 제5조의 묵비권의 포기로 다루어져서는 안 된다고 판시하였다.[29] 이와 관련하여 미국 연방대법원은 다음과 같이 판시한다:[30]

> 형사소송에서 국가에 의해 공소 사실이 입증되어야 한다는 유구하고 중요한 원칙을 감안할 때 검사의 권한을 강화하는 규문이 행해져서는 안 되고 … 우리 체계는 규문 체계가 아닌 탄핵적(accusatorial)이다.

이러한 표현, 즉 우리의 체계가 '규문적'(inquisitorial)이 아닌 '당사자주의'(adversarial) 혹은 '탄핵적'(accusatorial)이란 표현은 지금으로부터 한 세기 이전부터 사용되어 왔다.[31] 즉 100년 전부터 당사자주의가 탄핵주의와 같은 의미로 사용되어 왔고, 이에 대비되는 것이 규문주의라는 것이므로 규문주의에서 탄핵주의로, 다시 당사자주의로 변천되어 왔다고 보는 국내 다수의 견해가 잘못된 것임을 보게 된다. 이러한 견해에 반대하여 미국에서도 유럽의 형사소송의 특징을 따라하는 것이 의미가 있다는 소수의 학자도 있다. 그러나 압도적 다수의 미국 학자와 판사는 미국 연방대법원의 논지에 동조한다. 즉 규문주의 체계가 미국의 형사소송과 극적으로 대비되는 부정적인 것이라는 사실에 대하여 보편적 합의에 이르고 있다.[32]

28_ 542 U.S. at 313.

29_ *Ibid.*, at 1637.

30_ Mitchell v. Untied States, 526 U.S. 314, 325 (1996).

31_ Murphy v. Waterfront Comm'n, 378 U.S. 52, 55 (1964); Brown v. Walker, 161 U.S. 591, 596-597 (1896).

당사자주의란 중립적 판사가 수동적 심판자(passive umpire)로서 재판을 하고 당사자가 사실과 법률에 대한 것을 조사하는 것에 의존하는 것이라고 정의된다. 이에 반하여 규문주의란 자백에 의존하며, 피고인 자신의 진술에 근거하여 판결하고, 일반 배심원이 아닌 전문 사실 발견자를 신뢰하는 것을 특징으로 한다. 미국의 판례나 학자는 유럽 대륙의 형사소송이 규문적인 것이라고 이해한다. 물론 대륙의 일부 학자들도 이렇게 이해하기도 한다. 그러나 비교 법학자들은 현대의 유럽 대륙의 형사소송이 혼합적이라고 이해한다. 즉 규문주의 요소와 보통법 요소가 수렴된 것이라고 본다. 현재에도 이러한 수렴은 계속되고 있으며, 19세기 개혁의 물결 동안 이러한 수렴이 이루어졌다. 즉 공개 재판, 구두 증거, 사법의 공정성, 묵비권 등 보통법의 요소가 결합되었다.[33]

II. 당사자주의 이론

1. 당사자주의의 지지 근거

세계 인권 선언, 유럽 인권 협약 등에서 당사자주의를 선언하고 있고, 오늘날 대다수의 나라들이 당사자주의를 인류의 보편적 가치로 받아들이고 있다. 형사소송은 재판에서 진실 발견을 추구한다. 이러한 진실 발견에 있어서 두 가지 체제가 있다. 즉 당사자주의와 규문주의라는 두 가지이다. 영국, 미국, 캐나다 등 보통법 국가는 전자를, 독일과 프랑스 등 대륙법 국가는 후자를 채택하고 있다. 그러나 유럽에서는 유럽 인권 협약이 효력을 발휘하고 있어 속도를 달리할 뿐 대륙법

32_ *Ibid.*, at 1638.
33_ *Ibid.*, at 1640.

국가 역시 당사자주의에 다가가고 있다. 그렇다면 오늘날 대다수의 나라들이 당사자주의를 지지하고 있는 근거는 무엇인가라는 질문에 이르게 된다.

이하에서는 이러한 질문에 대한 여러 견해들에 대하여 개리 굿패스터(Gary Goodpaster)와 앤드류 샌더스(Andrew Sanders)가 검토한 바를 살펴본다.

2. 당사자주의 이론

(1) 이론의 현황
1) 진실 발견설(truth-finding theory)

당사자주의 이념에 대한 가장 보편적 견해에 따르면 당사자주의가 과학이 아닌 인간사에 있어 진실 발견에 대한 최선의 방안이라고 본다. 즉 진실이란 양 당사자의 논박에 의해 가장 잘 드러나게 된다고 본다. 다시 말해 양 당사자의 경쟁에 의해 역사적 사실이 잘 드러나게 된다고 보는 것이다.[34] 그러나 당사자 주도하의 증거 수집과 제출은 현출될 수 있는 많은 증거를 제한하게 만든다. 이러한 점에서 적극적 수사 절차보다 재판에서의 진실 발견이 덜 믿음직하다고 보는 견해도 있다. 피고인에게 진실 발견권을 넘겨주면 피고인은 진실 발견에 노력하기보다 이를 훼방하는 데 노력한다는 반론도 있다. 시민 배심원은 법률가에 비해 경험이 적어 증언의 평가를 잘못 판단할 수도 있다. 나아가 증거배제법칙은 관련성 있는 증거를 제출 못하게 한다. 증거개시 의무를 검사에게만 부과를 하여 피고인에게 이득을 준다는 견해도 있다. 피고인에게 묵비권이 있어 피고인의 진술을 들을 수도 없게 된다. 나아가 합리적 의심을 넘는 입증 책임이 검사에게 있으므로 유죄 입증

34_ Gary Goodpaster, "On The Theory of American Adversary Criminal Trial", *Journal of Criminal Law and Criminology*, Vol. 78, No. 1 (1987), p.119.

이 어렵게 된다는 지적도 있다. 또는 당사자주의 하에서 당사자는 승소에 관심을 두지, 진실 발견에 주의를 기울이지 않는다는 비판도 있다.[35]

2) 공정한 판단설(fair decision theory)

이 설은 당사자주의란 구조적으로 볼 때 진실 발견에 역행하는 측면이 있지만 공정한 판결을 가능하게 한다고 주장한다. 진실이란 누구도 알 수 없으므로 재판이란 진실 발견을 위한 좋은 방법이 아니라고 본다. 그러함에도 불구하고 형사 재판에서는 국가와 개인 사이에 풀어야 할 문제가 있다는 것이다. 형사 논쟁은 절차에 따라 배열시키고, 국가와 개인에게 최소한 공정한 절차를 마련해야 한다는 것이다. 즉 형사 절차는 불편부당한 판사에 의해 공정한 경쟁을 하도록 하는 것이라고 본다. 이러한 체계 하에 증거법은 배심원이 불공정한 선입견을 갖지 않도록 규율해야 한다고 본다.[36]

그러나 공정한 판단설 단독으로는 당사자주의를 설명할 수 없다. 왜냐하면 당사자주의 구조가 아닌 재판에서도 공정성을 발견할 수 있기 때문이다. 그러나 당사자 주도하에 소송 절차를 진행하게 하는 것이 공정하다는 느낌을 갖게 하며, 결과를 수락하게 한다면 큰 성과를 가져온다는 사실은 부인할 수 없다.[37] 그러나 피고인에게 자기부죄 거부 특권 등이 있으므로 공정성이 당사자주의의 모든 면을 설명할 수 없다. 따라서 공정성만이 형사 재판의 모든 구조를 결정짓는 것이 아니라는 비판이 제기된다.[38]

3) 진실 발견과 공정한 판단의 절충설

이 설은 진실 발견과 공정한 판단 모두가 당사자주의를 설명하는

35_ *Ibid.*, at 122-123.

36_ *Ibid.*, at 123-124.

37_ *Ibid.*, at 125.

38_ *Ibid.*, at 126.

근거가 된다고 본다.

이와 관련하여 미국 연방대법원은 다음과 같이 판시하고 있다:[39]

이러한 체계는 당사자주의 재판의 검토가 진실과 공정성에 대한 공공의
이익에 있어 진일보 한다는 것을 전제로 한다.

따라서 절충설에 따르면 진실과 공정성이 당사자주의 형사 재판
에 있어 동등한 목적이 된다. 불공정한 재판은 잘못된 진실 발견으로
이를 수 있으며 재판에 있어 진실 발견에 따른 역기능을 고려할 필요
가 있다는 것이다.

진실 발견과 공정한 재판 절차와의 관계를 살펴보면 양자는 밀접
한 관계가 있음을 보게 된다. 불공정한 절차는 편견을 가져온다. 불공
정한 재판 절차는 진정한 절차라고 할 수 없다. 양자는 동등하고, 상호
강화시켜 준다. 진실 발견이란 과거 무엇이 일어났는가에 대한 정확한
대답을 얻는 것을 말하며 참된 결과란 공정한 판단 절차를 의미한다.
'공정한'이란 과학적 수사를 의미하는 것이 아니며 문제를 공정하게 취
급해 달라는 의미가 있다는 것이다.[40]

그러나 진실 발견설과 공정한 판단 이론은 법의 체계를 제한적으
로 바라보게 된다. 법이란 세계에 대한 담론의 일종이다. 담론으로서
의 법은 사고의 범주이고, 정보를 인식하고 다루는 방법인 것이다. 법
적 담론은 세계에 대한 여러 접근 방법 중 하나이다. 사건의 진실은 증
거 규칙과 설득에 의해 입증되어야 한다. 이러한 법적인 진실만이 참
이라고 받아들일 수 있는 것이다. 형사 재판에서 판결이란 역사적 사
실에 대한 판단과 무엇이 발생하였을 것인가에 대한 판단이다. 즉 사
실과 의도에 대한 질문이다. 판결에 이르기 위해서는 역사적 사실에

39_ Polk County v. Dodgson, 454 U. S. 312 (1981).
40_ *Ibid.*, at 127-128.

대한 추론과 의도에 대한 의문이 해소되어야 한다. 당사자주의는 역사적 사실에 대한 특별히 우수한 방법으로 보여지지는 않는다. 이러한 사실은 방법론적으로 더 나은 사실 발견에 대한 제안으로 이어질 수 있다. 즉 법적인 사실이 태생적인 것이 아니라 만들어지는 것이다. 당사자주의는 과거에 무엇이 일어났는가에 대한 조사와 다른 형태의 진실 발견일 수 있다는 것이다.[41]

4) 권리설(right theory) 내지 기본권설(The fundamental right approach)

진실 발견에 있어 결함이 있는 당사자주의를 사회가 용납하는 이유는 권리 이론이나 기본권 이론에서 찾아볼 수 있다.

개인에 비해 정부는 압도적 자원과 막대한 능력이라는 이점을 갖고 있다. 나아가 판사 역시 공무원이고, 장기적으로 볼 때 국가로부터 독립적이지 않다. 당사자주의에 의하면 기소는 위험 부담일 수도 있고, 열정적 수단이 될 수도 있다. 대칭적 당사자주의는 기소 측에게는 유리한 점이, 방어하는 피고인에게는 불리한 측면이 있다. 중대한 사건에 있어서는 잘못된 유죄 판결보다는 잘못된 무죄 판결이 나을 수 있다. 따라서 형사 재판은 구조적으로 무죄 판결에 유리한 구조여야 한다. 기소와 방어를 동등하게 하기 위해서는 피고인의 재판상 권리를 강화시켜 잘못된 유죄 판결에 이르지 않도록 해야 한다. 여기에 대하여는 "다른 방법을 강구하지 않고 왜 피고인의 절차상의 권리를 강화시켜야 하냐"라는 질문이 있을 수 있다. 여기에 대하여 권리 이론은 피고인의 재판상의 권리를 강화한 것만이 당사자주의 하에서 정부의 권력 남용을 점검할 수 있는 유일한 방법이라고 주장한다.[42]

기본권론은 시민이 합리적이고 양식을 가진 주체라고 가정하는 것에서 출발한다. 국가 권력은 인간의 존엄성에 대한 존중으로 인해 한계를 가져야 한다. 충돌하는 형사소송에서의 목적과 이익의 조율이

41_ *Ibid.*, at 128-133.

42_ *Ibid.*, at 134-135.

결과주의자(consequentialist)처럼 사회에 대한 공리를 산출하는 것과 같은 방식으로 되어서는 안 된다고 본다. 즉 범죄통제라는 목표가 적법절차 원칙과 타협되어서는 안 된다고 본다. 또한 이러한 가치의 표현이 유럽 인권 협약으로 표현되었다고 본다. 유럽 인권 협약에 가입한 국가는 유럽 인권 협약에 기속된다. 따라서 동 협약을 위반할 경우 유럽 인권 법원으로 제소될 수 있다. 유럽 인권 법원은 가입국 법이 유럽 인권 협약을 위배했다고 판단하면 가입국은 자국의 법을 협약에 맞게 개정해야 한다.[43]

5) 협상 장려설(bargaining incentive theory)

협상 장려설에 따르면 당사자주의와 일방적으로 주어지는 피고인의 절차상의 권리는 역사적으로 주어진 것이고, 당사자주의와 피고인의 절차상 권리를 형사 사건 해결에 있어 기본 구조로 이해하는 것을 받아들인다. 이러한 관점에서 당사자주의 형사 체계는 구조적 측면에서 볼 때 양 당사자의 역할에 있어 균형을 이룬다고 본다. 형사소송에서 당사자는 큰 위험을 갖게 된다. 법정에서의 법률가의 활동과 피고인의 절차상의 권리는 재판을 예측하기 어렵게 만든다. 협상 장려설에 의하면 형사 재판은 형사 사건에 있어 예외적 형태이고, 극단적 제로섬(zero-sume) 게임이어서, 양자 모두를 만족시킬 수 없으므로 협상을 해야 한다고 주장한다.[44]

(2) 이론의 검토

위에서 살펴본 학설들은 당사자주의의 한 측면만을 포착한 것이다. 따라서 하나의 이론이 모든 것을 설명할 수 없다. 진실 발견이란 진실과 정의라는 관점 하에서 이루어져야 한다. 따라서 당사자주의가 지지되는 근거는 당사자주의가 진실 발견, 공정한 판단을 가능하게 하

43_ Andrew Sanders et al., *Criminal Justice*, 4th ed., Oxford, 2010, pp. 22-23.
44_ Gary Goodpaster, *op. cit.*, at 139.

기 때문이다. 나아가 형사소송에서는 국가 기관인 검사에 비해 불리한 지위에 있는 피고인을 보호해야 한다. 또한 소송에서의 진실이라는 것이 역사적 진실을 의미하는 것이 아니므로 당사자의 협상에 의해서도 종결될 수 있다는 것을 의미한다. 따라서 당사자주의의 논거를 다룸에 있어 위에서 언급한 이론들은 통합되어야 한다.

III. 당사자주의 이념 요소

1. 당사자주의 이념

이상의 검토를 통해 당사자주의를 통해 진실에 다가갈 수 있고, 공정한 재판을 가능하게 하며, 국가 권력으로부터 개인의 기본권을 보장하고, 국가와 개인 사이의 제로섬 게임을 방지한다는 것이 당사자주의가 지지되는 근거임을 이해하게 되었다.

이러한 당사자주의는 크게 두 가지 요소를 핵심으로 한다. 첫째, 당사자에게 증거의 수집과 제출에 대한 책임이 있고, 당사자 자신이 자신을 변론한다. 둘째, 심판자는 소송에서 당사자가 증거를 제출하기 전까지 사건에 대하여 알게 하지 못한다. 규문주의는 당사자주의의 반대이다. 규문주의는 두 가지 요소를 핵심으로 한다. 첫째, 판사는 원칙적으로 사건의 해결에 필요한 증거 수집을 감독하는 책임이 있다. 둘째, 판단자는 재판에서 정보를 수신하는 자가 아니라 적극적으로 참여하는 자이다. 규문주의의 형태는 유럽대륙에서 발견되고 있고, 실제 판사는 사건 해결을 위한 정보를 고려하는 데 몇 달씩 소송을 진행하기도 한다.[45] 규문주의 체계에서 판사가 공정한 심판자가 되기 위해서

45_ Ellen E. Sward, "Values, Ideology, and the Evolution of the Adversary System", *Ind. L. J.*, Vol, 64 (1989), p.313.

는 몇 가지 점검을 하여야 하나 당사자주의에서는 그럴 필요가 없다. 그러나 당사자주의 하에서는 증거가 왜곡될 가능성도 있으므로 이러한 사실에 유의할 필요가 있다.

이하에서는 이러한 가치를 가진 당사자주의라는 이념(ideology)의 요소에 대하여 살펴보기로 한다.

2. 진실 발견

당사자주의를 채택함으로써 소송에서 진실이라는 목적에 이를 수 있다. 당사자주의는 당사자에게 경쟁을 허용하고, 법률가의 도움을 받도록 하여 가능한 최대의 경쟁 기회를 제공함으로써 논쟁이 되는 진실에 더 다가갈 수 있다는 가정을 기반으로 삼고 있다.[46] 규문주의를 지지하는 진영에서는 심판자가 당사자주의에 비해 관련성이 있는 많은 정보를 접할 수 있다고 주장한다. 그러나 규문주의에 의하면 판사가 나서서 증거를 조사하게 되는데, 판사로서는 어떠한 증거를 취해야 할지 어떠한 기준에 의하여 판단하여야 할지에 대한 어려움에 처하게 된다. 더구나 경찰 등 수사 기관에 의해 조서가 미리 작성된 경우라면 아무리 공정한 심판자라 하더라도 선입견에 사로잡히기 마련이며, 나아가 사실 판단을 함에 있어 미궁에 봉착할 수 있게 된다.[47] 규문주의를 선호하는 진영에서는 당사자주의보다 규문주의가 직업 법관에 의해 진실 발견을 하므로 더 효율적이라고 주장한다. 즉 직업 법관은 당사자가 제출하는 증거에 기속되지 않고 증거 조사를 할 수 있다는 것이다. 규문주의에서는 판사가 원한다면 능동적으로 증거를 조사할 수 있

46_ Robert Gilbert Johnston et al, "The Adversary System as a Means of seeking Truth and Justice", *Marshall L. Rev.*, Vol. 35 (Winter, 2002), p.147.

47_ Monroe H. Freedman, "Our Constitutionalized Adversary System", *Chapman Law Review*, Vol. 1 (Spring, 1988), pp.75-76.

다. 그러나 이는 규문주의의 하나의 측면만 바라본 것이다. 증인 등의 직접 증거가 제출됨이 없이 조서에 의존하여 재판을 하는 것은 피고인을 낙인찍는 것이 된다. 이렇게 미성숙된 단계에서 성급하게 증거를 조사하는 것은 선입견을 낳게 되거나 한쪽으로 기울게 한다. 따라서 증거 규칙과 논리칙과 경험칙에 따라 증거를 살펴보고 증언을 들어야 한다. 따라서 당사자주의야말로 인간의 본성에 적합하게 올바르게 판단할 수 있는 제도인 것이다.[48]

이와 같이 당사자주의의 정당성은 진실 발견에 있어 최선책이라는 것에 있다. 당사자주의에 의하면 판단자는 결론에 이르기까지 모든 정보를 접하게 된다. 당사자에게 맡겨 두면 최선을 다하여 정보를 제출하게 된다. 이에 대하여 당사자주의가 진실을 방해한다는 비판이 있다. 이러한 견해에 따르면 사람들은 배경, 이익, 관점에 따라 진실을 달리 본다는 것이다. 그러나 당사자주의가 진실에 좀 더 다가가게 한다는 것은 분명해 보인다.[49]

그러나 수사에 있어서는 여전히 규문주의 성격이 있음이 지적되고 있다. 즉 미국의 형사 사법에서 광범위하고 통제받지 않은 기소 재량은 매우 높은 유죄 협상의 비율로 나타나고 있다고 비판되고 있다. 따라서 미국의 이러한 기소 재량에 있어 규문주의 성격은 프랑스, 이탈리아, 독일과 같다. 수사에 있어서 규문주의 성격과 대책에 대하여는 이렇다 할 논의의 진전이 없었음이 지적되고 있다.[50]

3. 인간의 존엄성

독일의 법철학자 베르너 마이호퍼(Werner Maihofer)는 그의 책

48_ *Ibid,*, at 76ff.
49_ Ellen E. Sward, *op. cit.*, at 316.
50_ Monroe H. Freeman, *op. cit.*, at 84.

『법치국가와 인간의 존엄』에서 법치국가는 인간이 인간다운 삶을 향한, '정의의 길'로 발전하기 위한 조건이라고 보았다. 마이호퍼는 역사적으로 볼 때 인간 정신에 있어서 독자성과 윤리적 독자 결정을 위해 떨쳐 일어난 것은 계몽주의에 터잡은 프랑스 혁명이었다고 본다.[51] 이러한 인간의 존엄을 존중하라는 요구가 침해될 때에 법치국가는 소극적 기능에서 나아가 보호 기능을 행사한다고 본다.[52] 당사자주의는 형사소송에서 양 당사자의 독자성과 스스로의 결정권을 존중하므로 인간의 존엄성에 다가가고 있다. 따라서 형사소송에서 당사자의 자기 결정과 정신적 독자성이 침해되어서는 안 된다.

당사자주의의 정당화 근거는 개인 존엄의 보존에 있다. 이러한 논지에 따르면 당사자주의는 개인의 자율성을 존중한다. 즉 소송 당사자에게 자신의 입장을 최대한 대변하게 하는 것이 인간의 존엄성을 보존하고 유지케 하는 것이라고 본다. 재판 전에 진실을 확보하는 것을 허락하는 것은 조사자로 하여금 진실을 조사하기 위해 고문, 기타 다른 방법을 강구하도록 만들게 된다. 엄격한 증거 법칙과 당사자에 의한 소송의 주도, 변론의 보장 등이 당사자주의 요소라고 강조한다. 당사자주의는 고도화된 개인주의 체계이지만 규문주의는 공동체적 체계라고 지적된다.[53] 전체주의 사회에서 판사, 검사, 변호인의 구분은 모호하고, 피고인의 변호인 역시 객관적 진실 발견에 협력해야 한다. 그러나 당사자주의는 인간이 궁극적 가치를 가진 존재이며, 비록 기소되어 재판을 받더라도 다수에 의해 피고인의 본질적 권리가 침해받아서는 안 되고, 피고인이 소송에 있어 목적을 위한 객체가 아니라 법적 분쟁에 있어서 동등한 참여자로 남아야 한다는 가치를 지향한다.[54]

51_ Werner Maihofer, *Rechtsstaat und Menschenwürde*, Vittorio Klostermann, 1968 / 심재우 역, 법치국가와 인간의 존엄, 삼영사, 1996, 97면.
52_ Werner Maihofer, 위의 책, 98면.
53_ Ellen E. Sward, *op. cit.*, at 317.
54_ Monroe H. Freedman, *op. cit.*, at 59-60.

당사자주의는 기소된 피고인 중 압도적 다수가 유죄 판결을 선고 받더라도 무고한 자가 자신에 대하여 충분하게 변론할 수 있도록 한다. 이러한 점은 피고인의 인간으로서 존엄성을 존중하는 것이고, 무고한 자가 유죄 판결을 받지 않도록 하는 것이고, 사회 자신의 염결성(integrity)을 보존케 하도록 한다.[55]

4. 기본권의 보장

당사자주의란 공평하고 비교적 수동적 판사와 배심원 앞에서 당사자가 사실과 법률에 대한 대립되는 견해를 제출하여 분쟁을 해결하는 체제를 말한다. 미국에서 당사자주의란 미국의 소송 제도와 동일한 의미로 사용되고 있다. 미국에서 당사자주의는 최근 2세기 동안 미국 연방대법원에 의해 다듬어져 왔고, 헌법이 체화된 체계로 자리 잡았다. 따라서 당사자주의는 분쟁 해결이라는 단순한 모델 이상의 의미를 갖고 있다. 나아가 당사자주의는 자유 사회에 있어서 기본권의 핵심을 내포하고 있다. 즉 개인의 자율, 변호인의 조력을 받을 권리, 법 앞에서의 평등, 대면권, 합리적 의심 없는 유죄 판결의 금지, 묵비권 등의 권리를 포함하고 있다. 또한 아무도 적법절차에 의하지 않고는 생명, 자유, 재산을 박탈당하지 않는다는 기본권을 포함하며, 이러한 적법절차는 당사자주의와 같은 말로 사용된다. 헌법상의 적법절차를 포함한 권리의 결합체(cluster of rights)인 당사자주의는 개인이 국가에 의하여 기소되어 홀로 재판을 받을 때 이와 같은 의미가 극명하게 드러난다. 따라서 민사소송뿐만 아니라 형사소송에서도 판사는 공평해야 한다.[56] 판사로서는 충돌하는 당사자 사이에서 초연하게 떨어져 있는 것

55_ *Ibid.*, at 61-62.

56_ Monroe H. Freedman, "Professionalism in The American Adversary System", *Emory Law Journal*, Vol. 41 (Spring, 1992), p.467.

이 최선의 방법이다. 나아가 증거를 적절하게 제출하기 위해서는 변호인의 적극적 역할이 중요하고, 변호인이 의뢰인의 사건을 조사하고 분석하여 변론해야 한다. 이에 미국 연방대법원은 아래와 같이 판시하였다:[57]

"역사적으로나 방법론적으로 볼 때 의뢰인의 이익을 옹호하고 정의를 촉진하는 변호인의 역할이 우리 법학 체계의 골격을 이루고 있다"

당사자주의의 핵심 기능은 개인의 권리가 존중되는 자유 사회를 유지하는 것이다. 당사자주의는 언론의 자유, 집회의 자유와 함께 헌법의 기둥(pillar)을 이루고 있다. 미국의 헌법적 당사자주의 체제에서는 개인의 권리가 핵심이고, 변호인은 이러한 역할과 전통에 있어 중심점에 서 있다. 따라서 변호인의 조력을 받을 권리(the right to counsel)은 가장 중요한 권리로서 개인의 능력을 보충해 주고 개인의 권리를 획득하게 해 준다.[58] 당사자주의는 무고(無辜)한 자로 하여금 자신을 변호하는 것을 허용한다. 당사자주의가 없으면 상당수 무고한 피고인이 유죄 판결을 받게 될 수 있다. 피고인의 변호인이 국가로부터 독립되고, 국가가 무고한 자를 기소하는 것을 혐오하게 만든다. 사회의 목적은 기소된 피고인의 기본권을 존중할 뿐만 아니라 무고한 자가 유죄 판결을 받는 부당함을 막는 데 있다. 이를 통해 당사자주의는 사회의 염결성(integrity of society)을 보존케 한다.[59]

미국의 철학자인 로널드 드워킨(Ronald Dworkin)은 사회 구성원을 평등하게 대우하기 위해서는 사회 구성원을 평등하게 존중해야 한

57_ Hickman v. Taylor, 329 U.S. 495, 511 (1947), in: *Ibid.*, at 468.

58_ *Ibid.*, at 469.

59_ Monroe H. Freedman, "Our Constitutionalized Adversary System", *Chapman Law Review*, Vol. 41 (Spring, 1992), p.61.

다고 말한다. 이는 곧 사회 구성원의 견해를 존중한다는 것을 말하는 것으로, 특히 자신의 삶에 대한 판단을 존중하라는 것이다. 드워킨은 평등하게 존중하라는 것이란 "자신의 삶을 어떻게 살 것인가에 대한 지적 견해를 갖추고 이에 따라 행위할 수 있는 사람으로서 존중하라는"것으로 이해한다.[60] 당사자주의는 드워킨이 이해한 바와 같이 사회 구성원의 견해를 존중함으로써 개인의 권리가 존중되는 자유 사회를 지지한다.

5. 시민 교육

(1) 콜버그의 이론

인간 행동에 대한 여러 이론 중 인지 이론 진영에 속하는 콜버그(Lawrence Kohlberg)에 의하면 인간의 도덕은 단계별로 발달된다고 본다. 즉 규칙이 내면화되지 않은 단계에서 규칙을 내면화하는 도덕 단계로 발달되며, 복종과 처벌을 지향하는 단계에서, 사회 질서와 권위를 유지하는 단계로, 다시 민주적으로 용인되는 법을 받아들이는 단계 등으로 발달한다고 본다.[61]

물론 콜버그의 이론이 개인의 가치와 권리를 높이 평가하는 서구 사회의 문화적 편향성을 보인다는 제한성이 있다. 그러나 인간의 도덕의 발달 단계를 고려할 때 형사소송의 절차 참여자가 형사소송이 공평하고 정의롭다고 받아들이는 것이 매우 중요하다는 점을 시사한다.

60_ Ronald Dworkin, *Taking Rights Seriously*, Harvard University Press, 1977, 272면(김비환 외 5, 자유주의의 가치들: 드워킨과의 대화, 아카넷, 2011, 269-270면에서 재인용).
61_ 최옥채 외 3, 인간 행동과 사회 환경(제4판), 양서원, 2012, 80-81면.

(2) 스키너의 이론

행동주의 진영의 대표적 학자인 스키너(Burrhus Frederic Skinner)에 의하면 인간 행동은 대부분 한꺼번에 습득되는 것이 아니라 조금씩 점진적으로 학습된다. 바람직한 행동을 학습할 수 있도록 하기 위해서는 기대에 부응하는 행동을 강화(reinforcement)함으로써 행동을 점진적으로 만들어 가야 하며, 이를 행동 조성(shaping)이라고 부른다. 즉 인간의 행동은 환경 자극에 의해 동기화되고, 그것에 따르는 강화에 의해 행동의 빈도와 강도가 결정된다고 주장한다.[62]

스키너의 이론은 인간 행동에 있어 인지의 창조적 면을 고려하지 않았다. 그러나 스키너의 이론은 형사소송의 참여자가 자신의 운명을 좌우하는 형사소송에 참여하고, 형사소송이라는 환경적 자극에 노출될 때 절차가 공평하고 공개적이라고 받아들여야 하는데, 그렇지 않다고 판단하여 이를 내면화한다면 피고인뿐만 아니라 절차 참여자 내지 이러한 재판을 둘러싼 사회 공동체 구성원에게 매우 큰 영향, 즉 잘못된 학습으로 나아가게 만들 수 있다는 것을 시사한다.

(3) 형사소송의 교육 기능

형사소송은 교육 기능을 수행한다. 형사소송이 시민을 교육하는 강력하고도 설득력 있는 역할을 담당하고 있다고 보는 미국인들이 늘고 있다. '교육 과정 이론'(curriculum theory)은 배심, 구금, 경찰 활동(policing)의 세 단계를 통하여 공정성과 민주주의라는 개념에 기반한 시민 교육 과정에 대하여 고찰한다.[63] 형사소송을 접하는 시민들이 부정적 교훈을 배우지 않도록 해야 한다. 교육 과정 이론에 의할 때 교육 과정의 공개의 정도나 빈도, 개인과 공동체의 적응에 의해 시민들은

62_ 최옥채 외 3, 위의 책, 106면.

63_ Benjamin Justice et al., "How the Criminal Justice System Educates Citizens", *ANNALS. AAPSS*, Vol. 651 (Jan., 2014), p.159.

학습된다고 본다. 재판이 부정의하다고 인지되면 급진화, 저항, 연대성, 분노, 불안, 절망을 표출하게 된다. 그럼에도 교육 관점에서 형사소송을 바라볼 때 형사 정책가들은 이러한 교육 기능을 간과하고 있음이 지적되고 있다. 형사소송에서 부정적 메시지를 체험하게 되면, 형사 재판 과정 중에 비록 노출되지 않지만 이러한 비공식 절차에서의 생생한 체험은 시민의 삶을 지배하고 지속하게 만든다. 따라서 형사정책가는 시민이 무엇이 가장 가치 있는 것인지 배우도록 힘써야 한다. 공정성이 그 한 예가 될 것이고, 형사소송에서 배심원의 역할을 활성화하는 것이 또 다른 예가 될 것이다. 형사소송이 교육 기관으로서 시민 능력을 증대시키도록 하기 위한 지속적 과정을 통해서야만이 성공적 제도로 자리 잡을 것이다. 나아가 형벌이 적절하고, 예측 가능성이 있다는 점도 교육되어야 한다.[64]

　　이러한 지적은 형사소송의 과정이 공개되고, 배심 제도의 확대와 형사소송의 각 단계에서 공정성이 구현된다고 믿는 '신뢰'가 형사정책에 있어 주안점이 되어야 함을 시사하고 있다.

6. 배심 제도

　　당사자주의의 헌법적 요소로 배심 제도가 있다. 형사소송에서 배심 재판을 받을 권리는 미국 수정헌법 제6조에 의해 보장된다.

　　"배심 제도는 형사 사건에서 정부에 의한 억압을 예방하는 장치이다"[65]

　　판사는 국가에 의해 임명되고, 판사의 생계는 국가가 좌우한다. 국가가 판결에 대하여 불쾌감을 표시할 경우 이는 허구가 아닌 실제가

64_ *Ibid.*, at 174.
65_ Dunca v. Louisiana, 391 U.S. 145, 155 (1968).

되고, 그 결과 피고인에 대한 불리한 선고로 나타날 수 있다. 당사자주의는 배심 제도를 핵심 요소로 삼고 있다. 배심 제도는 정부의 압력으로부터 피고인을 보호한다. 왜냐하면 판사 역시 국가에 고용되어 있는 자이므로, 국가에 우호적이지 않은 판결을 할 염려가 있기 때문이다.[66] 형사 절차를 일람할 때 국가, 피고인, 피해자, 증인을 포함한 경쟁적이고 다양한 이해가 있음을 보게 된다. 따라서 형사소송은 이러한 경쟁적 이해를 조정할 수 있는 새롭고 혁신적 전환을 하여야 한다. 이러한 맥락에서 형사소송은 피고인에 대한 증거를 규율하는 부동의 증거 규칙에 얽매여져 있는 정적 재판 이상의 의미를 갖는다. 변화하는 사회의 이익을 반영하는 역동적 제도로서의 재판이 부상하기 시작하였고, 최근 개인의 이익에 반하는 국가 권력의 자의적 행사에 대한 우려로 인하여 이러한 사실을 매우 중요하게 부각시켜 주고 있다.[67]

법률가, 입법자, 학자는 사회 권력의 제도로서 역동적 기능과 불일치하는 재판의 형식과 기능에 대하여 규범적 관점에서 공감하고 논의하여야 한다. 형사소송은 실체적, 절차적 정의를 지향하는 중요한 사회 제도이다. 그럼에도 특정한 역사적, 제도적 산물인 형사소송의 규범은 이러한 새로운 사조에 대하여 문을 닫게 하고, 변화하는 사회 요구를 조율하는 수단으로서 형사소송의 역동적 기능을 부인하고 있다.[68]

따라서 배심 제도는 비단 당사자주의의 요소일 뿐만 아니라 형사소송에서 이러한 경쟁적이고, 다양한 이해 관계를 조율할 수 있는 제도로 자리 잡아야 한다.

66_ *Ibid.*

67_ Tyrone Kirchengast, "Beyond normative constraints: Declining institutionalism and the emergence of substantive and procedural justice", *International Journal of Law, Crime and justice*, Vol. 41 (2013), p.301.

68_ *Ibid.*, at 302ff.

IV. 당사자주의 위험 요소

1. 대중이 당사자주의를 신봉하는 이유

미국의 법률가나 일반 시민은 당사자주의가 형사소송에서 정의를 실현하는 최선책이라고 믿고 있다. 대중 문화는 이러한 당사자주의에 대한 믿음과 당사자주의의 합법성을 강화시켜 준다. 실증 연구에 따르면, 대중 매체를 통한 편향된 정보는 사건이 당사자주의 형태가 아닌 규문주의 형태로 제출될 때 유죄율에 큰 영향을 미친다고 나타났다. 당사자주의가 규문주의의 체계보다 참여자나 관객을 훨씬 만족시킨다. 대중 매체를 통한 메시지는 시민들의 당사자주의에 대한 의견이나 신념을 왜곡시킨다. 대중 매체는 일반인에게 대량으로 소비되고 있으며, 일반인은 진실이 조사되고 발견되기를 원한다. 미국이 당사자주의에 천착하는 것에는 타당한 근거가 있지만 당사자주의가 지배하는 것은 이러한 대중 매체를 통하여 획득되는 부분이 있다고 지적된다.[69] 마이클 애시모우(Michael Asimow)는 이렇게 대중이 당사자주의를 지지하는 이유를 다음의 다섯 가지로 나누어 살펴보고 있다:[70]

- **전통과 대안에 대한 지식의 부족**
  미국에서 당사자주의가 오랜 전통으로 자리 잡아 왔고, 대중은 다른 대안을 알지 못한다.

- **개인의 자율(personal autonomy)**
  당사자주의는 당사자로 하여금 당해 사건에서 스스로 소송 전

69_ Michael Asimow, "Popular Culture and the Adversary System", *Loyola of Los Angeles Law Review*, Vol. 40 (Winter, 2007), p.653.

70_ *Ibid.*, at, 657-663.

략을 짜게 한다. 즉 개인이 자신의 삶에 영향을 미치는 것에 대하여는 자신이 결정하여야 한다는 사고가 대중의 삶에 깊이 자리잡고 있다.

- **사회 과학의 지지**

논쟁 해결 절차를 조종하는 것을 극대화하도록 하는 방안이 사회 과학 문헌과 실증 연구에 의해 지지되고 있다. 당사자주의, 규문주의의 소송 형태를 체험하게 한 연구에 따르면 참여자는 당사자주의가 절대적으로 공정하다고 생각하였다.

- **공무원에 대한 불신**

공무원과 공권력에 대한 불신이 보편적이고, 이것이 미국의 역사와 궤를 같이하고 있다. 미국 혁명 과정에서 영국 법률을 불신하게 되었고, 그 과정에서 중앙화된 연방 권력에 대하여 강력한 저항심을 갖게 하였다.

- **판사에 대한 보편적 불신**

일반 대중뿐만 아니라 대부분의 법률가도 판사의 공정성과 능력을 회의적 시각으로 바라본다.

이와 같은 여러 요인들에 의해 일반 시민들은 당사자주의를 지지한다. 그런데 이와 같이 시민들이 신봉하는 당사자주의는 위에서 보듯 대중 매체에 의해 지지되는 측면이 있을 뿐만 아니라 진실 발견, 제도상의 취약성 등에 의해 위험요소가 있다고 지적되고 있다. 이하에서는 이러한 당사자주의 위험 요소에 대한 논의에 대하여 살펴보기로 한다.

2. 진실 발견에 있어서의 위험성

(1) 진실 발견에 대한 장애물

당사자주의는 경쟁 당사자를 통하여 진실 발견을 하므로 최선의 방법으로 주장되어 왔다. 양 당사자가 경쟁하면 거짓은 드러날 것이고 진실 역시 드러난다고 믿는다. 그러나 이러한 가정은 대략적으로는 맞는 말이지만 세부적으로는 그렇지 않다. 실제에 있어 당사자는 대등하지 않다. 국가는 모든 범죄에 대한 증거를 장악하고 있으며, 입증을 위한 모든 자원에 접근할 수 있다. 이에 반하여 피고인에게는 독립된 수사권이나 정보에 대한 접근권이 없거나 제한되고 있다. 나아가 재판에 있어서 양 당사자는 재판 전에 자신에게 불리한 증거를 제출하는 것을 꺼린다. 피고인은 재판 전에 자신의 알리바이를 노출시키지 않는다. 그러나 증거개시(disclose) 의무에 따라 재판 전에 증거를 모두 제출하여야 하나 형사 사건에서는 예외가 있다. 나아가 많은 법과학 증거(forensic evidence) 역시 연구소 등에서 제출되므로 경찰이나 검사의 이해를 반영할 수 있다는 위험이 있다.[71] 실제로 미국에서 중죄로 유죄 선고를 받은 피고인 중 270명이 디엔에이(DNA) 검사에 의해 무죄 방면되었다. 이것은 빙산의 일각일 뿐이고, 오판은 이보다 훨씬 많다고 지적된다.[72]

(2) 소송 관여자의 능력 차이, 다름에 대한 우려

법률가, 판사가 능력이나 열정, 윤리, 편견의 제어 등에 있어 동일하다고 보지 않는다. 그러나 현실에 있어 이러한 능력의 차이는 늘 있

71_ Keith A. Findley, "Exonerating the Innocent: Pretrial Innocence: Adversarial Inquisitions: Rethinking the Search for the Truth", *New York Law School Review*, Vol. 56(2011/2012), pp.914-915.

72_ *Ibid.*, at 918.

게 마련이다. 다만 규문주의와 당사자주의라는 양 체계의 차이점으로 인해 결과가 달라진다는 것은 분명해 보인다. 당사자주의는 증거를 교통 정리하는 수동적 심판자와 주도적 양 당사자로 표현된다. 규문주의에서 판사는 사실과 증거 조사에 있어 주도적 역할을 한다. 그러나 당사자주의, 규문주의 모두 재판에 참여하고, 당사자의 공격성, 이해 관계, 지식, 능력, 주도성, 편견 등에 의해 결정되는 측면이 있다. 당사자주의에서 변호인은 의뢰인을 위해 정열적이고 충실하게 책무를 수행하고, 의뢰인을 위해 유리한 증거를 끌어내고 불리한 증거를 무해화하는 데 힘쓴다. 그러나 규문주의 판사는 그렇지 않다. 규문주의 판사는 자신이 속한 사회에 충실하고, 한정된 국가 예산으로 인해 제한된 시간 내에서 사건을 처리하려고 애쓴다.[73]

규문주의를 옹호하는 측에서는 당사자주의에서 위증할 가능성이 많다고 지적한다. 규문주의에서는 위증이 일어나기 어려운데, 그 이유는 판사가 신문을 주도하기 때문이라는 것이다. 즉 판사가 신문을 주도하고 변호인의 질문은 제한적이라는 것이다. 그러나 이러한 주장을 따르는 사람은 아무도 없다. 당사자주의에서도 변호인이 위증의 공범으로 가담할 수 없으며, 판사가 신문에 참여한다고 하여 위증이 없어지는 것이 아니기 때문이다.[74]

(3) 후기 현대 사회와 당사자주의의 위험

영미의 법률 체계는 사실에 대한 대립 당사자의 논쟁에 터잡고 있다. 철학적 담론이든 중세의 학문적 논쟁이든 반대 당사자의 사실에 대한 제출을 경쟁시키는 것이 사실을 드러나게 하는 것이라고 보았다. 철학자들이 진리 발견을 추구한 반면 법률가는 의뢰인의 이익과 승소

73_ Gerald Walpin, "America's adversarial and jury system: More likely to do justice", *Law and Public Policy*, Vol. 26 (2003), p.2.

74_ *Ibid.*, at 3.

를 추구한다. 따라서 당사자주의 모델은 실체적 진실 발견에 있어서 결함이 있다고 본다. 또한 진실이란 알 수 있고 불변이라고 주장하지만 포스트 모더니즘에 의하면 이 점 역시 회의적이라고 본다. 즉 비판적 법학 연구에 의하면 법률은 불확정성을 드러내며, 포스트 모더니즘에 의하면 사람들은 자신의 이익에 따라 세상을 보게 된다는 것이다.[75] 예술과 문학 작품에서는 재판 절차에서 증거 규칙이 따르는 것이 매우 위험하다고 지적하고 있다. 예컨대 증거배제법칙은 사실을 왜곡하며 왜곡된 사실을 드러내게 한다는 것이다. 사실 발견이란 도식(shema)과 여과, 일상적 대화에 의해 현출된다. 반대 당사자의 이야기에 의한 현출과 그에 따른 결론은 색안경을 갖고 그러한 얘기를 듣게 한다. 즉 증거에 대한 서로 다른 이야기가 각각의 증거를 달리 해석하게 한다는 것이다. 포스트 모더니즘은 판사의 객관성과 중립성에도 회의적이다. 즉 중립적이고 수동적이라고 보는 판사의 역할에 대하여 비판을 가한다. 나아가 비판 법학자는 언어로 표현된 법률은 불확정성과 특정 이익에 따른 조작 가능성이 있다고 지적한다. 따라서 중립적이고 수동적 심판자라는 것도 일방 당사자의 주장과 해석에 따라 선입견으로 이어질 수 있다는 것이다.[76]

(4) 진실 발견에 있어서의 효율성

당사자주의가 정의, 정확성, 법적 분쟁의 해결에 있어서 우수하다고 주장하는 학자들도 있고, 이와 반대로 당사자주의가 정의를 희생한 게임으로 흘러가고 있다고 비판하는 학자도 있다. 최근 사회 과학에서의 실증 연구는 소송이 효율성이 있는지 조사하고 있다. 초기의 연구

75_ Carrie Menkel Meadow, "The Trouble with The Adversary System in a Post-Modern, Multi-Cultural World", *J. Inst. Leg. Eth*, Vol. 1 (1996), pp. 54-55.

76_ *Ibid.*, at 57-58.

는 당사자주의가 증거 현출에 있어 효율성이 있다고 밝힌다.[77]

당사자주의가 규문주의보다 사실 판단자의 선입견이나 편견을 극복하는 데 우수한지에 대한 실증 연구에 의하면 당사자주의가 규문주의보다 우수하다고 결론짓고 있다. 즉 양 당사자의 증거 제출이 규문주의에서 보다 편견을 극복하는 데 우수하다고 조사되었다. 규문주의 체제인 프랑스인을 상대로 한 실험 결과는 당사자주의가 피고인이 유죄임에 대한 편견을 극복하는 데 효율적임이 조사되고 있다. 이와 반대로 규문주의식 재판에 참여한 당사자는 당사자주의에 비해 피고인이 유죄라고 보는 편견이 많았다.[78]

이러한 실증 연구가 비록 실제 재판에 참여한 당사자를 상대로 한 것이 아니긴 하지만, 실제 재판에서 동일한 사건을 당사자주의, 규문주의로 나누어 진행할 수 없다는 사정을 감안한다면 이러한 연구 방법의 타당성은 수긍된다.

3. 제도적 취약점

(1) 유죄 답변

당사자주의라는 제도는 형벌을 규율하는 심각한 영역에서 공익과 사익을 조절하는 법적 질서를 규율하기 위해 생겨난 것이다. 당사자주의에서 대다수의 형사 사건은 재판으로 나아가지 않는다. 즉 대다수의 형사 사건은 유죄 답변으로 종결된다. 미국 연방 사건의 대다수가 유죄 답변으로 종결되고 약 10%만 재판으로 회부된다. 주(州)에서도 약 10%만이 재판으로 회부되고 있다. 나아가 형사 재판에 관여하는 피고

77_ Allan Lind et al., "A Cross-Cultural Comparison of the Effect of Adversary and Inquisitorial Processes on Bias in Legal Decision Making", *Virginia Law Review*, Vol. 62, No. 2 (Mar., 1976), pp.271-292.

78_ *Ibid.*, at 272-292.

인 대다수가 형사 사건 수에 비하여 법정 시설이 미비함으로 인하여 유죄 답변을 받아들이고 있다.[79]

(2) 검사 제도

검사는 법률과 실무상에서 폭넓은 기소 재량을 갖는다. 그러나 공익과 관련된 사건에 있어서 검사는 협상하려 하지 않는다. 나아가 이 분야에 대한 연구에 의하면 공소 제기에 있어 유연한 작용, 즉 유죄 협상을 촉진하는 비공식적이고 강력한 통제 수단이 있음이 드러나고 있다.[80]

실증 연구에 의하면 검사는 패소하는 것에 비해서 승소하는 것에는 관심을 가지지 않는다. 미국에서는 재선을 앞둔 검사는 존경할 만한 기록을 유지하기를 원하고, 신뢰성과 진실성, 용기라는 명성을 유지하려고 한다. 당사자주의에 있어 검사의 역할은 탄핵적이다. 검사는 기소를 하고 공소에 대하여 판사와 배심원이 판단한다. 기소하기 전에 검사는 기소할지 여부를 판단한다. 기소하게 되면 검사 자신이 수사를 진행한다. 피고인의 변호인이 선임되면 변호인은 사건에 대해 검사와 논의한다. 당사자주의에서는 공소장으로 기소하고 피고인이 방어하는 식으로 진행되는 것이 아니라 검사와 피고인의 변호인이 공소에 대하여 논의하고 그 과정에서 검사가 공소장을 옹호하는 변호인과 같은 역할을 한다. 검사가 기소하기로 결단하면 판사에 의해 번복되는 것에 대하여는 신경쓰지 않는다는 것이다.[81]

79_ Jerome H. Skolnick, "Social Control in the Adversary System", *Law and Conflict Resolution*, Vol. 11, No. 1 (Mar., 1967), pp.52-54.

80_ *Ibid.*, at 54-55. 당사자주의에 의한 재판이 신속하지 않고, 증거의 제출 절차 등이 복잡하다는 비판이 있다. 이에 대하여 미국 연방대법원은 효율성보다 적법절차의 보장이 더 중요한 가치라고 판시하고 있다: Stanley v. Illinois, 405 U.S. 645 (1972).

81_ *Ibid.*, at 57-58.

(3) 변호인 제도

미국에서 국선 변호인과 검사는 2인조 레슬링을 하는 사이이지만 좋은 관계를 유지하려고 한다. 국선 변호인과 검사 사이의 이러한 역학 관계는 당사자주의를 위해서 좋은 것이 아님이 드러나고 있다. 사회학자 역시 국선 변호인이 소송의 과정에서 심각한 문제점을 제기하지 않으려 한다고 지적한다. 절차와 법률이 위헌성이 있는지에 대한 검토에 있어, 국선 변호인은 이러한 문제 제기는 순진한 것이고, 통상 형사 항소심에서 이러한 주장이 받아들여지는 경우는 적다고 생각하므로 이러한 주장을 함에 있어 적극적이지 않다. 따라서 공공의 관점에 비추어 볼 때 국선 변호인의 역할은 소극적임이 지적되고 있다.[82]

국선 변호인이 지정되는 피고인은 대부분 보석금을 납부할 형편이 되지 않으므로 판결 선고시까지 몇 달간 구금된다. 이에 따라 유죄 협상에서 형기를 줄이는 것에 중점을 두게 된다. 이러한 경제 능력의 결핍은 방어에도 영향을 미친다.[83]

게임 이론(game theory)에 의할 때 당사자주의는 복합 동기 게임이다. 즉 게임에 참여라는 당사자의 이익은 충돌되거나 부분적으로 일치된다. 피고인의 변호인은 피고인을 대변하는 것이 아니라 전략적 관점에서 사건을 바라본다. 변호인은 다양한 법률 기술에 따라 고객의 전략을 보충해 준다. 국선 변호인이 지정되는 피고인은 보석금을 납부할 형편이 안 되고, 국선 변호인은 사선 변호인에 비하여 법률 지식이 부족하다는 점도 지적되고 있다.[84]

미국에서 「기드온 및 형사 소송법」(Gidenon and Criminal Justice

82_ *Ibid.*, at 60-61.
83_ *Ibid.*, at 64. 변호사를 선임하지 못하는 피고인에게 불평등한 결과를 초래할 수 있다는 지적이 있다. 이에 대하여 국선 변호인 제도와 법률 보험 제도 등으로 이를 보완하고 있으며 오히려 배심원은 서민을 동정하는 경향이 있다는 반박이 있다: 장영진·하혜경, 미국법 강의, 세창출판사, 2008, 125면.
84_ *Ibid.*, at 65-66.

Act of 1964)이 제정되어 연방소송에서 변호인의 조력을 받을 권리를 향상시켰지만 여러 면에서 당사자주의가 퇴색하고 있고, 실질적으로 조력을 받지 못하고 있음이 지적되고 있다. 양형이 엄격하고, 판사나 배심에 의한 절차가 아닌 검사 주도의 절차가 이루어지고, 미결구금률이 높고, 정부의 공소에 대하여 피고인이 사실상·법률상 다투는 것이 어렵게 되고 있다.[85]

(4) 배심 제도
의학, 과학 등 전문가 증거를 다룸에 있어 배심원이 부적합하고, 책임감이 없다는 사실이 지적되어 왔다. 그러나 여러 방법론으로 검토할 때 우려와는 다른 결과가 나왔다. 배심원은 판사로부터 전문가의 신빙성에 대한 상세한 설명을 듣는다. 증거 규칙이 있어 전문가 증거의 허용성을 제한하고 있고, 반대신문과 반대되는 증거를 통하여 증거를 평가하고, 양 당사자의 논쟁을 통하여 잘 평가할 수 있다는 것이다.[86]

(5) 당사자 처분권의 남용
변호인에 의한 증인에 대한 무차별 공격이 증인으로 하여금 사실대로 증언하지 못하도록 할 우려가 있다고 비판한다. 그러나 반대신문의 문제점은 주신문의 범위, 반대신문의 역할을 무시한 것이고, 반대신문권의 남용이 배심원에게 호감을 주지 못한다는 반박이 있다. 무엇보다 사법 절차의 합법성을 촉진시키고, 당사자에게 처분권을 주는 것은 인간의 존엄과 가치를 확인시킨다. 검사가 준사법 기관이 되면 당

85_ David E. Patton, "Federal Public Defense in an Age of Inquisition", *The Yale Law Journal*, Vol. 122 (2013), p.2578.

86_ Neil Vidmar, "Expert Evidence, The Adversary System, and The Jury", *American Journal of Public Health*, Vol. 95, No. S1 (2005), p.142.

사자주의가 위협받게 된다는 것이다.[87]

V. 당사자주의 강화책

1. 당사자주의의 보편적 가치와 반규문주의

(1) 당사자주의의 보편적 가치

공정한 재판의 이념과 당사자주의의 가치는 국제 공동체가 수락하고 있는 국제법의 일반 원칙이라고 할 수 있다. 「세계 인권 선언」[88]을 비롯하여 주요한 국제 인권 조약인 「시민적·정치적 권리에 관한 국제 규약」, 「유럽 인권 협약」, 「미주 인권 협약」에서도 이를 규정하고 있으며,[89] 국제법 판례,[90] 유럽 인권 법원도 이를 적용하고 있다. 이와 같이 공정한 재판 이념과 당사자주의의 가치는 국제 재판 절차에 관한 근본 가치로서의 지위를 얻고 있다고 볼 수 있다.[91] 공정한 재판의 이념과 당사자주의의 가치는 「로마 규정」뿐만 아니라 2차 세계대전 직후 2개의 「국제 군사재판소 헌장」, 「구 유고 전범 재판소(ICTY)

87_ 장영진·하혜경, 위의 책, 122-123면.

88_ 「세계 인권 선언」 제10조는 "모든 사람은 자신의 권리와 의무, 그리고 자신에 대한 형사상의 혐의를 결정함에 있어서, 독립적이고 편견 없는 법정에서 공정하고도 공개 신문을 전적으로 평등하게 받을 권리를 가진다"라고 규정하고 있다.

89_ 「시민적·정치적 권리에 관한 국제 규약」 제14조 1항, 「유럽 인권 협약」 제6조, 「미주 인권 협약」 제8조.

90_ 구 유고 전범 재판소(ICTY)의 첫 사건인 타디치(Tadić) 사건에서 "공정한 재판을 받을 권리는 법치주의 핵심이며, 적법절차(due process of law)를 지지한다"라고 판시하였다: Prosecutor v. Tadić, Case No. IT-94-1-A, Judgement, 15 July 1999, para 43.

91_ 박병도, "국제 형사 절차에 있어서 적법절차", 「국제법학회 논총」 제55권 제1호 통권 제116호(2010.3), 142면.

규정」, 「르완다 전범 재판소(ICTR) 규정」에도 명문으로 규정하고 있다.[92] 이는 오늘날 국제 관습법에 속하는 것이라고 볼 수 있으며, 당사국 사이에 조약에 의해서도 이탈할 수 없는 절대 규범이라고 볼 수 있으며, 강행 규범의 지위를 얻게 되었다고 할 수 있다.[93]

(2) 반규문주의

『자유론』을 쓴 영국의 철학자 존 스튜어트 밀(John Stuart Mill, 1806-1873)은 국가는 물론이고 인민도 개인에게 의견을 강제할 수 없다고 주장한다. 밀은 권위가 억압하려는 것이 진리일 수도 있다고 본다. 밀은 권위자가 어떤 의견이 틀렸다고 확신한다고 하면서 다른 사람의 의견을 듣지 않으려 하는 것은 자신의 확신이 절대적으로 확실하다고 주장하는 독선이라고 본다.[94] 밀은 아울러 인간이 오류를 범하기 쉽다는 사실은 이론상으로는 중요시되면서도 실제에 있어서는 중요시되지 않는다고 지적한다.[95] 규문주의에서는 판사가 단독으로 증거를 조사하고 스스로 판단한다. 규문주의는 이러한 판사의 판단에 오류가 없다는 가설을 전제로 하나, 이러한 가설은 밀이 적절하게 지적하듯이 이론적으로나 실제에 있어 성립될 수 없는 가설이다.

규문주의 체계인지 여부는 생생한 증언(live testimony) 대신에 수사 기관이 작성한 일방적 진술(ex parte statement)로 갈음하거나, 배심 제도가 없거나, 사실과 법률 관계 조사에 있어 법원이 독립적인지 여

92_ 「뉘른베르크 국제 군사 재판소 헌장」 제16조, 「극동 국제 군사 재판소 규정」 제9조, 「구 유고 전범 재판소(ICTY) 규정」 제21조 2항, 「르완다 전범 재판소(ICTR) 규정」 제20조 2항, 「로마 규정」 제67조에서 공정한 재판을 받을 권리를 규정하고 있다.

93_ Antonio Cassese, *International Criminal Law*, Oxford Univ. Press, 2003, p. 395.

94_ John Stuart Mill, *On Liberty*, 1859 / 박홍규 역, 자유론, 문예출판사, 2009, 59-60면.

95_ John Stuart Mill, 위의 책, 61면.

부, 강제 조사에 중점을 두는지 여부 등의 척도에 의해 평가된다.[96] 이러한 구분 척도와 관련하여 다음의 세 가지 견해가 있다.[97]

첫째, 근원주의자(orginalist)는 형사소송에서의 권한이 헌법 규정에서 비롯된 것인지를 척도로 삼는다.

둘째, 전체론자(holistics)는 헌법 원래의 의미가 아니라 형사소송의 체계가 조직적 일체성(organic integrity)으로 보존되고 존중되는지를 척도로 삼는다.

셋째, 기능주의자(functionalist)는 당사자주의가 진실 발견과 개인의 권리 보호에 있어 규문주의보다 더 기능적이고 더 우수하다는 점을 척도로 삼는다.

그러나 이러한 기준은 나름의 가치가 있지만 취약점도 있으므로 이를 종합할 필요가 있다. 따라서 형사소송이 헌법의 이념에 부합하는지, 형사소송을 전체로 보았을 때 헌법이 지향하는 당사자주의 가치가 보존되고 유지되는지, 이를 통해 개인의 권리가 보호되고, 진실 발견에 다가갈 수 있는지 여부를 반규문주의의 척도로 삼아야 한다.

이하에서는 이러한 관점에 따라 규문주의에 반대하고 당사자주의로 나아가기 위한 방안에 대하여 검토한다.

2. 개혁의 사례

유럽 인권 협약이 당사자주의 가치를 내세우고 있으므로 유럽 공동체 가입국은 자국의 법률과 판례가 이러한 가치에 부합하기 위한 노

96_ David Alan Sklansky, "Anti-Inquisitorianism", *Harvard Law Review*, Vol. 122 (2009), p.1688.

97_ *Ibid.*, at 1669ff.

력을 기울이고 있고, 가입국 법원 역시 유럽 인권 협약에 부합되도록 자국의 법률을 해석하고 있다. 나아가 이탈리아, 스페인, 포르투갈 등 전통적 대륙법 국가도 완전한 당사자주의로 나아가기 위한 입법적 노력을 하고 있다.

1980년대부터 1990년대까지 약 20년간 라틴 아메리카의 규문주의 형사소송은 극적이고 혁명적으로 변화하였다. 즉 아르헨티나, 볼리비아, 칠레, 콜롬비아, 코스타리카, 도미니카 공화국, 에콰도르, 엘살바도르 등 남미의 나라에서 규문주의 색채를 들어내고 당사자주의를 도입하였다. 이러한 개혁은 이탈리아, 스페인 등 대륙법 국가에서의 형사소송 개혁에서 영향을 받은 것이다.[98] 라틴 아메리카의 개혁이 유사하지만 동일한 것은 아니다. 구두 변론의 강화, 미결구금의 단축, 피고인의 권리 확대, 판사의 재량과 권한의 축소 및 국선 변호인 제도의 강화 등의 개혁이 이루어졌다. 이와 같이 개혁된 당사자주의에서는 구두주의, 공개주의, 집중 심리주의가 피고인의 기본적 권리로 자리 잡고 있다. 재판을 지배하고, 피고인의 유·무죄를 암시하는 재판장의 소송지휘가 사라졌고, 판사는 오로지 증거에 의해 판단한다. 모든 전문증거는 서류 대신 구두에 의해 제출되고 있다. 검사 역시 재판에 능동적으로 참여하고 있고, 양 당사자가 증거를 제출하고 판사로 하여금 양 당사자의 주장대로 판결하도록 하기 위하여 노력하고 있다. 판사의 증거 제출에 대한 권한이 매우 제한적이다.[99]

98_ James L. Bischoff, "Reforming the Criminal Procedure System in Latin America", *Texas Hispanic Journal of Law & Policy*, Vol. 9 (Fall, 2003), pp.41-42.
99_ *Ibid.*, at 42-43.

3. 당사자주의 강화책에 대한 논의

당사자주의를 강화하기 위한 구체적 방안에 대해서는 다음 장에서 본격적으로 다루기로 한다. 이하에서는 당사자주의 강화책과 관련하여 지금까지 논의된 사항을 살펴본다.

(1) 사인소추

영국, 미국, 프랑스, 독일에서는 사인소추 제도를 채택하고 있다. 이러한 사인소추 제도는 소송에서의 사적 자치의 확대 내지 당사자주의 강화를 위해 도입할 필요가 있다. 특히 재산 범죄나 개인적 범죄의 경우 제도를 도입할 필요성이 크다. 이러한 범죄는 실제로는 피해자·가해자간 민사 분쟁이고, 가해자와 피해자간 합의에 의해 종결될 성격이 많으며, 고소의 남용으로 인한 업무 분담을 줄일 수 있다.[100] 이러한 사인소추가 도입될 경우에는 공인 탐정 제도도 도입될 필요가 있다. 국가의 수사력은 한정되어 있고, 수사의 초점도 사익보다 공익에 맞춰줘 있다. 현재 「신용정보의 보호 및 이용에 관한 법률」에 의해 신용정보업자가 경제 탐정과 같은 업무가 가능할 뿐인데 민·형사 사건의 조사, 실종자 조사, 범인에 대한 조사 및 추적 등에 있어서 공인 탐정 제도를 도입할 필요성이 있다고 주장되고 있다.[101]

(2) 피고인 신문의 폐지

당사자주의를 실현하기 위해 피고인 신문 제도를 폐지하여야 한다는 주장이 있다. 피고인 신문은 피고인의 당사자로서의 지위에 반한다. 피고인 신문 제도가 없는 미국에서는 피고인 증언 제도를 두고 있다.[102] 이에 따라 피고인 신문을 폐지하고 피고인의 신청이 있을 경우

100_ 김종구, 형사 사법 개혁론[개정판], 법문사, 2004, 641-643면.
101_ 김종구, 위의 책, 644면.

피고인 신문이 가능하도록 하는 방안과 피고인 신문을 폐지하고 피고인으로 하여금 필요한 경우 스스로 묵비권을 포기하고 스스로 증언을 하도록 하는 방안이 제시되고 있다.[103]

(3) 기소 인부 제도의 도입

영미에서 기소 인부 제도는 당사자주의의 한 요소로 자리 잡고 있다. 독일도 이와 유사한 협상(Absprache) 제도를 도입하여 시행중에 있다. 이와 관련하여 형사상 합의는 비공식적 실무 관행으로, 당사자, 즉 가해자와 피해자 사이의 자율적이고 평화적 해결 방식으로 평가된다는 견해가 있다.[104] 당사자주의는 영미에서 기소 인부 제도와 결부되어 있다. 우리나라에서는 위와 같은 공식적 기소 인부 제도는 없지만 '합의'를 통해 당사자간 분쟁을 종결하는 관행이 있어 왔으나, 당사자주의로 나아가기 위해서는 기소 인부 제도가 도입될 필요가 있다.

(4) 배심 제도의 강화

현재 국민참여 재판이 시행중에 있지만 배심원의 평결은 권고적 효력만 있고, 판사를 기속하는 효력이 없다. 영미에서 변호인은 판사가 소극적 역할만 하도록 되어 있어 피고인에게 주장과 증거 제출 책임이 있으므로 법률 문외한인 피고인을 조력하며 배심원을 설득하는 데 있어 중요성이 매우 크다.[105] 즉 당사자주의 하에서 변호인의 역할 역시 배심원을 설득하는 데 중점이 놓여 있다. 따라서 당사자주의로

102_ 안성수, "피고인 신문 제도와 미국의 피고인 증언 제도", 「법조」 Vol. 586 (2005.7), 118-132면.

103_ 안성수, 위의 글, 137-139면.

104_ 장다혜, "형사소송 절차상 관행으로서 형사 합의에 관한 실증적 연구", 「형사정책」 제24권 제3호 (2012.12), 139면.

105_ 표성수, "영미 형사 변호인의 지위와 역할에 대한 비판적 검토", 「법조」 Vol. 666 (2012.3), 156-157면.

나아가기 위해서는 배심 제도가 강화되어야 할 것이고, 강화된 배심 제도에 맞추어 형사소송 참여자들의 역할도 다시 조율될 필요가 있다.

아울러 범죄 피해자에게도 준당사자의 지위를 인정하자는 주장이 있다. 미국의 경우 2004년 「범죄 피해자 권리법」(Crime Victims' Rights Act, CVRA)의 제정을 통하여 피해자의 형사 절차 참여권을 보장하고 있다. 이는 범죄 피해자에 준당사자 지위를 부여하고 있다고 평가된다.[106] 전통적 당사자주의 체계하에서는 검사의 기소권과 피고인의 권리만 인정하여 왔고, 법정에서의 공평한 재판이 강조된다. 그러나 형사소송은 원래 피해자와 가해자간 대립되는 구조였다. 즉 피해자 중심의 사인소추를 기본으로 한 배심 제도를 중심으로 발달되어 왔다. 그러나 형사 절차에서 국가의 역할이 강조되고 공공의 이익이 강조되면서 범죄 피해자는 소송의 당사자로서의 지위를 상실하고 소외되기 시작하였다.[107] 따라서 이러한 범죄 피해자에게 준 당사자의 지위를 부여하자는 것이다.

(5) 전문법칙, 변호인의 조력받을 권리의 강화

전문법칙은 진술의 신빙성 확보라는 본질적 기능 외에도 수사 기관의 견제와 같은 외부적 기능을 강조하는 당사자주의 원리와 깊은 관계가 있다. 유럽 인권 협약은 가입 당사자국들이 인권 보호의 의무를 이행하도록 한 최소한의 기준을 제시하고 있고, 유럽 인권 협약 제6호 제3항 제3호에서 대면권을 규정하고 있다. 유럽 인권 법원은 대면권의 위반 문제를 재판의 공정성의 문제로 다루어 왔다. 이에 따라 유럽 인권 협약은 전통적으로 규문주의 소송 구조를 갖고 있는 유럽 국가들의

106_ 류병관, "당사자주의 소송 구조에 있어 범죄 피해자의 권리—미국의 범죄 피해자 권리법(2004)을 중심으로—", 「피해자학 연구」 제19권 제1호(2011.4), 36면.

107_ 류병관, 위의 글, 37-39면.

형사 사법 체계를 당사주의 구조로 변화시키는 원동력이 되고 있다.[108] 이와 같이 당사자주의에서 전문법칙이 매우 중요한 의미를 갖는다. 아울러 당사자주의가 강화되기 위해서는 변호인의 조력을 받을 권리를 위하여 공공 변호인 제도(public defender)가 도입되어야 한다.[109]

(6) 무죄 입증 절차(innocence procedures)의 제안

마이클 라이진거(Michael Risinger)는 '사실상 무죄 규칙'(factual innocence rules)을 제안한다. 이러한 절차의 목적은 오판을 가져오는 증거를 최소화한다는 데 있다. 즉 무죄임을 다투는 경우 피고인으로 하여금 무죄를 다투기 위한 것과 관련된 증거의 허용성에 관한 규칙을 배제시키자는 것이다. 또한 검사가 제출하는 전문가 증언의 신빙성을 정밀하게 검토하기 위한 제도적 장치도 도입되어야 한다고 주장한다. 예컨대 피고인이 제출한 전문가 증거 등에 대한 증거법상 제한을 배제하자는 것이다. 나아가 사실 오인의 경우 재심이나 항소심의 범위를 확대시키자고 주장한다.[110] 피고인이 제출하는 증거에 대한 규율을 완화할 필요가 있다. 나아가 무죄 주장을 하다가 유죄로 판단할 경우 가중 처벌하는 경우가 많은데 이렇게 되면 무고한 피고인이 무죄 주장을

108_ 이성기, "당사자주의하에서의 대면권과 전문법칙—미국의 크로포드(Crawford) 원칙과 유럽 인권 협약상 대면권의 비교를 중심으로—",「비교형사법 연구」제 13권 제1호(2011), 127-141면.

109_ 조국, "형사 사법 제도의 변천과 인권—당사자주의의 확립을 위하여",「법과 사회」제34권 (2008), 256면.

110_ Keith A. Findley, "Exonerating the Innocent: Pretrial Innocence Procedures: Adversarial Inquisitions: Rethinking the Search for the Truth", *New York Law School Review*, Vol. 56 (2011/2012), pp.919-920, in: D. Michael Risinger, "Unsafe Verdicts: The Need for Reformed Standards for Trial and Review of Factual Innocence Claims", *Hous. L. Rev.*, Vol. 41 (2004), pp.1311-1313.

포기하게 된다. 따라서 무죄를 주장할 만한 합리적 근거가 있는 경우 양형에서 불이익을 입지 않는 가이드 라인이 설정될 필요가 있다.

(7) 수사판사(investigating magistrate) 제도의 제안

라이진거는 수사판사 제도를 제안한다. 라이진거는 수사 초기에 수사판사가 관여하고 양 당사자가 증거를 제출하여 혐의 유무에 대한 판단을 하게 하자고 주장한다. 양 당사자는 사립 탐정(detectives), 법 과학자, 법 심리 전문가 등 증거를 제출하고, 피의자가 변호인의 조력을 받도록 하자는 것이다.[111] 그러나 이러한 수사판사의 제도의 도입은 당장 실현되기 어려우므로 이러한 제안은 영장 심사시나 구속 적부 심사 시 당사자주의 형태로 진행되는 것이 바람직함을 시사한다.

VI. 당사자주의의 가치

1. 당사자주의의 규범적 가치

당사자주의의 개념에 대하여 매우 좁게 이해하여 배심 제도를 핵심으로 파악하는 견해에서부터 판사의 역할, 당사자의 역학, 소송의 규칙까지 포함하여 넓게 이해하는 다양한 견해가 있지만 이 책에서는 당사자주의를 이와 같이 넓은 개념으로 이해한다.

법사학자인 랭빈(Langbein) 교수는 대륙법 체계와 영미법 체계는 사실 발견에 있어 차이가 드러난다고 본다. 즉 대륙법에서는 직업 법관이 주도적으로 사실을 조사하고, 비록 변호인이 있지만 변호인의 역

111_ Keith A. Findley, *op. cit.*, at 927; D. Michael Risinger et al., "Innocence Is Different: Taking Innocence into Account in Reforming Criminal Procedure", *N. Y. L. Sch. L. Rev.*, Vol. 56 (2011-2012), p.885.

할은 제한적이라고 본다. 이에 반하여 영미법에서는 당사자가 주도하여 사실을 주장하여 제출하고, 배심이 이를 판단한다. 물론 배심에까지 이르지 않거나 배심 재판을 받은 권리를 포기하지도 하지만 배심 재판의 존재 자체가 형사소송에서 규범적으로 큰 역할을 하고 있다고 본다.[112]

영미법 국가에서는 이론상으로나 실무상으로 당사자주의가 진실 발견에 있어 유용하다는 점이 강조되어 왔다.[113] 당사자주의란 독립된 판단자 앞에서 사건에 대하여 당사자가 방해받지 않고 경쟁적으로 참여하여 재판을 진행하는 것을 말한다.[114]

윌리엄 스턴츠(William J. Stuntz)는 지난 반세기 동안 미국의 형사 사법은 집중화된 법과 정치의 지배에 의해 실험 대상이 되었으나 이러한 실험은 실패로 끝났고, 이러한 실패는 지나친 법의 지배와 잘못된 정책에 귀인한다고 진단한다.[115] 이러한 실패에 대한 개혁은 분권, 지역 민주주의에 의해야 한다고 주장한다. 다시 말해 지역민이 형사 소송에 관여해야 하고, 국가와 연방은 좀 더 권한을 자제해야 한다. 따라서 지역민에 의한 배심 재판이 확대되어야 하며, 이에 따라 실체법과 절차법의 개혁이 이루어져야 한다고 주장한다. 그러므로 배심 제도와 결합한 당사자주의가 비효율적이고, 경제성이 없다는 지적은 잘못된 것임을 보게 된다. 삼진아웃제 도입 등 엄벌주의 내지 범죄통제 시각에 따른 이러한 제도의 도입은 미국의 교도소 인원을 폭증하게 만들고

112_ John H. Langbein, "Historical Foundations of the Law of Evidence: A View from the Ryder Sources", *Columbia Law Review*, Vol. 96, No. 5 (Jun., 1996), p.1168.

113_ Borowski v. Canada, (1989), 1 SCR 342 at 358-359.

114_ R v. Swain (1991) 1 SCR 933 at 971-972; Mark C. Power et al., "Constitutional Litigation, The Adversarial System and some of its Adverse Effects", *Review of Constitutional Studies*, Vol. 17, Issue 2 (2002), p.2.

115_ William J. Stuntz, *The Collapse of American Criminal Justice*, Harvard University Press, 2011, p.283.

있어 범죄통제 정책이 실패한 전형을 보여주고 있다.

미국 형사소송의 목적이 진실 발견이 아니라 승소에 있다고 비판되고 있다. 그러나 형사소송은 진실 발견뿐만 아니라 적법절차를 지향하며, 당사자주의가 진실 발견에 역행된다는 주장 역시 근거가 없고 잘못된 주장이다. 랜즈맨(Landsman) 교수는 미국의 당사자주의와 배심 재판을 받을 권리는 미국 재판 체계의 근본적 요소로 승인되고 있다고 본다. 또한 이를 '자유의 근본'(basis of liberty)이라고도 표현한다.[116]

이에 따라 미국 연방대법원도 "형사소송에서 당사자주의 체계의 보존은 수정헌법 제5조의 근본적 목적"이라고 표현하고 있다.[117]

2. '열린 사회'로 나아가는 길

민주주의는 소송법에서 규율하는 규준 이상을 요구한다. 법이 확실하게 성문화되어 있지 않는 한 힘을 가진 사람들은 법을 자신들의 원하는 방식으로 해석하여 주장할 수 있고, 그들은 법 위에 서게 될 것이다.[118]

호르크하이머는 '도구적 이성'(instrumentelle Verunft)을 주관적 이성과 연관시켜 설명한다. 여기서 '주관적 이성'이란 목적에 대하여 관심을 갖지 않고 주어진 목적에 적합한 수단을 계산하는 것에만 몰두하는 이성을 말한다. 주관적 이성의 목적은 '주체의 이해 관계'와 '유용성'이며 궁극적으로는 주체의 자기 보존이다. 이에 반해 '객관적 이성'이

116_ Theodore L. Kubicek, *Adversarial Justice: America's Court System on Trial*, Algora, 2006, p.47.

117_ Garner v. United States, 424 U.S. 648, 655 (1976).

118_ Paul Woodruff, *First Democracy: The Challenge of An Ancient Idea*, Oxford University Press, 2005 / 이윤철 역, 최초의 민주주의: 유래된 이상과 도전, 돌베개, 2012, 195면.

란 수단에 앞서 목적의 규정과 실현 방법에 관심을 기울이는 이성이다. 주관적 이성의 전면화는 인간 자신까지 도구화하는 새로운 야만을 발생시킨다고 본다.[119] 형사소송에서 '효율성'을 중시하는 것은 주관적 이성의 전면화를 초래할 수 있다. 이럴 경우 '도구적 이성'이 지배하게 되고 결국 야만에 이르게 된다. 이러한 도구적 이성은 모든 권력을 집중하여 '효율성'을 극대화하고자 한 야만, 즉 전체주의에 이르게 될 위험이 있다는 사실은 나치즘이라는 역사적 경험에 의해 입증된 바 있다.

칼 포퍼(K. Popper)는 "칼이 아닌 언어로 싸울 수 있는 가능성이 문명의 기초이고, 모든 법 제도와 의회 제도의 기초"라고 주장하였다.[120] 나치의 박해를 피해 뉴질랜드로 이주한 칼 포퍼가 그의 책『열린 사회』에서 과학의 합리성 근거를 비판과 토론에서 찾음으로써 합리성의 개념을 바꾸어 놓았다. 즉 비판과 토론이 없는 사회는 닫힌 사회로, 그러한 사회는 항상 전체주의로 나아갈 수 있는 위험이 있다고 주장한다.[121] 형사소송에서 당사자에 의한 비판과 토론을 제공하는 당사자주의가 아닌, 심판자 자신이 적극적 조사와 판단을 하는 것은 '합리성'이 결여된 것이고, 언제든지 닫힌 사회로 나아갈 수 있는 위험이 도사리게 된다. 따라서 당사자주의는 열린 사회로 나아가는 길이라고 할 수 있다.

3. 당사자주의의 보편적 가치

심리학자인 스티븐 핑거(Steven Pinker)는 그의 책『우리 본성의 선한 천사: 인간은 폭력성과 어떻게 싸워 왔는가』에서 심리학과 역사

119_ 신혜경, 벤야민 & 아도르노: 대중문화의 기만 혹은 해방, 김영사, 2011, 77면.

120_ K. R. Popper, *Conjectures and Refutations*, Routledge & Kegan, 1963(박정호 외 3, 현대 철학의 흐름, 동녘, 2012, 497면에서 재인용).

121_ Karl Popper, *The Open Society and Its Enemies*, new one-volume ed., Princepton University Press, 2013, pp. 6ff.

를 합쳐서 인류사를 통해 볼 때 폭력을 감소시켜 온 다섯 가지 역사적 힘이 있다고 분석하고 있다.[122] 즉 리바이어던(Leviathan), 상업(commerce), 여성화(feminization), 세계주의(cosmopolitanism), 이성의 에스컬레이터(escalator of reason)가 그것이다. 필자는 당사자주의가 오늘날 인류 보편적 가치로 자리 잡게 된 것도 이와 비슷한 측면이 있다고 본다. 이하에서는 스티븐 핑거가 주장한 다섯 가지 역사적 힘을 당사자주의와 관련시켜 분석해 본다.

첫째, '리바이어던'에서 나아간 '권한'의 '분배'와 '견제'이다. 스티브 핑거는 리바이어던, 즉 힘의 적법한 사용을 독점하는 국가와 사법 제도가 폭력성을 감소시켰다고 본다. 그러나 국가의 폭력 독점은 국가에 의한 폭력으로 나아갈 위험성이 있다. 당사자주의는 배심 제도를 지지하며, 재판에 있어서 권한의 분배, 즉 국가 기관인 판사와 일반 시민으로 구성된 배심원에 의해 국가가 독점하는 재판권을 분할한다. 나아가 소송 당사자간 힘의 균형을 유지하게 함으로써 견제와 균형을 이루도록 한다.

둘째, 제로섬 게임에서 포저티브섬 게임으로 나아가게 하는 '상업'이다. 당사자주의는 유죄 협상 제도를 받아들임으로써 자칫 유·무죄를 다투다가 극단적 결과로 나아가는 것을 방지한다.

셋째, 당사자주의는 소송에서 열등한 지위에 있는 피고인을 보호한다는 점에서 '여성화'에서 더 나아간다.

넷째, 당사자주의는 나와는 다른 사람들의 관점을 살펴보게 하고, 대립되는 관점에 대한 공감 능력을 넓히게 함으로써 '세계주의'로 나아가게 한다. 당사자주의는 형사소송에서 대립되는 양 당사자의 공방을

122_ Steven Pinker, *The Better Angels of Our Nature: Why Violence Has Declined*, Brockman Inc., 2011 / 김영남 역, 우리 본성의 선한 천사: 인간은 폭력성과 어떻게 싸워 왔는가, 사이언스북스, 2014, 21-22면, 1137면 이하.

통하여 사건에 대한 이해의 폭을 넓히게 되고 대립되는 관점에 대한 공감 능력을 넓히게 한다.

다섯째, 당사자주의는 대립되는 양 당사자의 논쟁을 통하여 한쪽 당사자의 이해를 타 당사자의 이해에 앞세우는 행위를 줄이며, 재판이 국가를 통한 부당한 폭력의 행사가 되지 않도록 예방한다. 이성이란 우리로 하여금 자신만의 편협한 관점에서 벗어나게 하고 자신이 살아 가는 방식을 반성하게 하며, 더 나아질 방법을 찾게 하는 것을 말한다. 당사자주의는 이런 이성의 능력을 믿으며, 소송에서 양 당사자의 논리 의 결합을 통해 논리칙과 경험칙에 맞는 결론에 이르게 함으로써 '이 성의 에스컬레이터'에서 더 나아가 '진리'에 '수렴'되도록 한다.

4. 상사 영역에서 당사자주의의 가치

위에서 검토한 당사자주의의 가치는 주로 형사 영역에 적용된다. 그런데 이러한 당사자주의의 가치가 상사 영역에서도 적용될 수 있을 지 문제된다.

제임스 캘더(James D. Calder)에 의하면, 법과 사회는 미국 사회에 서 두 가지 형태의 정의를 낳았다. 첫째는 공공의 이익이나 안전을 침 해하는 범죄 행위에 대한 정부의 제재이고, 둘째는 상거래의 이익을 침해하는 사적 영역에서 발생하는 범죄에 대한 제재이다. 정부의 제재 의 주된 근거는 헌법이고, 후자의 경우는 상법, 노동법 등이다. 전자인 공공의 정의는 참여 민주주의 가치와 행동에 의해 구현된다. 즉 전자 의 정의는 당사자주의의 가치에, 후자의 정의는 대개 회사 자체의 이 익에 따른 경제성에 의해 구성된다.[123]

123_ James D. Calder, "New Corporate Security: The Autumn of Crime Control and the Spring of Fairness and Due Process", *Journal of Contemporary Criminal Justice*, Vol. 3 (Dec., 1987), pp.1ff.

이에 따라 상사 영역에서의 정의 실현은 규문적(inquisitorial) 성격을 띠어 왔다. 그러나 중앙 집중화되지 않고 정치화되지 않는 회사 규율은 내적 부패를 억제할 능력을 갖는다. 즉 이러한 방법으로 회사 내 종사자들로 하여금 범죄와 일탈을 감소시킬 수 있다. 즉 각각의 회사는 나름의 규범과 문화가 존재하며, 이러한 회사 내의 규율의 집행이 공정하고 적정절차에 따를 때 일탈 행위는 감소된다는 것이다.[124]

따라서 당사자주의의 가치는 상사 내지 사적인 영역에서도 중요하다. 당사자주의에 따른 공정하고 적정한 제재는 회사 내부 구성원으로 하여금 공동체에 대한 소속감과 공동체 의식을 강화시켜 줄 것이다.[125]

124_ *Ibid.*, at 1-18.
125_ 당사자주의의 가치는 상사 영역뿐만 아니라 행정소송 영역에서도 찾을 수 있다. 이와 관련하여 조홍식 교수는 『사법 통치의 정당성과 한계』란 책에서 다음과 같이 주장한다. "규범적으로 볼 때, 민주국가에서 집단 의사의 결정 방식은 일정한 기준을 충족하여야 정당화될 수 있다. 민주주의를 국민 선호의 '결집'(aggregation)만이 아니라 '숙고 심의'(deliberation)를 통한 공동선의 발견이라 본다면, 행정소송도 대화와 실험 통해 반성과 숙고가 행해지는 민주적 제도의 하나라고 할 수 있을 것이다. 민주주의의 실험의 마당에 행정소송을 추가하는 것 자체가 그 과정을 거쳐 나온 결정의 절차 공정성(fairness)을 제고하는 것으로 볼 수 있고, 법원은 대화, 실험, 반성의 점에서 다른 기관이 모방하기 어려운 독특한 특성을 가지고 있기 때문이다": 조홍식, 사법 통치의 정당성과 한계(제2판), 박영사, 2010, 24면.

제4장

공정한 재판으로 가는 길

Ⅰ. 공정성의 수호자와 재판 공정성의 중요성

Ⅱ. 공정한 재판 원칙의 적용

Ⅲ. 소송 및 법정의 구조와 공정한 재판

Ⅳ. 재판의 공정성과 관련된 쟁점

I. 공정성의 수호자와 재판 공정성의 중요성

1. 공정성의 수호자와 당사자주의

영국에서 1215년 대헌장(마그나 카르타, Magna Carta)에 존 국왕이 서명함으로써 배심 재판을 받을 권리가 인정된다. 이것이 재판 공정성의 시발점이 되었고, 오늘날에도 재판 공정성의 핵심 요소 중의 하나가 배심 제도이다. 피고인에게 공정한 배심원에 의한 재판을 받을 권리가 있음은 아무도 의심하지 않는다. 미국에서도 수정헌법 제6조와 관계없이 배심원은 공정해야 한다고 보고 있다.[1]

판사는 공정한 재판에 있어 가장 중요한 수호자(guardian)이다. 이 말은 판사가 법률 분쟁에 있어 재판이 적정하게 수행되도록 할 임무가 있음을 의미한다.[2] 판사는 자신에게 주어진 재판권을 적정하게 행사해야 하고, 형사소송에서 언론의 압력을 억제하고, 변호인과 증인에 대하여 뉴스 미디어와 관련된 진술 금지를 명령하고, 재판의 공정을 위협하는 배심원을 배제해야 한다. 그럼에도 사법 재량의 한도는 정해져 있지 않다. 런던 매그너슨(London Wade Magnusson)은 사법 재량에는 다음과 같은 제한과 한계가 있다고 본다:[3]

첫째, 사법 재량은 수용될 수 있는 권리와 정의, 개념으로 굳어진, 법적이고 도덕적 전통에 따라야 한다.

둘째, 사법 재량에 한계가 되고 침해될 수 없는 당사자의 절대적

1_ London Wade Magnusson, "Failure to Yield: How Wecht Might Ruin the Right to a Fair Trial", *Brigham Young University Law Review*, (2010), pp. 999-1000.

2_ Geders v. United States, 425 U.S. 80, 86-87(1976).

3_ London Wade Magnusson, *op. cit.* at 1001.

권리라는 한계가 있다.

이와 같이 사법 재량에 있어 제한이 되는 한계 중의 하나가 당사 자주의인 것이다.

2. 공정성의 수호자로서 판사의 자질

이와 같이 판사는 재판 공정성의 수호자인 동시에 소송에서 당사 자주의라는 제약을 받게 된다. 이와 관련하여 스티븐 러벳 교수는 사법 체계를 야구에 비유하면서 한 가지 예를 든다. 2005년 미국 상원 법사위원회에서 증언을 한 연방대법원장 존 로버츠(John Roberts)는 낙태, 총기, 인권 등 논란을 불러일으키는 문제에 대한 질문을 앞두고 있었다. 그는 많은 어려운 질문을 성공적으로 피해가며 인준청문회 전략의 기본으로 사법 체계를 야구에 비유했다:[4]

"판사는 야구 심판과 같습니다."

러벳 교수는 자신의 책『정의가 곧 법이라는 그럴듯한 착각』에서 바람직한 대법관이 갖추어야 할 자질로 신중함과 공정성, 절차의 중요성에 대한 인식, 살아 있는 규범의 해석자 등을 들고 있다.[5]

4_ Steven Lubet, *The Importance of Being Honest: How Lying, Secrecy, and Hypocrisy with Truth in Law*, New Youk University Press, 2008 / 조은경 역, 정의가 곧 법이라는 그럴듯한 착각, 나무의 철학, 2013, 147면.
5_ Steven Lubet, 위의 책, 148-151면.

3. 공정성에서의 실패 사례

미국은 당사자주의를 취하고 있다. 미국에서 재판이란 국가를 대표하는 검사와 피고인을 대리하는 변호인 사이의 경쟁으로 본다. 사건의 진실은 경쟁하는 이들 당사자의 다툼 속에서 발견하게 된다. 판사의 역할이란 증거법과 절차 규칙이 공정하게 집행되는지 감독하는 것에 있다. "해냈다"(he did it)라는 표현이 재판에서 승소한 측에서 하는 말이고 "실패했다"(he did not)는 표현이 패소한 측에서 하는 말이 된다. 기소된 피고인은 정의로부터 비롯된 공정한 절차에 권리를 보장받는다. 여기에는 배심 재판을 받을 권리, 증인을 반대신문할 권리, 무죄를 입증할 증인을 세우는 권리가 포함된다. 그러나 에이미 바흐(Amy Bach)에 의하면 검사가 대변하는 국가와 변호인이 대리하는 개인 간에는 균형점이 많이 기울어져 있다고 본다.[6]

에이미 바흐는 미국의 실제 형사 재판에서 추구하는 공정성은 실패로 돌아가고 있다고 지적한다. 즉 법률 전문가는 당사자주의를 찬양하지만 일상적으로 부정의가 지배하고 있다는 것이다. 법률 전문가는 형사소송이라는 시스템으로 들어오는 사건들을 실제 형사 사건과 같이 처리할지 여부를 결정한다. 즉 법률 전문가는 좀 더 넓은 의미의 '법조'라는 공동체 이익을 공유하고 있고, '이러한 방식으로 처리한다'라는 방식을 공유한다는 것이다. 즉 정의를 추구하는 것이 아니라 무관심과 의욕이 없고 경쟁이 없음으로 인해 바람직한 체계와 추구해야 할 가치를 바라보지 않는다는 것이다. 에이미 바흐에 의하면 법률가에게 힘든 역할과 쉬운 역할에 대한 선택권을 줄 경우 대개 후자, 즉 쉬운 역할을 택한다고 본다. 변호인은 피고인에 대한 사건을 면밀하게 검토하지 않고 형사소송이라는 시스템으로 흘러보낸다. 검사 역시 과

6_ Amy Bach, *Ordinary Injustice: How America Holds Court*, Metropolitan Books, 2009, p.5.

부화된 상태에 있다. 즉 끝 모를 유·무죄를 다투는 사건에 시간을 낭비할 여유가 없다는 것이다.[7] 검사는 경찰이 작성한 간단한 보고서만 보고 피해자나 증인을 면담하지도 않고 유죄 협상을 한다. 피의자의 변호인은 검사가 포기한 사건을 제대로 알지 못한 채 검사가 갖고 있는 증거가 대단한 것이라고 지레 겁을 먹고, 시간 낭비할 필요가 없다고 잘못 판단한다. 유죄 답변이 이루어지면 사건은 재판으로 보내지지 않는다. 이로 인하여 일상에서 부정의가 만연하고, 대다수의 사건이 타협으로 끝난다. 종종 판사는 중립성을 포기하고 당사자주의에 개입하고, 피고인에게 검사처럼 징역을 살 것이 아니라 협상할 것을 강요하기도 한다. 피고인으로 하여금 피고인의 권리를 포기하도록 하는 것은 말할 것도 없다는 것이다. 많은 사건에서 피고인이 유죄 협상을 함에 있어 변호인의 조력을 받을 권리를 누리지 못하고 있는 것으로 조사되고 있다. 당사자주의가 아니라 기계처럼 신속하게 처리하는 것이 효율적인 것처럼 보인다. 이로 인하여 법원 관계자들은 정시에 퇴근한다. 검사들은 사회적으로 문제된 사건들에 대해서는 지나치게 기소하고, 자신들이 역할을 잘 수행하고 있다는 것을 시민들에게 보여주려고 애쓴다는 것이다.[8]

　　이와 같이 미국에서도 실제에 있어서는 당사자주의가 구현되지 못한 측면이 있다.

4. 공정한 재판과 시민 교육

(1) 로랑 베그의 견해

　　로랑 베그(Laurent Bègue)는 그의 책 『도덕적 인간은 왜 나쁜 사회를 만드는가』에서 도덕 규범을 획득하고 준수하는 데 있어서 처벌의

7_ *Ibid.*, at 6.
8_ *Ibid.*, at 7ff.

효력이 미미하다고 주장한다. 어느 사회 집단의 기본적 규제 수단이 강요와 위협이라면 그러한 집단은 오래가지 못하며, 억압적 통제는 대개 사회의 권위가 바닥을 쳤을 때 나온다고 주장한다.[9] 이러한 주장은 형사소송에서 피고인이나 이를 둘러싼 시민들이 재판이 공정하다고 인식하게끔 하는 것이 중요함을 시사한다. 즉 공정한 재판은 시민으로 하여금 도덕 규범을 획득하고 준수하는 데 있어 매우 중요한 역할을 한다.

로랑 베그는 모든 사회는 도덕 규범을 지속적으로 각인시키고 개인을 통해 이를 구현하기 위하여 수많은 감시와 처벌 장치를 마련한다고 본다. 도덕적 사회화 과정을 통하여 한 문화의 구성원으로 하여금 문화를 구축하고 있는 규범과 가치를 전달하고, 이것이 구성원에게 받아들여지고 내면화되도록 해야 한다. 처벌이 유용한 경우도 있다. 그러나 처벌은 즉각적으로, 불가피하게 이루어질수록 효과가 좋으며, 예측 가능한 방식이어야 효과가 있다는 것이다.[10] 형사소송도 사회 구성원에 대한 사회화 과정 내지 교육 과정일 수 있다. 형사소송은 공정한 규칙을 정립하여 '예측 가능'할 수 있도록 해야 한다.

로랑 베그는 인간의 도덕적 행동은 처벌에 대한 두려움이나 구체적 보상에 대한 기대에 크게 좌우된다는 생각이 잘못된 것임을 지적한다. 처벌이 집단에 대한 소속을 강화시켜 주게 되면 도덕적 교화에 있어 지속적으로 중요한 역할을 할 수 있다고 본다. 그렇지 않다면 처벌의 효과는 피상적이고 일시적이라는 것이다.[11] 이러한 주장은 범죄통제 모델에서 처벌의 효율성을 강조하나, 이러한 모델을 통해서는 결코 사회 구성원으로 하여금 형법이라는 규범을 내면화하게 할 수 없다는

9_ Laurent Bègue, *Psychologie Du Bien Et Du Mal*, Odile Jacop, 2011 / 이세진 역, 도덕적 인간은 왜 나쁜 사회를 만드는가, 부키, 2014, 61면.

10_ Laurent Bègue, 위의 책, 115-172면.

11_ Laurent Bègue, 위의 책, 132면.

것을 시사한다.

로랑 베그는 실증 연구 조사, 즉 공정한 세상을 '믿는 자'에 대한 설문 조사와 그 분석 결과를 토대로 세상이 '나'에게 공정하다고 믿는 것과 세상이 '남'들에게 공정하다고 믿는 것을 구분한다. 전자의 경우 이러한 믿음이 투철할수록 삶의 의미가 있다고 여긴다. 이들은 비교적 행복한 삶을 누리며, 부정적 감정이 적고, 사회적 인간 관계에 만족한다. 후자의 경우에는 법을 어긴 자에게 냉혹함을 보여준다.[12] 이러한 연구는 재판을 받고 있는 피고인과 피고인을 제외한 나머지, 특히 배심원의 시각이 크게 다를 수 있음을 보여준다. 즉 피고인이 형사소송이 공정하다고 믿는다면 사회 구성원으로서 규범을 수용할 수 있게 된다. 반면 공정한 세상에 대한 믿음이 강한 배심원이나 판사는 피고인에게 가혹한 형벌을 내릴 수 있다는 것이다.[13]

(2) 마이클 샌델의 견해

마이클 샌델은 칸트와 롤스의 우려, 즉 규범을 통해 좋은 인격을 형성하거나 좋은 삶을 규정하려는 것은 사람들에게 타인의 가치를 강요할 위험이 있다는 견해를 거부한다. 즉 이들의 견해는 도덕적으로 논란이 되는 문제를 헤쳐가지 못한다고 비판한다. 마이클 샌델은 아리스토텔레스의 주장에 따라 공정한 법의 목적은 좋은 시민, 좋은 인격

12_ Laurent Bègue, 위의 책, 218-219면.

13_ 이와 같이 공정 세상 믿음(belief in a just world)에 대한 실증 연구에 의하면 현재 세상이 공정하다는 믿음이 강한 사람들이 그러한 믿음이 약한 사람보다 범죄인에게 더 강한 처벌을 부과하는 경향이 있다는 것이 드러나고 있다: 최승혁·허태균, "공정한 사회를 위한 형사 처벌: 공정 세상 믿음 및 기대의 상호작용", 「한국심리학회지: 사회 및 성격」 Vol. 25, No. 2 (2011), 116면. 세상이 공정하다고 믿는 사람이 범죄인에게 더 가혹한 처벌 판단을 내리는 것은 공정 세상 믿음이 강한 사람이 범죄와 같은 불공정한 사건을 접할 때 자신도 범죄로 인한 피해자가 될 수 있다는 불안감으로 인해 피해의 책임을 피해자의 잘못으로 귀인하려 하는 경향이 있기 때문이다.

을 키우는 것이라고 주장한다.[14]

형사소송이 공정하면 교육 기능으로 인해 좋은 시민을 키울 수 있게 된다. 이러한 차원에서 도덕 교육 이론(moral education theory)에서는 형벌을 통하여 범죄인이 무엇이 옳고 그른지에 대하여 교육을 받는 것이 중요하다고 보고 있다.[15]

5. 평범의 왕국과 당사자주의

『흑조』라는 책에서 탈레브(Nassim Nicholas Taleb)는 우리가 세상을 바라보는 방식을 표현하는 두 세계가 있다고 상정한다.

첫째, '평범의 왕국'(Mediocritan)은 노력과 결과 사이에 동등한 관계가 성립하며, 미래를 예측할 수 있고, 대부분의 요소가 평균치 주변에 넓게 몰려 있다.

둘째, '극단의 왕국'(Extremstan)은 본질적으로 불안정하고, 예측 불가능하며, 승자가 독식하는 구조이다. 우리가 실제 사는 곳은 극단의 왕국이고, 이 사실을 받아들이는 것이 이 세계에서 잘 살아가기 위한 첫 번째 단계라고 본다.[16]

형사소송에 참여하는 당사자에게 형사소송이 예측 가능하려면, 공정한 게임 룰, 즉 절차와 증거를 규율하는 공정한 규칙이 정립되어야 한다. 노력과 결과 사이가 동등하려면 당사자주의가 이루어져야 한다. 이와 같이 당사자주의는 극단의 왕국을 지양하고 평범의 왕국이라는 가치를 바라보고 있다.

14_ Michael J. Sandel, *Justice: What's the right thing to do?*, Farr, Straus, and Giroux, 2009 / 이창신 역, 정의란 무엇인가, 김영사, 2013, 336면.

15_ Jean Hamptons, "The Moral Education Theory of Punishment", *Punishment*, ed., by John Simmons et al., Princeton Uni., 1955, p.117.

16_ Tom Butler Bowdon, *50 Philosophy Classics*, Gildan Audio, 2013 / 이시은 역, 짧고 깊은 철학 50, 흐름출판, 2014, 512면.

II. 공정한 재판 원칙의 적용

1. 일반론

필립 짐바르도(Philp Zimbardo)는 실제 감옥을 흉내 낸 스탠버그 감옥 실험으로 세계적 명성을 얻었다. 미국 국방부는 이라크 아부그라이브 교도소에서의 죄수 학대 사건이 어느 모로 보나 좋은 통에 사과가 몇 개 들어간 탓이라고 말한다. 그러나 짐바르도는 그러한 분석은 잘못된 것이고 선량한 사람을 망치는 것은 나쁜 사과가 아니라 나쁜 통이라고 주장한다.[17] 스탠버그 감옥 실험과 아부그라이브 교도소에서 벌어진 일은 놀라울 정도로 유사하다. 이러한 사실은 형사소송이라는 '통'이 좋은 통이어야 함을 일깨워 준다. 나쁜 통에 든 사과가 좋은 사과로 남아 있기를 기대하기는 어렵다. 그러므로 형사소송이 공정해야 하고, 형사소송에 참여하는 사람들이 형사소송이 공정하다고 믿을 때 좋은 사과, 즉 정의가 세워질 수 있는 것이다.

토마스 홉스(Thomas Hobbes)에 의하면 모든 사람의 권리를 양도 받은 강력한 힘이 리바이어던(Leviathan)인데, 홉스에 따르면 이러한 리바이어던, 즉 정부는 부당한 법을 제정하거나 도덕적으로 옳지 않는 일을 할 리가 없다고 본다.[18] 그러나 자연 상태의 위험보다 절대 권력이 더 위험하다는 것은 나치스의 경험에 의해 입증되고 있다. 형사소송에도 통제되지 않은 재판 재량은 매우 위험하다. 예컨대 자유 심증은 판사가 절대 잘못된 심증을 형성할 리 없다는 가설을 전제로 한다.

17_ John Brockman, *The Mind*, Brockman Inc., 2011 / 이한음 역, 마음의 과학, 와이즈베리, 2013, 83면.

18_ James Garvey, *The Twenty Greatest Philosophy Books*, Bloomsbury Academic, 2006 / 안익경 역, 위대한 철학책, 지식나이테, 2009, 100-101면.

그러나 이러한 가설은 그 자체로 참이 될 수 없는 명제일 뿐만 아니라 위험하기도 하다.

그러므로 형사소송에서는 당사자주의를 중심 가치로 한 공정한 재판이라는 원칙의 구체화가 중요한 과제로 떠오른다. 이하에서는 이러한 원칙의 구체화 방안을 검토하기 전에 공정한 재판이란 원칙이 어떻게 적용되는가에 대하여 살펴보기로 한다.

2. 절차 모델론의 적용

(1) 형사 사법 모델론

형사 사법 모델은 형사 사법을 일정한 분석 틀에 의해 단순하게 접근하기 위한 도구로서의 성격을 지닌다. 이 모델은 형사 사법이 지향하는 이상적 형태를 나타내는 것이 아니고 형사 사법의 작용, 기능, 특징을 이해하는 데 도움을 준다.[19]

패커(Packer)가 적정절차 모델(due process model)과 범죄통제 모델(crime control model)을 제시했고, 그리피스(J. Griffiths)는 가족 생활의 이데올로기와 관련된 가족 모델(familiy model)을 제3의 모델로 제시하였고, 보틈(A. E. Bottoms)과 맥클린(J. D. McClean)은 자유주의 관료 모델(bureaucratic model)을 제시하였다. 킹(M. King)은 여러 학자들이 제시한 모델들을 체계적으로 유형화하여 적정절차 모델(due process model), 범죄통제 모델(crime control model), 의료 모델(medical model), 관료 모델(bureaucratic model), 지위 강등 모델(status passage model), 권력 모델(power model)을 제시하였다.[20] 이 가운데 형사 절차

19_ 최선우, "형사 사법 모델과 한국 형사 사법의 특징에 관한 연구", 「한국공안행정학보」 제24호 (2006), 214-215면.

20_ John Sanderson, *Criminology Text Book*, HLT PU., 1994 / 김형만·이동원 역, 범죄학 개론, 청목출판사, 1995, 324-326면.

를 평가하는 도구로 패커의 범죄통제 모델과 적정절차 모델이 가장 널리 사용되고 있다.[21] 여기에 대하여 애쉬워드(Ashworth)와 레드메인(Redmayne)은 이 모델들이 범죄율에 영향을 미치는 다양한 요인, 형사 절차에서의 자원 관리의 중요성, 사건 처리의 지연 등의 문제를 제대로 다루지 않았다고 비판한다.[22]

(2) 범죄통제 모델

패커의 모델은 형사 절차가 어디에 더 비중을 두고 있는지 평가하는 것과 형사 절차의 발전 방향을 제시하는 데 도움을 준다. 패커의 두 모델 가운데 범죄통제 모델을 살펴본다. 이 모델을 중심에 두고 있는 형사 절차는 범죄의 억제를 가장 중요한 가치로 여기며 효율성을 중시한다. 즉 한정된 자원으로 대량의 사건을 효율적으로 처리하는 것이 핵심이 된다.[23] 이 모델에서의 성공적 형사 절차의 수행이란 높은 비율의 체포, 구속 및 유죄 판결을 의미한다. 정식 절차보다는 수사와 같은 비공식적 절차에 의존하며, 획일적 사건 처리를 강조한다. 진실 발견은 대개 수사 단계에서 이루어지고, 법원은 수사 기관이 발견한 내용을 인증하는 절차만을 수행한다. 이 모델에서 유죄는 사실상 수사 단계에서 결정된다.[24]

21_ 최대현, "한국에서 민주주의의 발전과 형사 절차 개혁 방향에 대한 소고—영미 법학의 적정절차 모델을 참고하여—", 「서울대학교 법학」 제54권 제2호(2013. 6), 54면.

22_ 최대현, 위의 글, 55면; Andrew et al., *The Criminal Process*, OUP, 2008, pp.38-40.

23_ 최혜미, "한국에서 민주주의의 발전과 형사 절차 개혁 방향에 대한 소고—영미 법학의 적정절차 모델을 참고하여—", 「서울대학교 법학」 제54권 제2호(2013. 6), 56면.

24_ 최대현, 위의 글, 56면.

(3) 적정절차 모델

범죄통제 모델이 공장의 컨베이어 벨트에 비유된다면 적정절차 모델은 장애물 경기장으로 볼 수 있다. 이 모델은 공판 절차 이전에 행해지는 수사 기관에 의한 진실 발견을 신뢰하지 않는다. 이 모델은 형사 절차 초기에 유·무죄에 대한 확정적 결론을 내리는 것을 용인하지 않는다. 이 모델은 개인의 자유를 보장하기 위하여 정부의 공권력은 반드시 통제되어야 할 대상으로 여긴다. 이 모델은 국가와 개인 사이의 무기 평등을 지향하고, 형사 처벌의 효과에 의문을 가진다. 즉 범죄 혐의자를 잡아 처벌하려고 하는 시도를 제한하려고 한다.[25]

(4) 모델론의 적용

패커가 말한 두 모델은 실제 존재하는 모델을 전제로 하는 것이 아니다. 즉 범죄통제 모델은 전체주의 사회에서의 형사 절차와 특징을, 적정절차 모델은 재판의 공정성을 지향하는 영미의 모델을 이상화한 것이다. 나아가 오늘날 대다수의 나라들이 외견상 민주주의 국가를 표방하고 있으므로 스스로 범죄통제를 지향한다고 나서지 않는다. 따라서 이 모델은 현실 세계에서 존재하는 양극의 모델을 추출한 것이기보다 양극에 서 있는 모델을 제시함으로써 그 사이에 있는 대다수의 형사 절차가 어떤 '스펙트럼'을 가지는지 평가하거나 나아갈 방향 제시를 함에 있어 유용한 도구로서의 의미를 갖는다고 할 수 있다.

패커의 범죄통제 모델에 의할 때 정부의 가장 중요한 목표는 범죄의 억제에 있고, 형사 제재는 사회적 자유와 사회 안정의 유지에 대한 보상책으로 본다. 이 모델에 따르면 수사와 기소의 효율성과 비공식적 수행을 효과적인 것으로 본다. 그러나 '범죄통제'라는 용어는 사상학적으로 거슬러 올라가면 마르크스(Marx) 사상에 다다르게 된다. 마르크

25_ 최대현, 위의 글, 57면; 최혜미, 위의 글, 57-59면.

스의 논리에 의하면 국가란 지배 계급의 이익을 대변하는 것이고, 형벌이란 지배 계급이 사회·경제 질서를 유지하는 도구이다. 마르크스에 의하면 사회주의 원칙에 의거한 자본주의 사회의 붕괴와 새로운 사회의 건설만이 범죄 문제의 해결책이 된다고 본다.[26] 이상에서 본 바와 같이 범죄통제라는 용어는 사상학적으로 볼 때 마르크스 사상에 닿아 있고, 현실 세계에 터 잡은 개념이 아닌 적정절차 모델의 대척점으로 상정하기 위한 모델이다.

형사 절차가 지향하는 가치는 '범죄통제'라기보다 진실 발견과 절차적 정의, 법적 안정성에 있다. 진실 발견을 함에 있어서도 절차 정의와 충돌하지 않아야 하며, 범죄통제란 오로지 국가가 범인을 체포하여 신속하게 처벌받도록 하는 것인데, 이는 대다수 민주주의 국가의 형사 절차가 지향하는 모델이 아니며, 법사회학적 관점에서 실제적 측면을 평가하기 위한 도구로서의 의미를 갖는다고 할 것이다.

3. 소송 구조론의 적용

소송 구조론은 형사소송의 목적을 달성함에 있어 가장 적합하고 바람직한 구조가 무엇인지의 문제를 다룬다. 따라서 형사소송의 구조는 형사소송 목적에 대한 수단이라는 판례가 있다.[27] 그러나 '당사자주의'는 단순한 소송 구조 이상의 의미를 갖는다. 오늘날 당사자주의는 형사소송이 지향해야 할 가치로서의 의미를 지니고 있다.

우리나라의 형사소송의 구조에 관하여 학설은 ① 순수한 당사자주의라는 견해, ② 당사자주의를 기본 구조로 하고 직권주의는 보충적

26_ Ian Taylor et al., *Critical Criminology*, Routledge, 1975, pp.199-201; Joshua Pressler, Alan C. Michaels, *Criminal Procedure, Voume 1: Investigation*, 5th, LexisNexis, 2010, pp.23-26.

27_ 한상훈, "형사소송의 구조와 검사, 피고인의 지위―당사자주의와 증거개시 제도를 중심으로―", 「형사법 연구」 제21권 제4호 (2009), 399면.

성격을 가진다고 보는 견해, ③ 직권주의를 기본 구조 내기 기초로 하면서도 형식적으로는 당사자주의 구조를 취하여 당사자주의와 직권주의를 조화한 것이라는 견해, ④ 직권주의가 기본 구조이고 당사자주의는 직원주의에 대한 수정적인 의미를 가질 뿐이라는 견해의 대립이 있었다. 그런데, 2007년 개정되고 2008년 1월부터 시행된 개정 형사소송법은 당사자주의 요소를 대폭 강화하였다. 피고인 신문을 모두절차에서 증거 조사 이후로 변경하고, 피고인 진술 거부권을 강화하며, 공판준비 절차를 신설하는 등 종래의 직권주의적(규문주의) 요소를 제거하고 당사자주의 소송 절차를 취하였다. 나아가 국민참여 재판 제도를 도입함으로써 당사자주의로 선회를 이루었다. 따라서 현행 형사소송법상 우리 형사소송은 일부 직권주의적 요소가 있지만 기본적으로 당사자주의를 취하고 있다고 보는 견해가 있다.[28] 그러나 당사자주의와 규문주의 구분은 법원의 수동적·능동적 태도, 당사자의 무기 대등, 증거 규칙의 정립 등에 있다. 이러한 구분에 의할 때 우리 형사소송은 당사자주의로 점차 선회하고는 있지만 여전히 규문주의에 가깝다고 본다.[29]

28_ 한상훈, 위의 글, 404면.

29_ 프랑크푸르트 학파의 막스 호르크하이머(Max Horkheimer, 1895-1975)는 『전통 이론과 비판 이론』(1937)에서 전통 이론과 비판 이론을 구분한다. 전통 이론은 세계에서 일어날 제반 현상을 객관적으로 서술하는 데 힘쓴다. 전통 이론은 그 이론이 사회 속에서 어떤 역할을 하는지에 대한 자기 반성적 비판을 시도하지 않으며, 이론이 추구해야 할 정당한 목적에 대한 논의도 하지 않는다. 즉 현실을 필연적인 것으로 정당화할 위험성을 갖는다. 호르크하이머는 이에 대한 대안으로 현실에 대한 비판적 태도를 본질적 특징으로 삼는 비판 이론을 제안한다. 즉 현실에 대한 비판적 태도를 제시함으로써 이성적 사회를 건설하자고 주장한다: 고지현 외 5, 프랑크푸르트학파의 테제들, 사월의 책, 2009, 17-21면. 규문주의 소송관 내지 규문주의가 타당하다고 보는 견해는 호르크하이머가 말한 전통 이론을 지지하는 것이다. 규문주의 소송 구조라는 현실에 터잡아 이를 필연적인 것이고, 나아가 정당한 것이라고 옹호한다. 그러나 이러한 견해는 형사소송이 추구해야 하는 다른 목적 내지 가치, 즉 적정절차나 국민의 기본권리

당사자주의에 의하면 소송의 운명이 당사자의 열의와 능력에 좌우되어 사법의 스포츠화를 초래하고 당사자 사이의 타협에 의하여 실제 진실 발견을 무의미하게 할 위험을 내포하고 있다는 견해가 있다.[30] 그러나 당사자주의는 당사자의 충분한 입증 능력과 입증 활동에 대한 신뢰를 기반으로 하여 진실 발견에 직접적인 이해 관계를 갖고 있는 대립 당사자의 적극적 공격·방어를 통해 진실에 다가갈 수 있다고 본다.

4. 법치국가 원리의 적용

공정한 재판의 원칙은 광범위하게 적용된다. 독일에서는 공정한 재판의 원칙을 법치국가 원리로 이해한다. 이러한 견해에 따르면 공정한 재판의 원칙은 국가의 공동 유산의 일부분으로 법치국가성을 드러내는 것이라고 본다. 공정한 재판의 원칙은 피고인을 소송의 객체가 아닌 주체로 바라보고, 적정한 참여권이 주어져야 한다고 보는 것이다. 유럽 인권 협약 제6조 제1항은 법원의 자의로부터 피고인을 보호한다는 의미를 갖는다.[31]

나아가 법치국가적 절차로 전향된 정의의 실현을 위하여 소송 참여자를 공정하게 대우하여야 한다. 이 원칙은 특히 독일 기본법 제12조 제1항에서 보호되고 자유권이 위협받고 있는 피고인에게 의의가 있다. 영미의 공정한 재판을 받은 권리에서 유래된 이 원칙은 헌법 차원에서 보호받고, 이 원칙을 침해할 경우 항소 이유가 된다고 본다. 피고인은 절차의 객체가 아니라 소송의 과정과 절차에 영향을 미치기 위

에 대한 존중 등을 고려하지 않는다.

30_ 이재상, 신형사소송법(제2판), 박영사, 2011, 42면.

31_ Meyer-Ladewig, *Europäische Menschenrechtskonvention*, 2. Aufl., Nomos, 2006, S. 123.

한 주장과 입증을 할 수 있다. 이를 위해 증거 신청권, 대면권(Konfron-tationsrecht), 증인 신문권 등이 인정된다고 보고 있다.[32]

이상에서 본 바와 같이 공정한 재판의 원칙은 헌법상의 법치국가 원리의 구성요소이고, 국민의 기본권을 이루고 있다.

5. 국제 규범의 적용

공정한 재판의 원칙과 당사자주의는 여러 국제 규약에서 규정하고 있다. 여기서는 유럽 인권 협약과 로마 규정을 중심으로 살펴본다.

(1) 유럽 인권 협약의 평가

유럽 인권 협약(European Convention on Human Rights, ECHR) 제6조의 상세한 기준은 유럽 각국의 형사소송의 공정성을 결정하기 위한 기준으로 작용하고 있다. 즉 형사소송의 모델로서의 역할을 하고 있다. 유럽 형사소송은 비교법적으로 볼 때 크게 탄핵주의(accusatorial)와 규문주의(inquisitorial)로 나뉜다.[33]

다수의 학자들이 영국과 미국의 형사소송이 전형적 당사자주의라고 하고, 독일, 프랑스, 이탈리아가 전형적 규문주의라고 본다. 여기에 나아가 프랑스, 중국, 일본이 규문주의의 전형이라고 보는 견해도 있다. 규문주의, 당사자주의라는 용어는 영어 문헌에 한정되지 않으며, 대륙의 유럽에서도 자신의 형사소송이 규문주의의 축에 서 있다고 본다. 예컨대 독일과 인접해 있는 스위스는 자신의 형사소송보다 독일의 형사소송이 더 규문적이라고 보며, 스위스 형사소송이 간접적 규문주의 구조를 탈피하였다고 보고 있다. 스코틀랜드 형사소송에 대하여 당

32_ Klaus Haller et al., *Das Strafverfahren*, 5. Aufl., C. F. Müller, 2008, S. 15.

33_ Sarah J. Summers, *Fair Trial: The European Criminal Procedural Tradition and the European Court of Human Rights*, Hart Pu., 2007, p.xix.

사자주의라는 견해와 당사자주의와 규문주의 성격이 혼재되어 있다고 보는 견해로 나뉘어져 있다. 그러나 당사자주의, 규문주의가 비교법적으로 보편적으로 사용되고 있지만 이러한 구분이 형사소송의 특징을 뚜렷하게 구분해 줄 수 있는지 의문이 있고, 그 특징에 있어 모호성이 있다고 지적하는 견해도 있다.[34]

규문주의와 당사자주의는 대칭되는 형사소송의 양 극점을 가르키는 용어로 사용되어 왔다. 그러나 규문주의와 당사자주의라는 용어에 대한 합의는 적다. 규문주의란 '법원이 조사하는 것', 혹은 '국가에게 실체와 결과 모두를 수행해야 하는 책무를 지우는 것' 혹은 '국가로 하여금 피고인의 범죄 사실을 밝히도록 하는 것'이라고 이해하고 있다. 절충주의(mixed procedure system)란, 당사자주의를 따르나, 판사로 하여금 수사 단계에서 검사나 판사에 의해 수집된 증거에 의해 판단을 내리는 것을 말하며, 절충주의란 본질적으로 규문주의라고 보는 견해도 있다.[35]

이러한 구분에 의할 때 유럽 인권 협약은 당사자주의 내지 탄핵주의를 지향하고 있다고 평가된다.

(2) 로마 규정에서의 적용

국제 형사 재판소와 국내 법원은 판사와 변호사가 재판을 진행하고, 소송법이 있고, 선고에 의해 형이 정해진다는 점에서 유사하다. 피흐텔베르크(Aaron Fichtelberg)에 의하면 국제 형사 재판소는 국내 법원과 몇 가지 점에 있어 차이가 있다:[36]

첫째, 정치적 측면에서 볼 때 국제 형사 재판소는 주권국의 집합

34_ *Ibid.*, at 4-5.

35_ *Ibid.*, at 6ff.

36_ Aaron Fichtelberg, "Fair Trials and International Courts: A Critical Evaluation of the Nuremberg Legacy", *Criminal Justive Ethics*, Vol. 28. No. 1(May, 2009), pp.8-9.

체로 국제 공동체가 주도하고, 국경을 넘어 이루어진다. 자국 정부, 경찰, 검사 등을 고려하지 않으며, 국제 정치 사회 지도력의 협력에 의존한다.

둘째, 규범적 측면에서 볼 때, 국제 사회의 도덕적 판단과 인도성을 대변하는 것이지, 특정 국가나 사회의 가치를 드러내는 것이 아니다.

셋째, 국제 형사 재판소나 기타 특별 전범 재판소에서 재판을 받는 피고인은 일반 형사범이 아니다. 잔혹한 집단학살, 전쟁범죄, 인도에 반하는 범죄범 등이다. 이러한 사유로 인해 국제 형사 재판소는 자국의 형사 재판과 달리한다. 이에 따라 공정한 재판을 받을 권리가 적용될 수 있는지 문제된다.

국제 형사 재판은 국제 사회가 피고인에게 비난을 가지는 것이며, 이러한 재판에 임하는 피고인에게도 공정한 재판을 받을 권리가 주어져야 한다. 따라서 이러한 원리가 동일하게 적용되어야 한다.

III. 소송 및 법정의 구조와 공정한 재판

1. 권한 분배와 배심

삼권 분립의 이론을 주장한 몽테스키외(Montesquieu, Charles de Secondat)는 그의 책 『법의 정신』 제6편(민법 및 형법의 단순성, 재판의 절차 및 형의 결정 등에 관한 여러 정체 원리의 귀결)에서 시민은 법학자가 아니므로 시민이 재판에 참여할 때에는 유 · 무죄의 결정과 판결의 연기에만 관여해야 한다고 주장했다.[37] 나아가 몽테스키외는 재판권에

37_ Montesquieu, *De L'esprit Des Lois* / 이명성 역, 법의 정신, 홍신문화사, 2013, 83-84면.

도 견제와 균형이 필요하다고 보았다. 그리하여 단독 재판관은 전제정치에서나 있을 수 있는 것이라고 주장한다. 몽테스키외는 단독 재판관이 권한을 남용한 사례를 로마사에서도 찾아볼 수 있다고 주장한다.[38] 이와 같은 몽테스키외의 주장은 오늘날의 일반적 견해와는 차이가 있다. 그러나 재판에서도 견제와 균형이 필요하다는 주장은 오늘날에도 타당하다.

이하에서는 이와 관련된 소송에서의 권한 분배와 배심 제도에 대하여 살펴보기로 한다.

(1) 미국에서의 배심 제도

미국에서 배심에 의한 재판을 받을 권리는 연방 헌법과 주 헌법에서 명시적으로 보장하고 있다. 연방 수정헌법 제6조에서 형사 피고인의 배심 재판권을 보장하고 있고, 연방대법원은 이 조항이 수정헌법 제14조의 적법절차 조항을 통해 주(州)에도 적용된다고 판시하였다.[39]

미국에서의 배심 제도는 당사자주의와 밀접한 관계에 있다. 다시 말해 미국의 배심 제도는 당사자주의를 전제로 한다. 당사자주의에서 양 당사자는 각자 입증 책임을 진다. 증거는 예단을 갖지 않은 판사와 배심원 앞에 제출되어야 한다. 증거 제출의 순서도 미리 규정되어 있고, 판사와 배심원은 절차 내내 수동적 심판자로 있게 된다. 재판장은 증거법과 절차법에 따라 운동 경기의 심판자와 같이 감독하며 제출된 증거가 법정에서 모순이나 편견이 드러나도록 해야 한다.[40] 따라서 법정에서의 구두 변론이 중요하며 배심원은 법률 교육을 받지 않은 법률 문외한이므로 배심원이 비논리적이거나 법률 외적인 요소를 고려하지

38_ Montesquieu, 위의 책, 87-88면.

39_ Duncan V. Louisiana, 391 U.S. 145(1968); 최대권, 영미법, 동성사, 1986, 204면.

40_ Neil Vidmar, *World Jury System*, Oxford University Press, 2000 / 김상준 외 3, 세계의 배심 제도, 나남, 2007, 43-44면.

않도록 증거법이 발달된 것도 당사자주의의 특징 중 하나이다. 미국 배심원에 대한 실증 연구에 의하면 배심원으로 참여하기 전 사법에 대한 신뢰도에 대하여 중립 의견을 피력한 비율이 배심원으로 참여한 후에는 낮아졌고, 긍정적 견해가 더 많이 늘어났다고 보고되고 있다.[41] 이러한 연구는 배심 제도가 시민에 대한 교육 기능과 사회 통합 기능을 수행하고 있음을 보여주는 것이다.

물론 미국에서도 배심 제도에 대한 불평과 비판이 많다. 예컨대 배심원은 법정에 들어오는 복잡한 사건과 증거를 제대로 이해하지 못하고, 법률을 제대로 이해하지 못한다. 나아가 배심원은 법률을 무시하기도 하며, 인종적 기준에 따라 판단하며, 사건의 진위나 거짓말과 진실에 대하여 잘 분별하지 못하며, 증거에 따라 판단하지 않으며 변호인의 변론에 놀아난다. 소수의 자기 주장이 강하고 편견이 강한 배심원도 있고, 심리 전문가, 사회 과학자들이 자신들이 뜻하는 대로 배심원을 설득시킨다는 것이다.[42] 그러나 이러한 지적은 배심 제도의 단점을 극대화해 표현한 것이며, 실증 연구에 의하면 대다수의 배심원은 사건을 잘 헤쳐 나가며 합리적으로 평가하고 있다고 보고 있다.

형사 사법 체계는 판사, 배심원, 입법자, 기타 기관 사이의 권한과 직능을 분배해야 한다. 배심원 제도를 두는 것은 판사가 재판이라는 막중한 권한을 독점하는 것을 견제하는 의미가 있다. 미국에서 배심원은 '법과 사실의 심판관'이라는 법언(法諺)이 있다. 즉 배심 평결의 우위성을 인정하여 왔다. 배심의 토의는 비공개로 열리고, 평결의 이유를 설명할 필요가 없으며, 누구에 대해서도 책임을 지지 않는다. 여기에 대한 개혁으로 중대한 범죄만 배심 재판으로 넘겼다.[43]

41_ 김상준, 미국 배심 재판 제도의 연구, 이화여자대학교 출판부, 2003, 168-169면.

42_ Randolph N. Jonakait, *The American Jury System*, Yale University Press, 2003, pp.xx-xxi.

43_ Lawrence M. Friedman, *A History of American Law*, 3rd ed., A Touchstone

(2) 국민참여 재판

2008년에 시행된 개정 형사소송법은 형사 절차에 대한 국민의 감시와 통제를 가능하게 하고 공정한 재판을 보장하기 위하여 공판 중심주의의 확립을 기치로 내걸었다. 국민참여 재판의 실시로 종래와 같은 조서에 의한 심증 형성을 할 수 없고 공판 기일에서의 심리가 구두 변론의 형태로 진행되어야 한다. 즉 구두주의, 직접주의, 공개주의의 원칙에 따라 재판이 진행되어야 하며, 이는 어떻게 공정한 재판을 받을 권리를 보장할 것인가의 문제로 귀착된다.[44] 배심 재판은 집중 심리로 진행되어 사전에 며칠간 준비가 필요하므로 증거개시가 매우 중요하다. 나아가 국민참여 재판에서 구두에 의한 심증 형성이 중요하므로 피고인이나 변호인으로서는 검찰측 증인에 대한 반대신문을 위한 사전 면담을 할 필요성이 있다.[45]

2008.1.1.부터 「국민의 형사 재판 참여에 관한 법률」이 시행중에 있다. 국민참여 재판이 공정하게 이루어지기 위해서는 배심원단이 공정하고 중립적이어야 한다. 배심원은 결격 사유, 제척 사유, 제외 사유, 면제 사유 등에 해당하지 않아야 한다(법 제17조 내지 제20조). 배심원은 무작위로 선정한다(법 제25조). 배심원 후보자에게 제외 사유가 없는지 여부 또는 불공정한 판단을 할 우려가 있는지 여부를 가리기 위하여 배심원 후보자에게 질문할 수 있다(법 제28조 제1항). 법원은 배심원 후보자에게 결격, 제척, 제외, 면제 사유가 있거나 불공정한 판단을 할 우려가 있다고 여겨지는 경우 불선정 결정을 한다(법 제28조 제3항).[46]

Book, 2005 / 안경환 역, 미국법의 역사, 청림출판, 2008, 369-370면.

44_ 권영성, "공정한 재판을 받을 권리와 방어권 강화", 「부산대학교 법학연구」 제49권 제2호 통권 제60호(2009.12), 190면.

45_ 권영성, 위의 글, 191면.

46_ 한상훈, "국민참여 재판제도 시행과 인권옹호", 「저스티스」 통권 제102호(2008.2), 8-14면.

(3) 국민참여 재판과 재판의 공정성

1) 배심원 평결에 대한 기속력 부여

현재 국민참여 재판에서 배심원의 평결은 권고적 효력만 있다. 배심 재판은 공정한 재판 내지 당사자주의라는 가치에 있어 중요한 위치를 차지하고 있다. 「국민의 형사 재판 참여에 관한 법률」의 제정시 배심원의 평결에 권고적 효력만을 부여한 것은 법률 제정 당시 헌법상의 법관에 의한 재판 받을 권리에 대한 침해라는 위헌 논란을 막고, 오판의 위험성이 있을 수 있다는 우려에서였다. 그러나 국민참여 재판의 시범실시 기간 동안 이러한 우려는 기우라는 것이 밝혀졌고, 배심원의 평결과 판사의 판결의 일치율이 90%를 상회하고 있다.[47] 따라서 배심원 평결에 대한 기속력을 부여하여야 할 것이다.

2) 사실 심리와 양형 심리의 분리

형사소송법은 유·무죄에 대한 심리와 양형 심리를 절차적으로 구분하지 않는다. 이에 따라 국민참여 재판에서도 사실 심리와 양형 심리를 구분하지 않았다. 그러나 유·무죄 평결이 이루어지기 전에 피고인의 양형과 관련된 사실인 피고인에 대한 전과, 비행 전력, 성격 등이 배심원에게 제출되었다. 이에 따라 배심원에게 유무죄에 대한 편견을 갖게 할 개연성이 높아지면서 공정한 재판에 대한 우려가 제기되었다.[48] 따라서 국민참여 재판에서는 사실 인정을 위한 심리와 양형 심리를 분리하여 진행함으로써 공정한 재판을 이루어가야 할 것이다.

3) 변호인의 조력을 받을 권리의 보완

국민참여 재판에서 변호인의 역할은 매우 중요하다. 공소 사실을 다투든 아니면 양형에서 배심 재판을 받기를 원하든 간에 배심원을 설득할 역할은 변호인에게 있기 때문이다.[49] 변호인을 선임할 자력이 있

47_ 탁희성·최수형, 형사 정책과 사법 제도에 관한 연구(5)—국민참여 재판 제도의 평가와 정책화 방안—, 한국 형사정책연구원, 2011, 479-498면.

48_ 탁희성·최수형, 위의 책, 499면.

는 피고인의 경우에는 별문제가 없지만 문제는 그렇지 않는 경우에 있다. 이럴 경우 국선 변호인이 지정되지만 실제에 있어 국선 변호인의 역할이 기대에 미치지 못한다는 지적이 있어 왔다.[50] 여기에 대한 보완책으로 2004년 9월부터 국선 전담 변호인 제도가 실시되고 있다. 이러한 국선 전담 변호인 제도는 국선 사건 이외의 수익이 금지됨으로써 국선 변호에 관심과 노력을 집중시킬 수 있다는 장점이 있다. 이러한 제도의 활성화와 더불어 법률보험 제도의 도입 등도 검토할 필요가 있다.

4) 대상 사건의 확대

「국민의 형사 재판 참여에 관한 법률」 제정시 국민참여 재판의 대상 사건을 고의로 사망의 결과를 야기한 범죄, 강도 및 강간이 결합된 범죄, 강도 또는 강간에 치상·치사가 결합된 범죄, 일정 범위의 수뢰죄 등을 중심으로 대상을 정하되, 합의부 관할 사건 중 대법원 규칙이 정하는 사건(법 제5조)으로 한정하였다. 법 제정시 국민참여 재판의 대상 사건을 대법원 규칙에서 정할 수 있도록 위임한 것은 장래 국민참여 재판을 운영할 수 있는 여건이 확충되면 대법원 규칙의 개정을 통하여 신속하고 유연하게 정할 수 있도록 하기 위한 것이었다. 그 후 위법의 제2차 개정에서는 "대상 사건의 죄명을 법률에 직접 규정하고, 일정한 범위를 정하여 대법원 규칙에 위임하는 이원적 방식"을 변경하여 "「법원 조직법」 제23조 제1항(제2호와 제5호는 제외)에 따른 합의부 관할 사건"(제5조 제1항 제1호)으로 확대하였다.

이에 따른 현재 국민참여 재판 대상 사건은 다음과 같다. 즉 (ⅰ) 합의부에서 심판할 것으로 합의부가 결정한 사건, (ⅱ) 사형·무기 또는 단기 1년 이상의 징역 또는 금고에 해당하는 사건[다만, ⅰ) 형법 제

49_ 국민참여 재판 제도가 실시된 후 상당수의 피고인이 양형 문제로 국민참여 재판 받기를 원하고 있다: 장수진, 국민참여 재판 변론 기술, 법률 & 출판, 2013, 413면 이하.

50_ 김창열, "국민참여 재판 제도에 관한 연구", 「법학연구」 제22권 제1호(2014), 23면.

331조, 제332조(제331조의 상습범에 한한다)와 그 각 미수죄에 해당하는 사건, ii)「폭력행위 등 처벌에 관한 법률」제2조 제1항·제3항, 제3조 제1항·제2항, 제6조(제2조 제1항·제3항, 제3조 제1항·제2항의 미수죄에 한한다), 제9조에 해당하는 사건, iii) 병역법 위반 사건, iv)「특정범죄 가중처벌 등에 관한 법률」제5조에 해당하는 사건, iv)「부정수표 단속법」제5조에 해당하는 사건은 제외한다.], (iii) 위의 (ii)의 사건과 동시에 심판할 공범 사건, (iv) 다른 법률에 의하여 지방법원 합의부의 권한에 속하는 사건 등이다.

이외에 이들 사건의 미수죄·교사죄·방조죄·예비죄·음모죄에 해당하는 사건(같은 항 제2호)과 위의 제1호 또는 제2호에 해당하는 사건과 형사소송법 제11조에 따른 관련 사건으로서 병합하여 심리하는 사건(같은 항 제3호)도 대상 사건으로 된다.

그러나 국민참여 재판 제도가 국민의 권리라는 차원을 넘어 재판의 공정성을 담보하기 위한 핵심 제도라는 사실을 감안한다면 국민참여 재판의 대상은 대폭 확대될 필요가 있다.[51]

2. 법정의 구조

(1) 법정 내의 자리 배치

댄 포모사(Dan Formosa)와 폴 햄버거(Poul Hamburger)는 그들의 책『야구룰 교과서』에서 심판의 제1규칙으로, 심판은 "모든 플레이를 볼 수 있는 위치에 있어야 한다"를 제시한다. 이것은 심판이 플레이에 대한 판정을 올바로 내리기 위한 지상 과제라고 설명한다.[52]

51_ 김태명, "국민참여 재판의 개선 과제", 「인권과 정의」 제379호(2008.3), 33-34면; 김혜경, "국민참여 재판 제도의 시행 평가와 몇 가지 쟁점에 대한 개선 방안", 「영남법학」 제32호(2011.6), 95면.

52_ Dan Formosa, Paul Hamburger, *Baseball Field Guide: An In-Depth Illustrated Guide to the Complete Rules of Baseball*, Da Capo Press, 2008 /

당사자주의를 취하고 있는 영국과 미국의 법정 내의 자리 배치에 대하여 살펴본다. 영국과 미국에서 판사석은 가장 높은 곳에 위치한다. 이것은 재판관으로서 존엄을 드러내기 위함도 있지만, 무엇보다 법정 안의 모든 사람과 일어나는 일을 세심하게 관찰하고 재판의 진행을 감독하기 위함에 있다.[53] 법정의 왼쪽은 배심원석인데 보통 네 줄로 배치되어 열두 명의 배심원과 두 명의 배심원 후보가 앉도록 되어 있다.[54] 이러한 점은 우리나라의 법정 내 자리 배치와 크게 다르지 않다.

그러나 소송 당사자 자리 배치에 있어서는 큰 차이점이 있다. 영미의 법정에서 소송 당사자의 자리는 법정의 중앙에서 판사를 마주하도록 되어 있으며 두 개의 탁자가 한 줄로 늘어서 있는 구조를 하고 있다. 이들 간에는 높고 낮음이 구분이 없으며 누가 어느 쪽 탁자에 앉아야 하는지 정해진 바 없고, 소송 당사자나 일방이 한쪽 탁자에 앉으면 상대방 당사자가 반대쪽 자리를 차지하게 된다. 그러나 대부분의 나라에서 형사 재판의 경우 피고인을 위한 전용석이 마련되어 있다.[55]

증인석은 법정 내의 모든 사람이 증인의 증언을 잘 들을 수 있게 하기 위해 판사석과 배심원단 석과 비스듬하게 배치된다. 증인은 진술 전 증인 전용의 대기실에서 기다리는데 증언을 하기 전 증인 간의 대화는 허용되지 않는다. 증언을 마친 후 증인은 법정을 곧바로 떠나야 하며, 증인은 다른 증인의 증언을 들을 수 없도록 하고 있다.[56]

그러나 한국 법정에서는 피고인과 검사가 마주보고 있고 재판장과 직각이 되는 위치에 있다. 이에 따라 증인석도 재판장을 마주보도록 되어 있어 방청객은 증인의 태도나 말하는 것을 관찰하기 어렵다.

문은실 역, 야구룰 교과서, 2013, 166면.

53_ 黃鳴鶴, 法庭的古事, 團結出版社, 2006 / 이철환 역, 법정의 역사, 시그마북스, 2007, 298면.

54_ 黃鳴鶴, 위의 책, 295면.

55_ 黃鳴鶴, 위의 책, 295면.

56_ 黃鳴鶴, 위의 책, 296면.

나아가 증인 전용 대기실이 없어 증언을 하게 되는 증인은 재판을 방청하다가 곧바로 증언을 하게 된다. 이러한 구조에서 재판장으로서는 소송의 양 당사자인 검사와 피고인을 잘 바라볼 수 없게 되며, 그들의 태도를 살피기 어렵다. 따라서 이러한 법정 내의 자리 배치는 공정한 재판의 원칙에 반하고 있다.

(2) 법정 내의 복장

서양의 복식 문화에서 검은색 복장은 매우 장중한 복식으로 일반적으로 법관과 목자, 학자 세 가지 직업의 종사자만 입을 수 있다. 목자는 하나님을 섬기는 자이며 복음의 전파자이다. 학자는 지혜의 상징이다. 법관의 법복은 공정과 지혜, 법관의 양심을 드러내며, 지고한 사상과 독립적 판단력, 중립적 입장을 뜻한다.[57]

법복은 일반적으로 검은색을 주로 하나 영국과 러시아의 법복은 선홍색이다. 선홍색은 열정과 엄중함 그리고 신비로움을 자아낸다. 법복의 권위는 공권력의 위협으로부터 나오는 것이 아니라 사법에 대한 신앙에서 나온다. 즉 법복은 존경과 경외심을 나타낸다.[58] 나아가 영국에서는 법관과 변호사가 법정에서 가발을 쓴다.[59] 미국에서는 검사나 변호사는 법복을 착용하지 않으며, 피고인은 죄수복을 착용하지 않는다.

그러나 우리나라에서는 판사와 검사는 법복을 착용하지만 변호사는 법복을 착용하지 않는다. 나아가 구속된 피고인은 선택사항이긴 하지만 대다수 피고인은 여전히 법정에서 죄수복을 착용한다. 그러나 이러한 법정 내의 복장은 당사자주의, 무죄 추정의 원칙에 반하며, 공정한 재판의 원칙에도 반한다.

57_ 黃鳴鶴, 위의 책, 304면.
58_ 黃鳴鶴, 위의 책, 304면.
59_ 黃鳴鶴, 위의 책, 311면.

(3) 통로 준수

영미에서는 판사 사무실 바로 옆에 법정이 위치하고 있다. 모든 판사는 자신만의 전용 법정을 가지고 있다. 전용 법정에서는 판사의 이름이 출입문 문패에 새겨져 있다. 판사와 변호사, 소송 당사자는 각자의 통로를 따라 법정에 들어서는데 이를 '통로 준수'라고 한다. 이러한 규칙은 법관과 소송 참가자 사이에 분리대를 설치함으로써 재판의 공정을 저해하는 일이 벌어지지 않도록 방지하는 데 목적이 있다.[60]

오늘날과 같은 법치 사회에서 '통로 준수'를 따르는 법정 구조는 실제 효용성보다는 일종의 상징적 의미라는 성격이 강하다. 재판을 진행하면서 판사가 소송 당사자와 거리를 두는 것은 판사의 직업적 도덕과 사법 제도에 따르는 것이지 통로를 분리한다고 해서 보장되는 것은 아니기 때문이다. 일반적으로 판사는 소송 당사자나 변호사의 예방을 받지 않는다. 이러한 예방은 규정에 따라 판사의 비서가 담당한다. 만약 한쪽 소송 당사자가 약속 없이 방문한 경우 대화를 통해 분쟁을 해결하는 것이 좋다고 판단될 경우 판사는 소송 당사자를 맞이할 수 있다. 그러나 소송 당사자와의 면담이 끝난 뒤 판사는 만난 시각과 장소, 대화 내용을 정리하여 소송 당사자의 상대방 측 변호사에게 통지함으로써 재판이 공정하게 이루어질 수 있도록 한다.[61] 이와 같은 영미에서의 세심한 통로 준수 규칙은 법정의 구조와 함께 재판의 공정성을 담보하고 있다고 평가된다.

(4) 법정 건물

서구인에게 있어 법원은 평범한 국가 기관이나 정치 기구가 아니라 일종의 제도이고 이념이자 신앙과 문화에 해당한다.

서구의 법원 건물은 공평과 정의라는 법적 가치에 주안점을 두고

60_ 黃鳴鶴, 위의 책, 290면.
61_ 黃鳴鶴, 위의 책, 291면.

설계된다. 법원의 조각상은 대부분 눈을 가린 정의의 여신인 디케와 고대 신화에 등장하는 법의 수호신이 차지한다. 어떤 법원은 역사적으로 커다란 공헌을 이른 법관의 두상을 복도에 진열하기도 한다. 이러한 각고의 노력 덕분에 대부분의 서구 법원은 미학적 가치와 법률 문화, 실용성이 하나로 융합된 스타일을 이루고 있다.[62]

이에 비해 우리의 법원 건물은 공정한 재판이라는 가치 개념이나 법률 문화를 제대로 반영하고 있지 않다. 한정된 국가 예산 탓으로, 전국의 법원은 대부분 직사각형의 콘크리트 건물이고, 실용성만 드러내고 있다. 나아가 대부분의 법원 건물과 검찰청 건물이 거의 같은 크기로 같은 부지 안에 나란히 배치되어 있다. 이러한 법정 건물 배치는 공정한 재판이나 당사자주의의 가치에도 반하고 있다.

3. 사법부의 독립

독립된 사법부야말로 자유 민주주의 국가에서 국민의 자유와 권리 보장의 최후 보루로서 꼭 필요하다. 독립된 사법부만이 헌법 제27조가 국민에게 부여한 재판받을 권리, 그중에서도 공정한 재판을 받을 권리를 보장해 줄 수 있다. 2009년에 발생한 ○ 대법관 사태는 사법권 독립과 관련해 우리 사법부가 안고 있는 많은 문제점들을 한꺼번에 보여준 사건이었다. ○ 대법관의 ○○지방법원 원장 시절의 자의적이고 편파적 사건 배당이나 재판 개입은 국민의 '공정한 재판을 받을 권리'를 침해할 수 있는 위헌적 행위라는 측면에서 헌법적 중요성을 가진다.[63]

영국에서는 사법부 독립의 골격이 1701년의 「왕위 계승법」에 의

62_ 黃鳴鶴, 위의 책, 289면.
63_ 임지봉, "사법권의 독립 확보를 위한 방안", 「헌법학 연구」 제16권 제1호 (2010), 145면.

하여 마련되었다. 이 법은 정부가 합당한 이유 없이 법관을 해임하지 못하도록 함으로써 법관을 보호하고 있다. 2005년의「헌정 개혁법」에서 추가 보호 장치를 강구하고 있다.「헌정 개혁법」제3조 제1항은 "사법부의 수장과 국왕의 다른 대신으로서 사법부와 관련된 업무나 사법 제도의 운영과 관련된 업무를 담당하는 자는 사법부의 지속적 독립을 수호하여야 한다"고 규정하고 있다. 같은 법 제3조 제5항은 더 나아가 "사법부의 수장이나 국왕의 다른 대신들은 별도로 사법부에 접근하여 특정한 사건의 결정에 영향력을 행사하려 해서는 안 된다"고 규정하고 있다.[64] 영국에서 사법부의 수장은 법관으로서 사법부를 대표함과 동시에 영국과 웨일즈의 고위 법관 임명을 책임지는 대신이었다. 그러나 2003년부터는 더 이상 법관이 아니게 되었고, 2005년부터는 사법부를 대표하는 역할도 수행하지 않게 되었다. 법관의 임명과 관련하여 사법부의 수장이 가지던 권한도 많이 축소되었다.[65]

법관 인사 제도 개선의 큰 방향으로는 평생 법관제의 실현[66]과 사

64_ Tom Bingham, *The Rule of Law*, Penguin Books Ltd, 2010 / 김기창 역, 법의 지배, 이음, 2013, 160면.

65_ Tom Bingham, 위의 책, 160면.

66_ 미국 헌법을 기초한 해밀턴(A. Hamilton)은『연방주의자 논설』(The Federalist Papers, 한국어판: 페더럴리스트 페이퍼)이란 책에서 "사법부는 칼도 돈도 가지고 있지 않으며, 사회의 힘이나 부에도 영향을 끼치지 못하고, 어떤 것도 실질적으로 결정하지 못한다. 사법부는 힘도 의지도 없으며, 단지 판단만 내린다"고 하였다: Alexander Hamilton et al., The Federalist Papers / 김동역 역, 페더럴리스트 페이퍼, 한울, 2005, 458면[정태욱, "법치주의와 사법부의 독립—'민주주의 후퇴' 시대의 법철학적 단상—",「법학 연구」제12집 제3호(2009.12), 56면에서 재인용]. 즉 사법부는 어떤 현실적 권력도 없지만 다른 권력을 심판하고 감시하는 초월적 권위를 가진다는 것이다. 사법부의 독립은 이와 같은 초월적 지위에 상응하는 것으로, 미국 건국의 아버지는 이를 위한 제도적 장치로 법관의 종신제를 바라보았다. 해밀턴에 의하면 법관의 종신 제도는 사법부 존립의 필수 불가결한 요소로 인식되어야 한다: 정태욱, 위의 글, 57면. 이러한 법관의 종신제 내지 평생 법관제 정착을 위해 현재 법원장 순환 보직제 및 임기제를 시행하고 있다. 이로써 전관 변호사 수가 감소되면 전관 예우의 문제가 어느 정도

법 관료주의의 극복, 합의부의 진정한 의미의 '합의'부로의 운영, 국민의 재판받을 권리의 실질화가 제시되고 있다. 그리고 구체적 대안으로서 판사 직급제의 폐지,[67] 현행 고등법원 부장판사 발탁 인사 제도의 폐지와 순환 보직제 실시, 현 지방법원 단위에서의 항소법원 설치, 법관 회의의 실질화 및 대법원장 인사권과 법원장 근무 평정권 행사 견제, 법관 인사의 당연한 최종 단계에서의 대법관직의 배제, 대법원 행정처의 축소, 법원과 법관 수의 대폭 증원, 법조 일원화로의 이행, 법관 대표 기구의 활성화[68]가 제안되고 있다.[69]

4. 기소 재량

(1) 기소에서의 재량

형사 재판 체계는 복합체로서 사건이 진행됨에 따라 단계별로 다른 단계를 거치게 된다. 기소 역시 전체로서의 형사 재판의 한 단계이다.[70] 웨일즈를 포함한 영국은 보통법 체계 아래에서 비교적 최근에 기소 제도를 도입하였으며, 상당히 많은 사건을 기소하고 있다. 이러

해소될 것으로 기대되고 있다: 하태훈, "사법에 대한 신뢰", 「저스티스」 통권 제134-2호(2013.2), 585-586면.

67_ 최대권, "한국 사법부의 기능과 사법권의 독립", 「서울대학교 법학」 40권 2호 (2000), 53면 이하.

68_ 우리나라에는 법관 사회에서 문제된 사례를 공론화할 수 있는 담론의 장이 존재하지 않는다. 따라서 법관 대표 기구를 활성화시켜 법관의 독립성을 제고하자는 제안이 있다. 즉 법원의 운영위원회를 독일의 법관 사무분담 결정 위원회와 같이 소속 법관을 실질적으로 대표하는 소규모 의결 기구로 구성하여 법관의 자율성과 독립성을 보장하자는 것이다: 이상덕, "사법부 내에서의 법관의 독립", 「행정법 연구」 제34호(2012.12) 165면 이하.

69_ 임지봉, 위의 글, 146-168면.

70_ Jörg-Martin Jehle et al., "Prosecution and Diversion within Criminal Justice Systems in Europe. Aims and Design of a Comparative Study", *Eur J Crim Policy Res*, Vol. 14 (2008), p.94.

한 체제 아래에서 경찰은 광범위한 재량을 갖고 있다. 프랑스는 유럽에서 비교적 오래된 기소 제도를 갖고 있으며 로마법 체계의 영향 아래에 있으며, 여전히 판사에 의한 기소 제도, 즉 대배심(Jugé d' Instruction)을 채택하고 있다. 독일은 기소 법정주의를 채택하고 있지만 지난 세기 동안 실제에 있어서 여기에 대한 예외를 인정하고 있다.[71] 형사소송의 체계를 검토함에 있어 이와 같이 소송 단계뿐만 아니라 수사 단계에서의 역학 관계도 고찰되어야 한다.

(2) 기소 재량의 통제 수단

기소 독점주의, 기소 편의주의, 검사 동일체 원칙이 결합되면 기소 재량에 대한 통제가 어려워지고 기소 재량의 남용으로 이어질 수 있다. 따라서 검사의 기소 재량에 대한 통제 수단이 강구될 필요가 있다. 이러한 통제 수단은 크게 입법에 의한 통제, 검찰 내부의 통제, 검찰 외부의 통제로 나뉘어 볼 수 있다.

첫째, 입법에 의한 통제는 독일의 기소 법정주의(Legalitätsprinzip)를 그 예로 들 수 있다. 독일 형사소송법 제170조에 의하면 형사소송법상 공소를 제기할 만한 충분한 이유인 범죄 혐의가 있는 경우 검찰은 기소할 의무가 있고, 그렇지 않은 경우에는 범죄 혐의 없음을 이유로 절차를 종결할 의무가 있다. 이러한 기소 법정주의에 대한 예외로 '경미한 책임', '공익'과 같은 요건이 충족이 될 경우 기소 편의주의(Opportunitätsprinzip)가 허용된다(독일 형사소송법 제153조 이하).[72]

둘째, 검찰 내부의 통제 수단으로 불기소 처분에 대한 검찰항고가

71_ *Ibid.*, at 98.
72_ Klaus Volk, *Grundkurs StPO*, 6. Aufl., C. H. Beck, 2008, § 12 Rn. 1-2; Claus Roxin et al., *Strafverfahrensrecht: Ein Studienbuch*, C. H. Beck, 2012, § 14 Rn. 1-2.

있다. 검찰항고는 고소·고발 사건에 대한 검사의 부당한 불기소 처분에 대하여 불복하는 제도이다. 그러나 검찰항고는 검사 동일체 원칙이 지배하는 검찰 내에서의 통제 수단이라는 한계가 있다.

셋째, 검찰 외부의 통제 수단으로 우리나라에서는 재정신청, 헌법재판소에 의한 헌법소원이 있다. 검찰 외부의 통제 수단으로 대표적인 것이 미국의 대배심, 프랑스의 사인소추, 일본의 검찰심사회이다.

미국의 대배심(grand jury)의 경우 검사의 불기소 처분이 부당하다고 판단될 때 배심원의 결정에 의하여 직접 소송을 개시함으로써 검사의 소추 재량을 통제한다.[73]

일본의 검찰 심사회는 검사의 불기소 처분에 대하여 민간인으로 구성된 검찰 심사회가 기소 상당 또는 불기소 부당의 의결을 하여 검사 소속의 검사장에게 기소를 권고한다. 이를 통해 검사의 소추 재량을 통제하려는 제도이다. 검찰 심사회는 지방재판소 및 지방재판소의 중요한 지부의 소재지에 실치되며(일본 검찰 심사회법 제1조), 중의원 선거권자 중에서 추첨으로 선정된 11명의 검찰 심사원으로 구성된다(법 제4조). 검찰 심사회가 기소 상당의 의결을 하였음에도 불구하고 검사가 다시 공소를 제기하지 않는다는 처분을 하였을 때에 검찰 심사회는 재심사할 수 있다(법 제41조의2).[74]

프랑스의 사인소추 제도는 범죄의 피해자가 검사의 공소 제기 여부와 관계없이 사소를 제기할 수 있고, 나아가 검사의 불기소에 불복하여 사소를 제기할 수 있다. 이러한 사인소추 제도는 검사의 기소 재량에 대한 강력한 통제 수단이 되고 있는데, 여기에 대하여는 다음에

73_ Rolando V. Del Carmen, *Criminal Procedure: Law and Practice*, 8th ed., Wadsworth, 2010, pp.41-42; Yale Kamisar et al., *Modern Criminal Procedure*, 12th ed. Thomson · West, 2008, pp.1038ff.

74_ 安富潔, 刑事訴訟法, 三省堂, 2009, 233면; 渡辺直行, 刑事訴訟法, 成文堂, 2010, 203면.

서 상세히 언급하기로 한다.

(3) 기소 재량의 완화와 규율

2010.6.11. 검찰은 기소 독점권을 완화하기 위하여 검찰 시민위원회를 설치하기로 하고 이에 따라 전국 41개 검찰청에 검찰 시민위원회가 구성되었다. 그러나 검사가 요청한 사건에 대해서만 심의하도록 하고 있고, 독립성의 문제, 시민위원의 선임, 심의 결과의 기속력 등의 문제점이 제기되고 있다. 위원회는 미국식 기소 배심제를 모델로 하고 있다. 위원회가 한국식 기소 배심제로 운영되기 위해서는 검사가 요청하는 사건뿐만 아니라 고소인이나 고발인이 신청한 사건도 심의하도록 할 필요가 있다. 위원회의 독립성 확보를 위해 위원 선정 절차 및 심의 과정에서 검찰의 영향력을 배제하는 방안이 마련되고, 위원회의 결정에 대하여 구속력을 인정할 필요가 있다.[75]

5. 증거개시

(1) 미 국

미국에서는 형사 절차에서 검사의 역할이 승소를 받는 것이 아니라 정의를 실현하는 데 있다는 것이 강조되고 있다. 브레이디(Brady) 판결에서 미국 연방대법원은 "피고인의 공개 요구가 있었음에도 검사나 피고인에게 유리하고 유·무죄 또는 양형 결정에 중요한 증거를 은폐하는 것은 헌법상의 적법절차 조항을 위반한 것"이라고 판시하였다.[76] 1973년 미국 연방대법원은 "검사는 피고인측의 요구가 없더라도 피고인에게 유리한 주요 증거를 공개할 헌법상의 의무가 있다"라고 판

75_ 윤지영, 재판 전 단계에서의 국민참여 방안에 관한 연구, 한국 형사정책연구원, 2011, 13-168면.

76_ Brady v. Maryland, 373 U.S. 83 (1963).

시하였다.[77]

(2) 영 국

영국에서 1996년 「형사소송과 수사법」(The Criminal Procedure and Investigation Act)이 제정되기 전까지는 검사에게 광범위한 증거개시 의무가 부과되었다. 이에 따라 피고인은 검사가 가지고 있는 모든 관련성 있는 증거를 열람·등사할 수 있었다. 이렇게 검사에게 증거개시 의무를 부과하는 근거는 무기 평등, 공정한 재판을 받을 권리이다. 그런데 위 법의 시행으로 말미암아 검사의 증거개시 의무가 완화되었고 피고인에게도 증거개시 의무를 부과하였다. 물론 피고인이 규정을 위반할 경우 제재가 뒤따르지는 않더라도 이는 피고인의 묵비권과 관련하여 문제가 된다. 이러한 법의 시행은 영국의 형사소송을 당사자주의 형태에서 참여적 형태(participatory model)로 전환시키고 있다.[78]

그러나 이러한 법의 시행은 피고인의 묵비권을 실질적으로 침해하게 되며, 피고인의 절차적 권리, 공정한 재판을 받을 권리를 침해하며 근본적으로 당사자주의를 후퇴하게 만들고 있다.

(3) 국제 형사 재판소

국제 형사 재판소(International Criminal Court, ICC)의 설립에 관한 근거법인 로마 규정(The Rome Statute of ICC)이 2002년 7월 1일부터 발효되었다. 증거개시 제도는 국제 형사 절차에서 무기 평등의 원칙의 실현을 위한 구체적 제도의 하나로 인정되고 있다. 국제 형사 재판소는 증거법과 관련하여 대륙법에 가까운 소송 구조를 취하면서도 영미

77_ United States v. Agurs, 427 U.S. 97 (1976).

78_ Abena Owusu Bempah, "Defence participation through pre-trial disclosure: issues and implications", *The International Journal of Evidence & Proof*, Vol. 17 (2013), pp.183-184.

법에서 발달한 증거개시 제도를 도입하였다.[79] 루방가 사건(Lubanga)에서 검사의 증거개시 의무가 논쟁이 되었다.[80]

(4) 한 국

우리 형사소송법상 증거개시 제도는 공소 제기 이후의 증거개시만을 규정하고 있고, 증거개시 거부의 사유를 추상적·포괄적으로 규정하고 있고, 법원의 증거개시 결정의 이행 수단이 미흡하다는 문제점이 있다. 국민의 공정한 재판을 받을 권리를 위해 공개주의, 구두주의, 직접주의 원칙이 있지만 이를 위해서는 사건의 쟁점이 무엇인지 확인하고 재판 계획을 사전에 세울 수 있어야 한다. 피고인에게 충분한 방어 기회를 주어 그 방어에 필요한 자료를 획득할 수 있도록 하는 것이 중요하고, 이를 위해 증거개시가 필요하다.[81]

6. 조서 재판

(1) 조서 재판과 공정한 재판

조서 재판이란 사실 인정자인 판사가 소송 관계인의 공판정에서의 진술보다 조서에 지나치게 의존하는 재판을 말한다. 조서 재판으로 인하여 직접 심리주의, 구두주의, 공판 중심주의가 위축되고 공정한 재판을 받을 권리가 침해되고 있다고 지적되고 있다. 이와 관련하여 2003년 11월 KBS의 특별 기획물인 「한국 사회를 말한다」의 제작을 위한 "사법 제도 개혁 관련 국민의식 조사"에서 "재판이 공정한가"라는 질문에 대해 68.6%의 응답자가 "아니다"라고 대답하였다.[82] 조서 재판

79_ 이윤제, "국제 형사 재판소 루방가 사건과 검사의 증거개시 의무", 「형사정책 연구」 제22권 제4호 통권 제88호 (2011. 겨울), 102-104면.

80_ ICC-01/04-01-06, The Prosecutor v. Thomas Lubanga Dyilo.

81_ 주용기, "공정한 재판을 위한 형사 증거개시 제도에 관한 법정책적 고찰", 「법과 정책 연구」 제11집 제3호(2011.9), 105-107면.

을 극복하고 공정한 재판을 보장하기 위하여 공판 중심주의를 활성화해야 하며, 이와 관련된 전문법칙 등 증거법이 대폭 정비되어야 한다. 나아가 이러한 조서 재판은 피고인의 청문권을 침해한다.

청문권(der Anspruch auf rechtleches Gehör)이란 법원의 절차에서 제기된 사실상·법률상 모든 문제에 대하여 진술하고, 법원으로 하여금 이를 듣게 할 기회를 요구할 수 있는 기본권을 의미한다. 이러한 청문권에 대하여 독일은 기본법 제103조 제1항에서 이를 명시적으로 규정하고 있다.[83] 청문권은 소송 관여자에게 소송의 기초가 되는 모든 자료에의 접근을 가능하게 해 줄 것을 요구하는 권리(정보 청구권), 소송에서 사실상·법률상의 점에 대해 진술하고 증거를 제출할 수 있는 권리(表明權), 당사자의 주장과 진술에 대하여 법원이 숙고하여 답변할 의무(법원의 고려 의무)로 나뉠 수 있고, 법원의 고려 의무에는 판결 이유가 구체적이어야 한다는 의무가 포함된다.[84] 조서 재판은 법원으로 하여금 증인의 생생한 증언을 청취하도록 하고, 피고인이 증언에 대하여 반박할 기회를 제공하도록 하는 청문권을 침해하게 된다.

이하에서는 조서 재판의 현상에 대하여 살펴본다. 이어 특히 문제가 많다고 지적되고 있는 문답식 조서와 조서 재판의 연혁에 대하여 살펴보고, 우리와 상황이 비슷한 일본에서의 조서 재판에 대하여 살펴본다. 이러한 검토를 토대로 하여 조서 재판의 극복 방안에 대하여 논의한다.

82_ 민영성, "공판 중심주의와 공정한 재판", 「법조」 Vol. 593 (2006.2), 96면.

83_ 정철, "청문권의 헌법적 수용 가능성―법원에 대한 청문권을 중심으로―", 「공법학 연구」 제8권 제3호(2007.8), 329면.

84_ 정철, 위의 글, 321-333면.

(2) 조서 재판의 현상
1) 조서 재판의 현재
한국의 조서 재판의 현상에 대하여 신동운 교수는 다음과 같이 적고 있다:[85]

사건의 내용에 대하여 구두로 재판부에 전달되는 부분은 극히 적다. 거의 대부분은 서면으로 대체된다. 변론의 실질은 판사실에서 이루어지며, 변호의 내용은 조서에 적힌 내용으로 대체된다. 무성 영화처럼 아무런 소리 없이 서면으로만 재판이 이루어진다.

또한 검사가 수사 기록을 송부할 때 첨부하는 증거 목록을 증거 신청으로 간주한다. 검사 측의 증거에 대한 증거 채부 결정은 고지하지 않고 피고인 측의 증거에 대하여서 증거 채부 결정을 구두로 고지한다. 증거물 제시 또는 증거서류 제출시 지시 설명, 요지의 고지와 같은 증거 조사 절차가 생략되고, 피고인 측에서 증거 동의를 하는지만 묻는다. 증인 신문 절차는 수사 기관이 작성한 수사 서류의 진정성립을 확인하여 증거능력을 부여하는 절차로 왜곡·축소시킨다. 피고인이 부인하는 경우 다투었다는 사실만 기재하고, 변호인의 최후변론도 "피고인을 위하여 유리한 변론을 하다"라고 간략하게 기재한다. 판결서 작성에서 증거 요지는 증거 목록만을 열거하는 수준으로 하고, 검사 측 증거를 배척하는 요지는 자세히 기재하나 피고인 측의 증거를 배척하는 이유에 대한 설시는 하지 않는다.[86]

85_ 신동운, "형사 사법 개혁의 쟁점과 동향", 21세기 형사 사법 개혁의 방향과 대국민 법률 서비스 개선 방안(Ⅱ), 한국 형사정책연구원, 2004, 87-88면.
86_ 차정인, "형사소송법규(刑事訴訟法規)에 충실(充實)한 공판절차(公判節次)— 공판 중심주의의 실현을 위하여—", 「법조」 제55권 제9호(2006), 761-762면.

2) 형사소송의 원칙과의 관계

이러한 조서 재판 제도 내지 관행은 형사소송의 여러 원칙을 왜곡시키고 있다. 즉 조서 재판은 수사 기관에서 한 피고인의 자백을 유죄로 추정하게 만든다. 조서에 기재된 자백으로 생긴 사실상 유죄 추정 때문에 법정에 제출된 증거는 피고인의 무죄 입증보다는 피고인이 한 자백의 신빙성을 탄핵하기 위한 용도로 사용되고 있다.[87] 결국 법정에서 이루어지는 재판 절차를 수사 절차와 당부만을 평가한 절차에 불과할 정도로 형해화되어 공판 중심주의, 구두주의, 직접주의, 무죄 추정의 원칙을 훼손시키고 있다.

3) 진실 발견과 조서 재판

이러한 조서 재판은 진실 발견에도 장애물이 되고 있다. 수사 기관이 수사 초기에 심증을 가지고 조사를 시작하면 터널 효과(tunnel-vision)[88]로 인해 다른 증거를 보려 하지 않는다. 즉 자백이 있는 경우 수사 기관뿐만 아니라 판사 역시 자백 사실과 선택적 관계에 있는 조사나 증거를 무시하게 되는데, 이럴 때 이미 작성된 조서가 결정적 역할을 하게 된다.

(3) 문답식 조서의 폐단

현재 조서 작성은 대부분 문답식 조서 작성 방식으로 이루어진다. 수사관은 조서에 기재할 사항을 미리 구상해 놓고 피조사자의 진술이 여기에 부합하면 기재하고, 자신의 구상에 부합하지 않으면 반복해서 질문하거나 유도하여 번복시켜 기재한다. 피조사자가 끝까지 부인하면 질문 내용을 상세히 기재하고 피조사자의 진술을 변명에 불과한 것

87_ 한정호, "수사 기관의 조서를 통한 사실 관계 발견의 한계", 재판자료 제110집 (2006), 274면.

88_ '터널 효과'란 다른 목표물을 배제하고 특정 목표물에 대하여 집중적 주의를 기울이는 경향을 말한다. 이에 대하여는, 권영법, 형사증거법 원론, 세창출판사, 2013, 378-379면.

처럼 불명확하게 기재하는 경우가 많다.[89]

　이러한 문답식 조서는 일제시대 때 신문 방식을 그대로 답습하고 있는 것에서 비롯되고 있다. 정작 현재 일본에서는 이러한 문답식 조서를 작성하고 있지 않다. 영국이나 미국에서는 조서 자체가 작성되는 경우가 드물고 설령 조서가 작성되더라도 대부분 공판에 제출하려는 용도로 작성되지 않는다. 따라서 영미에서는 문답식 조서 자체가 존재하지 않고, 독일에도 문답식 조서는 작성되지 않고 있다.[90]

　현재 이러한 문답식 조서가 수사 서류의 대부분을 차지하고 있다. 나아가 법학전문대학원 체제가 출범한 이후 법학전문대학원의 '형사 실무'라는 과목에서 이러한 문답식 조서가 작성되고 있음을 전제로 하여 이러한 문답식 조서를 검토하여 변론 요지서, 판결서 등을 작성하도록 가르치고 있다.[91] 즉 잘못된 수사 관행을 확대 재생산하는 데 법학전문대학원의 형사 실무 수업이 일조하고 있는 것이다.[92]

　우리나라를 제외한 대다수의 나라에서 문답식 조서를 작성하지 않고 있는 것은 이러한 문답식 조서는 전문법칙과 대면권을 정면으로 위배하기 때문이다. 문답식 조서는 조사관의 질문과 피고인 또는 참고인의 답변으로 구성된다. 그런데 조사관의 질문의 경우에는 전문법칙과 관련하여 큰 문제점이 발생한다. 조서관의 질문은 피고인의 범죄를 암시하는 '타인의 진술'이라 할 수 있는데, 조서에 이러한 조사관의 질문이 혼재되어 있으면 피고인의 헌법상의 권리인 대면권을 정면으로

89_ 한정호, 앞의 글, 283-284면; 김태명, "공판 중심주의 관점에서 본 증거법의 바람직한 운용 방안",「형사법 연구」제26권 제1호 (2014), 198면.

90_ 권영법, 앞의 책, 43-44면.

91_ 양동철, 형사법 기록형 형사소송 실무, 박영사, 2012, 3면 이하.

92_ 설령 문답식 조서가 수사 실무에서 작성되고 있는 것이 현실이더라도 형사 실무 교재에서는 이러한 문답식 조서가 잘못된 것이고, 비교법적으로 볼 때 이러한 문답식 조서를 작성하는 나라가 없으며, 따라서 문답식 조서 작성 방식은 폐지되어야 한다는 정도의 지적은 있어야 한다.

침해하게 된다. 조사관의 질문이 타인의 진술을 내용으로 하면 '재전문증거'에 해당하고, 조사관의 질문이 직접적 질문이면 '전문증거'인데 이는 피고인에 불리한 타인의 진술이므로 피고인이 증거로 함에 부동의하면 증거로 허용되어서는 안 된다.[93]

나아가 문답식 조서는 공개된 법정에서 다투어야 할 사항을 밀폐된 공간에서 조사관이 미리 질문하여 조서에 남김으로써 재판에서 해야 할 사항을 대신하고 있으므로 이는 구두 변론주의, 공개주의, 직접주의에도 위배된다.

(4) 조서 재판의 연혁

조서 재판의 관행은 일제 강점기 때 고착되어 현재까지 지속되고 있다. 1912년 형사령은 수사 기관의 강제 처분권을 확대·강화시켰고, 검사와 사법 경찰관이 일상적으로 피의자 신문, 증인 신문을 행하고, 피의자 신문조서, 증인 신문조서를 작성하여 공판정에 증거로 제출하였다.[94]

일제 강점기 때 수사에서는 예심판사를 두어 공판 전 수사 절차를 감독·통제하게 하였다. 즉 예심판사가 증거 조사의 권한을 행사하여 심증을 형성하며, 수소법원이 그러한 심증을 이어가는 구조로 진행되었다.[95] 조선 형사령은 검사와 사법 경찰관이 증거 조사와 관련하여 조서를 작성하도록 하였다. 식민지 조선에서 검사나 사법 경찰관은 예심판사에 준하는 지위를 누렸으므로 검사와 사법 경찰관이 작성한 조서가 증거로 사용되었다. 결국 공판에서 재판은 수사 기관이 작성한 조서를 중요 자료로 삼는 조서 재판의 형태를 띠게 되었다.[96] 결국 수

93_ 권영법, 위의 책, 43-44면.
94_ 심희기, "일제 강점기 조서 재판의 실태", 「형사법 연구」 제25권 (2006), 339면.
95_ 김희균, "형사 사법 제도의 변천과 인권―당사자주의의 확립―", 「법과 사회」 제34권 (2008), 234-235면.

사 기관에서 한 말이 그대로 법정으로 이어져 피고인으로서는 어떻게 해 볼 도리가 없는 재판이 되었다.[97] 결국 일제 강점기의 조서 재판은 재판으로서의 품격이 거의 없는 것이었다.[98]

헌법재판소는 해방 이후 현행 형사소송법이 직권주의 바탕 위에 영미법계의 전문 법칙을 받아들여 공판 중심주의에 철저를 기하였다고 평가하고 있다.[99] 그러나 이러한 평가는 매우 수사적이고 지나치게 과장된 평가이다. 현행 형사소송법 제310조의2(전문증거와 증거능력의 제한)부터 제318조의2(탄핵증거)까지 살펴보면, 현재의 형사소송이 일제 강점기의 조서 재판으로부터 크게 벗어난 것으로 볼 수 없다.[100] 결국 현재에도 조서 재판은 그대로 이어져 오고 있다고 함이 정확한 평가라고 본다.

(5) 일본의 조서 재판에 대한 반성

일본에서는 현재 우리나라에서와 같은 문답식 조서는 작성되고 있지 않으므로 우리의 사정보다는 한결 낫다고 본다. 그러나 일본 역시 여전히 조서 재판에서 벗어나지 못하고 있는데 이러한 일본의 조서 재판과 여기에 대한 반성론에 대하여 살펴보기로 한다. 일본의 조서 재판 관행에 대하여 요시마루 마코토(吉丸眞) 교수는 이렇게 언급한다:[101]

96_ 김회균, 위의 글, 234면.
97_ 김회균, 위의 글, 235면.
98_ 심희기, 앞의 글, 351면.
99_ 헌법재판소 1994. 4. 28. 선고 93헌바26 결정.
100_ 심희기, 앞의 글, 352면.
101_ 吉丸眞, "刑事裁判における心證形成", 刑法雜誌, 39권 1호 (1999), 2면 [김태명, "공판 중심주의 관점에서 본 증거법의 바람직한 운용 방향", 「형사법 연구」 제26권 제1호 (2014), 183면에서 재인용].

수사 단계에서 작성된 서증에 대한 조사는 형식적 '요지의 고지'에 그치고 있기 때문에 재판소가 법정에서 심증을 형성하기 어렵고, 후에 재판관이 자기 집무실에서 기록을 읽고 사실 인정 및 양형 판단을 하고 있다. 증인의 공판 진술과 수사 단계의 검찰관 조서가 상이할 경우 안이하게 검찰관 조서를 채용하고 있다. 피고인 자백조서의 증거능력과 관련하여 임의성에 대한 심사를 엄격하게 하지 않는다. 증거 신용성의 판단에 있어서도 증인 또는 피고인의 공판 진술과 수사 단계의 진술조서가 상이할 경우 공판 진술보다도 수사 단계의 진술조서를 더 신용하는 경향이 강하다. 공판이 간격을 두고 띄엄띄엄 열리기 때문에 법정의 증인신문에서 얻은 심증을 유지하기 곤란하고, 이에 따라 기록에 의한 재판이 되지 않을 수 없다.

이러한 조서 재판 현상에 대하여 히라노 류이치(平野龍一) 교수는 일본의 공판이 수사 절차를 추인해 가는 장이 되고 있어 형사 절차가 병적이고, 비정상적이며, 장래가 절망적이라고 진단한다. 결국 조서 재판을 극복하기 위해서는 배심제를 채택하는 것 외에는 재생의 길이 없다고 주장한다.[102]

마츠오 고야(松尾浩也) 교수도 현행 형사소송법이 유사 당사자주의를 지향한 것에 불과하다고 본다. 새로운 형사소송법에서도 검찰관이 여전히 형사 절차의 주재자로서 자백 중심 수사와 공판의 직권주의적 운영을 통한 구태의연한 실무가 지배하고 있다고 진단내린다.[103]

102_ 平野龍一, "現代刑事訴訟の診断", 団藤中光博士古稀祝賀論文集 4卷, 1985, 407면 [김태명, 위의 글 181면에서 재인용].
103_ 松尾浩也, "刑事訴訟法を學ぶ", 法學敎室 12호 (1981), 46면 [김태명, 위의 글 182면에서 재인용].

(6) 조서 재판 극복을 위한 변화

1) 종래 판례의 태도

조서 재판에서 가장 논란의 중심이 되는 조서가 피의자 신문조서이다. 피의자 신문조서의 증거능력과 관련해 대법원은 사법 경찰관이 작성한 조서보다 검사가 작성한 조서에 대하여 관대했다. 즉 검사가 작성한 피의자 신문조서의 경우 형식적 진정성립만 인정되면 특별한 사정이 없는 한 실질적 진정성립을 추정했다.[104] 이렇게 실질적 진정성립이 추정되면 진술의 임의성 및 특신 상태까지 추정하였다.[105] 참고인 진술조서의 경우 형식적 진정성립과 실질적 진정성립을 인정한 이상 내용을 부인하거나 조서 내용과 다른 진술을 하여도 증거능력이 인정된다고 보았다.[106]

2) 판례의 변화

그런데 대법원은 2004년 실질적 진정성립을 추정한다는 종래의 입장에서 선회하여 아래와 같이 조서의 진정성립에 있어 형식적 진정성립과 실질적 진정성립이라는 두 가지 요건을 모두 갖추어야 한다고 판시하였다:[107]

형사소송법 제312조 제1항 본문은 "검사가 피의자나 피의자 아닌 자의 진술을 기재한 조서와 검사 또는 사법 경찰관이 검증의 결과를 기재한 조서는 공판 준비 또는 공판 기일에서의 원진술자의 진술에 의하여 그 성립의 진정함이 인정된 때에 증거로 할 수 있다."고 규정하고 있는데, 여기서 성립의 진정이라 함은 간인·서명·날인 등 조서의 형식적 진정성립과 그 조서의 내용이 원진술자가 진술한 대로 기재된 것이라는 실

104_ 대법원 2000.7.28. 선고 2000도2617 판결; 대법원 1992.6.23. 선고 92도769 판결.
105_ 대법원 1996.6.14. 선고 96도865 판결; 대법원 1987.9.8. 87도1507 판결.
106_ 대법원 1985.10.8. 선고 85도1843, 265 판결.
107_ 대법원 2004.12.24. 선고 20025도537 판결.

질적 진정성립을 모두 의미하는 것이고, 위 법문의 문언상 성립의 진정은 '원진술자의 진술에 의하여' 인정되는 방법 외에 다른 방법을 규정하고 있지 아니하므로, 실질적 진정성립도 원진술자의 진술에 의하여서만 인정될 수 있는 것이라고 보아야 하며, 이는 검사 작성의 피고인이 된 피의자 신문조서의 경우에도 다르지 않다고 할 것인바, 검사가 피의자나 피의자 아닌 자의 진술을 기재한 조서는 공판 준비 또는 공판 기일에서 원진술자의 진술에 의하여 **형식적 진정성립뿐만 아니라 실질적 진정성립까지 인정된 때에 한하여 비로소 그 성립의 진정함이 인정되어 증거로 사용할 수 있다고 보아야 한다.**

이러한 대법원 판결에 대하여 학계에서는 이 판결이 종래 조서 중심의 수사 내지 조서 재판의 관행에서 벗어나려는 의지를 표현한 것이라고 평가하고 있다.[108] 대법원 판례에 따르면 형식적 진정성립이란 조서 작성 절차와 방식이 적법하다는 것을 의미하고, 실질적 진정성립이란 조서 내용이 검사 앞에서 진술한 것과 동일하게 기재되어 있다는 것을 의미한다고 보고 있다. 여기서 기재 내용이 동일하다는 것은 진술한 내용이 진술한 대로 기재되어 있어야 한다는 것뿐만 아니라 진술하지 아니한 내용이 진술한 것처럼 기재되어 있지 아니한 것을 포함한다는 것으로 해석한다.[109]

영미 증거법에서 진정성 입증(authentication)이란 필적이나 오래된 문서에 있어 문서 작성 명의인이 문제가 되는 경우 증거를 제출하는 당사자가 사실 판단자에게 그러한 증거를 제출하는 입증 취지를 뒷받침하는 단서를 제공하는 것을 말한다.[110] 그러므로 진정성립이란 전

108_ 신양균, "공판 중심주의 의의와 실현 방안", 「경찰학 논총」 제3권 제1호 (2008), 137면.

109_ 대법원 2013.3.14. 선고 2011도8325 판결.

110_ Christopher B. Mueller et al., *Evidence*, 4th ed., Wolters Kluwer, 2009, pp. 1141ff.

문법칙과 무관한데, 전문법칙에 관한 규정에서 진정성립이라는 요건을 두는 것은 잘못이다. 특히 공무원인 검사나 사법 경찰관이 작성한 조서에 있어 작성 명의인이 문제가 되는 경우란 예상하기 어렵다. 검사 작성의 피의자 신문조서가 형사소송에서 문제가 되는 것은 문답식 조서라는 잘못된 수사 관행 때문이라고 보여진다. 피의자의 진술 부분의 경우, 피고인이 자백한 사실을 법정에서 부인할 때 영상 녹화물이나 조사자 증언(제312조 제2항, 제316조 제1항) 등의 방법에 의하여 입증할 방법이 있으므로 문제가 되지 않는다. 그런데 조서 중 조사관 진술 부분의 경우가 문제가 된다. 이와 관련하여 우리나라와 같이 조서가 작성되고 있는 독일과 일본의 실무 예를 살펴본다.

먼저 독일의 신문조서를 살펴보면, 첫 장에 피의자 신문(Beschudigten-vernehmung)이란 제목 아래에 성인인지 여부, 국적, 직업, 이름, 생년월일, 성별, 학력, 주소 등 인적 사항을 기재한다. 이어 직장 주소, 수입, 자녀 수와 연령, 가족 관계를 기재한다. 그 다음 장에 진술할 사항을 기재하는데, 먼저 묵비권과 변호인 선임권을 고지한다.[111](여기까지는 우리나라 조서와 크게 차이가 없지만 우리나라에서는 이러한 사항도 조사관이 질문하고 피의자가 대답하는 방식으로 작성되고 있다는 점에 차이가 있다). 다음으로 "위의 사항을 고지받고 진술하기로 결심하였다"고 작성된 부분 아래에 피의자가 서명한다. 그 다음에 피의자가 사건 순서대로 있었던 일을 자술서 형식으로 기재한다(물론 진술서 부분은 조사관이 타이핑한다). 그 아래 왼쪽에 피의자 이름 위에 피의자가 서명하고, 그 오른쪽의 조사관 이름 위에 조사관이 나란히 서명한다.[112]

111_ Klaus Haller et al., *Das Strafverfahren: Eine systematische Darstellung mit Originalakte und Fallbeispielen*, 5. Aufl., C. F. Müller Verlag, 2008, S. 38-39.
112_ A. a. O., S. 39.

다음으로 일본의 조서를 살펴본다. 일본의 조서는 공술조서(供述調書)라는 제목 아래 주거, 직업, 성명, 생년월일을 기재한다. 그 다음 "상기 본인은 0년 0월 0일 경찰서에게 출석하여 임의로 진술한다"라고 기재한 다음 주소, 주거 조건, 직업, 가족 관계 등 인적 사항을 자술서 형식으로 기재하고 이어 사건의 경위를 사건 순서대로 기재한다(이 부분은 모두 조사관이 타이핑한다). 그 다음 피의자가 서명 날인한다. 이어 조사관이 자신 면전에서 기재된 대로 진술했고, 녹취하였으며, 피의자에게 읽어주고 열람하게 하여 오기가 없음을 확인하고 서명·날인받았다고 기재하고, 작성 일자와 조사관의 직책과 이름을 쓰고 도장을 날인한다.[113]

위에서 보듯 독일, 일본의 경우 우리의 수사 기관 작성 피의자 신문조서에 해당하는 피의자 신문서, 공술조서에서 조사관의 질문 부분이 없다. 독일에서 조사관이 작성한 부분은 피의자의 인적 사항을 표기한 부분과 피의자가 진술한 것을 타이핑한 것과 서명한 부분이고, 일본의 경우 피의자가 진술한 부분을 타이핑한 부분과 조서 말미에 조서 내용대로 기재된 것을 확인한다는 부분과 조서자의 날인 부분이다.

전문법칙에 의할 때 조사자의 사건에 대한 질문은 타인의 진술에 해당한다. 결국 현행 형사소송법 규정에 의할 때 조사자의 사건에 대한 질문 부분은 검사나 사법 경찰관 작성의 피의자 신문조서에 기재해서는 안 될 부분이라고 할 수 있다. 조사자의 질문에는 전문법칙에 의할 때 아래에서 보듯 여러 가지 성격의 진술이 혼재되어 있다.

첫째, 조사자의 질문이 피고인의 과거 진술한 부분을 상기시키는 것이라면 이는 형사소송법 제313조 제1항의 진술서, 즉 피고인이 아닌 자가 작성한 진술에 해당하므로 피고인이 부동의하면 증거로 허용해

113_ 前田雅英, 刑事訴訟実務の基礎: 記録篇, 弘文堂, 2010, 175-177면, 182-183면, 191-200면.

서는 안 된다.

둘째, 조사자 질문이 피고인 이외의 제3자의 진술을 내용으로 하는 것이면 역시 제313조 제1항의 진술서라고 할 수 있다.

셋째, 조사자의 질문이 조사자의 생각이나 판단에 해당하는 것이라 하더라도 역시 제313조 제1항의 진술서라고 할 수 있다.

따라서 수사관의 사건에 대한 질문은 제312조의 조서에 해당하는 것이라고 볼 것이 아니라 제313조의 진술서라고 보아서 피고인이 법정에서 증거로 함에 부동의 하면 증거로 허용해서는 안 될 것이다.

3) 형사소송법의 개정

위 대법원 판결 이후 형사소송법 개정이 논의되었고, 2008.1.1. 개정된 형사소송법이 시행되고 있다. 개정 형사소송법은 조서 재판의 관행을 시정하고 당사자주의로 나아가기 위한 여러 방안을 도입하였다:

첫째, 피고인 또는 변호인이 공소 제기된 사건에 대한 서류 또는 물건의 열람·등사를 신청할 수 있도록 하는 증거개시 제도를 도입하고, 피고인 또는 변호인에게 증거개시를 요구할 수 있도록 하였다(형사소송법 제266조의3 및 제266조의4). 둘째, 공판 기일 전에 쟁점 정리 및 입증 계획의 수립을 위하여 공판 준비 절차 제도를 도입함으로써 심리를 효율적으로 운영할 수 있도록 하고, 심리에 이틀 이상 필요한 경우에는 부득이한 사정이 없는 한 매일 계속하여 공판정을 개정하도록 함으로써 집중 심리가 가능하도록 하였다(법 제266조의5 내지 제266조의16, 제267조의2 및 제275조의3). 셋째, 증거 조사 절차를 개선하여 증거서류, 증거물 등에 대한 조사 방식을 보완하고(법 제292조, 제292조의2), 피고인 신문은 원칙적으로 증거 조사 완료 후에 검사 또는 변호인이 법원에 신청하여 하되, 재판장은 필요하다고 인정하는 경우 증거 조사가 완료되기 전이라도 피고인 신문을 허가할 수 있도록 하였다(법 제296조의2). 넷째, 조서의 증거능력과 관련하여, 검사가 피고인인 피의자의 진술을 기재한 조서로서 피고인이 진정성립을 부인하는 경우에는 영상녹화물 등 객관적 방법에 의하여 진정성립을 증명할 수 있도록 하며(법 제312조 제2항), 참고인의 진술을 기재한 조서도 이에 준하여 증거능력을 인정하되, 반대신문권의 보장 요건을 추가하였다(법 제312조 제4항).[114]

4) 개정 형사소송법의 평가

이러한 노력에도 불구하고 조서 재판을 극복하기에는 아직 갈 길이 멀다고 할 수 있다. 개정 형사소송법상 전문법칙과 관련된 조항을 보면 이는 영미의 전문법칙과는 너무나 거리가 먼 것을 볼 수 있다. 영미의 전문법칙은 구술 증거를 중심으로 예외를 다루고 있다. 나아가 미국에서는 최근 반규문주의 영향으로 형사 사건에서 대면권을 한층 강화하고 있어 이러한 예외 증거를 엄격하게 제한하고 있다. 그러나 개정 형사소송법의 전문법칙의 예외에 관한 규정은 수사 기관이 작성한 조서의 증거능력에 초점을 맞추어져 있다.[115]

나아가 형사소송법 제318조의2 제1항에서 이렇게 허용되지 않던 조서도 탄핵증거라는 명목으로 모든 재판에서 증거로 제출할 수 있는 길을 터놓고 있다.[116] 이러한 탄핵 규정으로 인하여 전문법칙은 더더욱 형해화되고 있다. 결국 형사소송법 개정 등 노력에도 불구하고 조서 재판이라는 본질에는 변함이 없다고 본다.

114_ 정웅석, "개정 형사소송법의 평가와 향후 과제", 「저스티스」 통권 제101호 (2007.12), 213-214면.

115_ 김종구, "형사소송법상 전문법칙의 입법 연혁과 영미법의 영향—일본 형사소송법상 전문법칙의 제정 과정과 관련하여—", 「법학논총」 제19집 제3호, 88면.

116_ 권영법, 앞의 책, 2013, 110면 이하.

(7) 조서 재판 극복을 위한 방안

1) 형사 증거법의 정비

형사소송은 진실 발견과 절차적 정의를 이룩하려는 것을 목적으로 삼고 있고, 형사 증거법은 이러한 이념에 따라 증거의 허용성과 신빙성의 평가에 대한 합리적이고 공정한 규칙을 정립하여야 한다. 범죄 사실은 규문주의와 같이 밀폐된 공간에서 서류에 의해 규명되어서는 안 되며, 원칙적으로 모든 소송 관계자가 참여한 가운데 공개된 장소에서 구두에 의해 재구성되어야 한다. 법관은 직접 증거에 대한 조사가 가능한 경우 간접 증거에 의해 이를 대체해서는 안 된다. 특히 인적 증거의 경우 원칙적으로 선서하게 하고, 소송 당사자의 교호신문을 통하여 진술의 신빙성을 탄핵하게 하고, 법관은 증인의 생생한 태도를 관찰하여 진술의 의미와 신빙성을 파악하여야 한다.[117] 현행 형사 재판이 이와 같은 원래의 모습을 회복하려면 먼저 조서를 손쉽게 허용하고 있는 전문법칙 관련 규정이 개정되어야 하고,[118] 관련성, 성격증거법칙[119] 등 증거법칙의 체계적 도입과 탄핵 규정 등에 대한 입법론적 정비[120]가 있어야 한다.

2) 수사의 혁신

첫째, 자백을 얻으려는 현재의 수사기법은 리드기법(Reid technique)에 근거하고 있다. 이러한 조사 방식 대신에 면담 접근 방법(investigative interviewing approach)을 채택하여야 할 것이다.[121]

둘째, 조사에 취약한 피조사자를 보호하는 방안이 강구되어야 한다. 인지 능력, 지적 능력이 떨어지는 자, 육체적·심리적 상태가 미약한 자에 대해 실질적으로 변호인의 조력을 받는 방안과 이들의 능력을

117_ 권영법, 위의 책, ii 면.
118_ 구체적 입법안에 대하여는, 권영법, 위의 책, 45-50면.
119_ 성격증거법칙의 입법론에 대하여는, 권영법, 위의 책, 94-96면.
120_ 탄핵 규정의 개정안에 대하여는, 권영법, 위의 책, 144-145면.
121_ 권영법, 위의 책, 383면.

감안한 조사가 이루어져야 한다.

셋째, 조사의 전 과정이 녹음·녹화되어야 한다. 조사의 전 과정이 아닌 일부분이 녹음·녹화될 경우 조사의 객관성을 담보할 수 없다.

7. 피고인 신문 제도

(1) 당사자주의와 피고인 신문

규문주의에서는 모든 형사소송이 피고인 신문에서 시작하고, 피고인이 묵비권을 행사할 경우 실제에 있어 불이익하게 작용한다. 당사자주의에서는 피고인에 대한 신문이 허용되지 않고 피고인 스스로 묵비권을 포기하고 증언을 하는 경우에만 신문할 수 있다. 피고인 신문 제도는 규문주의 형사소송의 잔재로, 피고인 자백 위주의 재판 형태이다. 검사가 형사소송의 당사자인 피고인을 신문할 수 있고, 그 진술이 증거로 사용될 수 있다는 것은 당사자주의에 위배된다.

(2) 묵비권과의 관계

피고인 신문은 피고인의 헌법상의 권리인 묵비권과 관련이 깊다. 헌법 제12조 제2항에서 "모든 국민은 … 형사상 자기에게 불리한 진술을 강요당하지 아니한다"고 규정하고 있고, 형사소송법 제283조의3 제1항에서도 "피고인은 진술하지 아니하거나 개개의 질문에 대하여 진술을 거부할 수 있다"고 규정하고 있어 묵비권을 보장하고 있다. 이렇게 묵비권을 보장하는 것은 '피의자나 피고인이 형사소송에서의 목적인 진실 발견이라는 국가 이익보다 피고인의 인권을 우선함으로서 피의자·피고인의 인간으로서의 존엄과 가치를 보장하고, 나아가 피의자·피고인으로부터 부당하게 자백을 받으려는 국가 권력 행사를 방지하려는 데' 목적이 있다.[122] 나아가 이러한 묵비권의 보장은 규문주의 소송이 아닌 당사자주의 소송에 다가가게 한다는 의미도 내포하고 있다.

(3) 비교법적 검토

피고인 신문 제도에 대한 미국, 영국, 독일, 일본의 태도를 살펴보면 아래와 같다.

미국의 경우 미국 연방 수정헌법 제5조에서 "누구도 형사 재판에서 자기에게 불리한 증인이 될 것을 강요당하지 아니한다"고 규정하고 있다. 이러한 묵비권은 피고인이 법정에서 증인석에 서지 않는 권리를 말한다. 따라서 피고인에 대한 신문은 허용되지 않는다. 그러나 피고인이 묵비권을 포기하고 증인으로 증언할 수는 있다. 따라서 피고인이 일단 증인석에 서면 자기에 대하여 불리한 사항일지라도 증언을 거부할 수 없다.[123]

영국에서는 당사자주의의 전통에 따라 소추자 측은 피고인에 대하여 주신문할 수 없고, 판사도 피고인을 신문할 수 없다. 다만 피고인이 묵비권을 포기하고 증인석에 설 경우 반대신문할 수 있다. 그런데 1994년 제정된「형사 사법과 공공질서법」(Criminal Justice and Public Order Act) 제35조에 의하면 피고인이 증언을 하는 것을 거부하거나 증인석에서 선서하였음에도 정당한 이유 없이 신문에 대한 답변을 거부할 경우에 법원이나 배심은 이로부터 적절하다고 판단되는 추인을 할 수 있다고 규정하고 있다. 다만 소추자 측에서 판결을 선고할 만한 사건으로 볼 정도로 충분한 증거를 제출한 때까지는 이러한 불이익 추정은 할 수 없다.[124] 이러한 영국에서의 변화는 당사자주의에서 다소 후퇴한 것으로 평가된다.

독일의 경우 재판장이 직권으로 피고인을 신문한다. 피고인 신문

122_ 대법원 2004.12.24. 선고 2004도5494 판결; 헌법재판소 2001.11.29. 선고 2001헌바41 결정.

123_ Yale Kamisar et al., *op. cit.*, at 821ff; 안성수, "피고인 신문 제도와 미국의 피고인 증언 제도",「법조」Vol. 586 (2005.7), 121면 이하.

124_ Nicola Padfield, *Text and Materials on the Criminal Justice Process*, 4th ed., Oxford, 2008, pp.154-155.

은 필수 절차로서 원칙적으로 증거 조사 이전에 이루어진다. 그러나 피고인에 대한 신문을 이미 한 경우 신문의 결과물인 조서를 낭독하는 것으로 피고인 신문을 대체할 수 없다.[125] 독일에서 수사 기관 작성의 조서는 피고인에 대해 증거능력이 없으므로(독일 형사소송법 제250조) 법정에서는 피고인에 대해서 피고인 신문을 하게 되는 것이다.

일본의 경우 1949년 신형사소송법 제정시 피고인 신문 제도를 폐지하고 피고인 질문 제도를 도입하였다. 피고인 질문 제도는 피고인의 당사자로서의 지위를 강화한 것이다. 피고인 질문은 증거 조사 도중이나 종료 후에 피고인이 묵비권을 행사하지 않고 임의로 진술할 경우 질문을 구하는 제도이다. 피고인 질문의 목적은 피고인에게 사건에 대한 의견과 변소의 기회를 제공한다는 것에 있다.[126]

(4) 한국에서의 피고인 신문 제도

최근 우리나라에서는 형사소송법을 개정하여 피고인 신문을 임의적인 것으로 변경하였으나 여전히 피고인 신문을 유지하고 있다. 즉 개정된 형사소송법 제296조의2는 구법과 같이 피고인 신문을 그대로 유지하고 있다. 그러나 피고인 신문을 원칙적으로 증거 조사 후에 하도록 하고 있고, 검사 또는 변호인은 피고인에게 공소 사실 및 정상에 관하여 필요한 사항을 신문할 수 있도록 하고 있다.

이러한 피고인 신문이 필요적 절차인지, 임의적 절차인지에 대하여 논란이 있으나, 검사나 변호인은 모두 절차 및 증거 조사를 통하여 필요한 사항이 입증되었다고 판단되었을 경우 피고인을 신문하지 않을 수 있으므로(법 제296조의2 제1항), 임의적 절차로 보아야 한다.[127]

125_ Werner Beulke, *Strafprozessrecht*, 11. Aufl., C. F. Müller, 2010, S. 410ff; Diethelm Kleszewski, *Strafprozessrecht*, Frauz Vahlen GmbH, 2007 / 김성돈 역, 독일 형사소송법, 성균관대학교 출판부, 2012, 215면.

126_ 池田 修, 前田雅英, 形事訴訟法講議[弟3版], 東京大学出版会, 2009, 315-316면.

그러나 재판장은 여전히 필요하다고 인정할 때 언제든지 피고인을 신문할 수 있으므로(법 제296조의2 제2항), 피고인 신문의 골격은 여전히 유지되고 있다. 피고인에게 유리한 사항은 개진은 변호인의 변론이나 의견서 제출 등으로 가능하고, 재판장이 피고인에게 질의할 사항은 변호인이나 피고인에게 질문이나 의견을 구하는 형식으로 가능하므로 피고인 신문을 존치할 실제 필요성도 보이지 않는다. 이상에서 살펴본 바와 같이 피고인 신문 제도는 당사자주의에 반하므로 폐지되어야 할 것이다.[128]

8. 사인소추 제도

대륙의 규문주의에서도 사인소추가 유지되고 있지만 주로 국가가 기소권을 행사한다. 영국과 미국에서는 사인소추의 전통을 그대로 유지하고 있다.[129] 이하에서는 영국, 독일 그리고 프랑스에서의 사인소추에 대하여 살펴보고 제도의 도입 여부에 대하여 살펴본다.

(1) 영 국
영국에서는 사인소추가 헌법상의 전통적 권리로서 인정되고 있다. 즉 피해자로서 개인, 기타의 시민이나 단체는 누구라도 형사 절차를 개시할 수 있다. 역사적으로 보면 19세기 전반까지는 피해자에 의한 소추가 압도적이었고, 소추를 담당하는 공적 기관을 별도로 두지

127_ 同旨, 신양균, "공판 중심주의의 의의와 실현 방안", 「경찰학 논총」 제3권 제1호(2008.5), 135-136면.

128_ 진술 거부권이 실체 진실 발견에 있어서 장애물이라는 사고는 탈피되어야 할 낡은 생각이며, 헌법과 형사소송법이 선언하는 진술 거부권이 형사소송법에서 실제로 구현되어야 한다는 주장으로, 백강진, "피고인의 진술 거부권", 「법조」 Vol. 653(2011.2), 135면.

129_ 대법원, 바람직한 형사 사법 시스템의 모색 자료집(I), 대법원, 2004, 523면.

않았다. 19세기 후반에 이르러서야 공적 소추 기관이 확립되었다.[130] 1985년 「범죄 소추법」(Prosecution of Offences Act)에 따라 공적 소추 기관인 검찰청(Crown Prosecution Service)이 창설된 이후에도 사인소추는 여전히 유지되고 있다. 2003년 「형사 사법법」(Criminal Justice Act)은 공소관(Public Prosecution)에 의한 소추를 제도화함으로써 종전보다 많은 사건이 검사(Crown Prosecution)에 의해 소추되도록 하고 있다.[131] 이와 같이 영국에서는 검찰청의 창설과 더불어 사인소추가 많이 줄어들고 있지만 사인소추는 여전히 유지되고 있다.

(2) 독 일

독일에서는 범죄의 피해자 등이 형사 재판에 직접 관여하는 제도로서 소송참가(Nebenklage), 부대절차(Adhäsionsverfahren)와 더불어 사인소추(Privatklage)가 인정되고 있다.

독일 형사소송법 제374조 이하에서는 피해자 내지 피해자를 대신하여 고소할 권리가 있는 자에 의한 사인소추가 인정된다.[132] 주거침입, 일부 모욕죄, 공갈죄, 서신 비밀 침해, 상해, 협박, 거래상의 수뢰 또는 증뢰뇌물 수수죄, 재물 손괴죄 등의 경우 피해자를 직접 법원에 소추할 수 있다. 이와 같이 독일에서 사인소추는 사적 색채가 강하고 공익 관련성이 약한 경우에 범죄의 피해자 및 피해자를 대신하여 고소할 권리가 있는 자에게 허용되고 있다. 사인소추는 법원 사무국에 신청하여 그곳에서 조서를 작성하는 방법 또는 기소장을 제출하는 방법으로 행해진다(독일 형사소송법 제381조).

독일의 사인소추는 이념적으로 피해자의 권리를 보호하는 장치로

130_ 김성규, "사인소추주의의 제도적 현상과 수용 가능성", 「외법논집」 제34권 제1호(2010), 132-133면.
131_ 김성규, 위의 글, 134-135면.
132_ 임준태, 독일 형사 사법론, 21세기사, 2004, 383면.

서의 의미를 갖는다. 사인소추의 경우 사소인(私訴人)에게 수수료의 예납이나 담보 제공 의무가 있기 때문에 피해자에게 부담으로 작용할 수 있다. 따라서 이러한 측면에서 볼 때 독일에서 사인소추는 형사 사법의 부담을 경감한다는 의미를 갖는다. 또한 독일에서 사인소추의 대상이 되는 범죄에 대하여 사건의 공익성이 부정되는 때에는 검사는 공소를 제기할 수 없다(독일 형사소송법 제153조). 따라서 사인소추는 이러한 검사의 소추 중지를 보충하는 역할을 한다. 나아가 사인소추의 대상 범죄는 사전에 화해가 시도되며, 실제로 기소에 이르기 전에 화해에 의해 해결되는 경우가 많은데 이 점에서 사인소추는 비범죄화의 기능도 수행하는 것으로 평가된다.[133]

(3) 프랑스

프랑스에서 범죄의 피해자는 당사자로서 형사 절차에 관여할 수 있는 권리가 있다. 형사 사건에서 검사의 공소 제기가 없는 경우에 피해자는 검사의 의사에 반해서도 기소할 수 있다. 이와 같이 프랑스에선 피해자의 소추권을 검사의 소추 재량권에 대하여 실질적 제어를 할 수 있다는 점에서 매우 강력한 소추 재량에 대한 통제 수단이 되고 있다.[134] 프랑스 형사소송법 제2조는 "중죄, 경죄, 위경죄에 의해 발생한 피해 복구의 사소는 범죄에 의한 직접적 피해를 개인적으로 입은 모든 사람에게 속한다"고 규정하고 있다. 따라서 사소를 제기함에 있어 범죄로 인한 손해가 현존해야 하고, 개인적이며 직접적이어야 한다는 요건을 충족시켜야 한다.[135]

133_ Claus Roxin et al., *Strafverfahrensrecht*, 27. Aufl., C. H. Beck, 2012, § 63. Rn. 1ff.

134_ 김성규, 위의 글, 138면; 김택수, "프랑스의 사인소추 제도", 「경찰법 연구」 제2권 제1호(2004), 168면 이하.

135_ 정한중, "시민 참여형 공소권 통제 제도의 모색", 「법학 연구」 제12집 제1호, 인하대학교 법학연구소(2009.4), 220면.

범죄의 피해자가 사소를 제기한 경우 검사는 예심 개시를 청구할 의무가 있다(프랑스 형사소송법 제186조). 피해자의 예심 개시 청구에 대하여 검사가 예심 개시 청구를 한 경우 예심 판사는 사소 청구인(Parte civile)에게 공탁금의 납부와 증거의 제출을 명하는데 이는 남소를 방지하기 위함이다.[136]

프랑스의 사인소추는 형사 사건을 당사자가 범죄인, 피해자가 사회라는 사고에 기초하고 있고, 이에 따라 피고인, 사소 청구인, 검사가 형사 절차에서 주체가 되고 있다.[137]

(4) 제도의 도입 방안

형사소송법 제246조에서는 국가 기관인 검사로 하여금 공소를 제기하도록 규정하고 있어 국가 소추주의를 채택하고 있다. 국가 소추주의는 범죄와 형벌이 개인 사이의 문제가 아니라 국가의 관심 영역이므로 형벌권은 국가에 속하고 범죄자에 대하여 처벌을 청구하는 소추권도 국가에 속하는 것이 맞다는 논리를 전제로 한다.

그러나 역사적으로 살펴볼 때 형사 재판이 사소, 즉 피해자의 고소에 의한 사인소추에서 비롯되었다는 점에서 이러한 논리가 잘못된 것임을 보게 된다. 비교법적으로 살펴보더라도 사인소추의 전통을 이어온 영미 국가는 말할 것도 없고 전통적 대륙법 국가인 독일과 프랑스에서 사인소추 제도를 운영하고 있다는 점에서 이러한 논리는 설득력이 없음을 보게 된다.

나아가 이러한 국가 소추주의는 당사자주의의 가치에도 반한다. 즉 범죄와 형벌이 오로지 국가의 관심사로만 보는 것은 사법이 시민을 초월하는 국가의 이익이라는 절대적 가치만 있다는 것을 전제로 하나 이러한 사고 방식은 성립될 수 없다.[138] 근대 국가에 이르러 여러 나라

136_ 김성규, 위의 글, 138면.
137_ 김성규, 위의 글, 138-139면.

가 검사 제도를 채택한 것은 고소에 따른 입증, 비용 문제 등과 범죄와 형벌이 비단 피해자 개인의 문제가 아니라는 것에서 비롯된 것이지 국가만이 범죄와 형벌 문제에 관여해야 한다는 사고에서 출발한 것이 아니다. 오히려 기소 재량을 통제해야 한다는 관점에 비추어 본다면 국가 소추주의는 당사자주의 이념에도 반하는 것이다.

특히 우리나라의 경우 기소 편의주의, 기소 독점주의, 검사 동일체 원칙이 채택되고 있어 기소 재판에 대한 통제 수단이 매우 미흡하다고 지적되고 있다.[139] 이러한 검사의 공소권 남용을 억제하고자 2007년 형사소송법을 개정하여 과거 특정 범죄에 대한 검사의 불기소 처분에 대한 구제 방법인 재정신청을 고소 사건의 경우 모든 범죄에 대하여 할 수 있게 했다. 그러나 재정신청 제도는 검사가 적극적으로 공소권을 행사할 경우에 이를 통제할 수 있는 장치는 아니라는 점에서 한계가 있다. 나아가 재정신청은 검찰의 불기소의 부당성에 대하여 직접적으로 시민이 교정하는 제도는 아니다. 이런 측면에서 볼 때 오히려 일본의 검찰 심사회는 일반 시민으로 구성된 협의체가 불기소 처분의 부당성을 직접 교정을 요구할 수 있다는 점에서 우리의 재정신청보다는 훨씬 시민 참여형에 가깝다고 평가된다.[140] 사인소추 제도는 범죄 피해자가 소송 개입과 사소 제기를 할 수 있다는 점에서 검찰의 공소권에 대해 강력한 시민 통제형에 속한다.

따라서 당사자주의의 가치를 실현하고 기소 재량을 억제하는 수단으로 사인소추 제도가 도입될 필요가 있다.

138_ 김성규, 위의 글, 146면.
139_ 김한중, 앞의 글, 240면.
140_ 정한중, 앞의 글, 240-241면.

9. 미결구금

「시민적·정치적 권리에 관한 국제 협약」(International Covenant on Civil and Political Rights, ICCPR) 제9조 제3호와 제14조에서 공정한 재판을 받을 권리를 규정하고 있다. 실제 국제 형사 재판소는 공정한 재판을 받을 권리의 여러 측면들에 대하여 판시하고 있다. 국제 형사 법정은 국제적 인권 기준을 준수할 뿐만 아니라 이 협약을 해석하여 적용함에 있어 국제적 적법절차의 기준을 정립해 가고 있다. 그러나 해결되지 않고 있는 몇 가지 문제점이 있고, 가장 중요한 것이 장기의 미결구금의 문제이다.[141] 미결구금의 장기화는 공정한 재판을 받을 권리에 위배된다. 만약 미결구금의 장기화로 피고인의 공정한 재판을 받을 권리가 침해되면 구제책이 강구되어야 한다. 그러나 국제 형사 재판의 경우 협력이라는 문제가 있고 해당 국가의 비협조로 인해 미결구금이 장기화될 수 있다. 공정한 재판을 받을 권리의 여러 요소를 수용함으로써 국제 형사 법정의 합법성을 제고하고, 국제 형사 법정이 준수해야 할 최소한의 기준을 정립하게 된다.[142]

이와 같이 국제 형사 법정에서도 미결구금의 장기화는 공정한 재판을 받을 권리와 관련하여 논란이 되고 있다. 최근 우리나라에서 불구속 재판의 원칙의 강화로 미결구금이 대폭 줄어들었다. 그러나 이러한 미결구금의 장기화는 공정한 재판을 받을 권리를 침해하게 되므로 불구속 재판의 원칙이 보다 강화될 필요가 있다.

141_ Wolfgang Schomburg, "The Role of International Criminal Tribunals in Promoting Respect for Fair Trial Rights", *Northwestern Journal of International Human Rights*, Vol. 8. Issue 1(Fall, 2009), p.28.

142_ *Ibid.*, at 29ff.

10. 유죄 협상 제도

(1) 유죄 협상과 공정한 재판

유죄 협상 제도가 당사자주의의 한 요소라는 사실은 앞서 살펴보았다. 그러나 이러한 유죄 협상 제도에 있어 규문주의 요소로 인하여 공정한 재판을 받을 권리가 침해되고 있음이 지적되고 있다. 미국 형사소송 체계에 있어 핵심이 되는 개념은 공정한 재판을 받을 권리이다. 공정한 재판을 받을 권리 중 일부가 효율적으로 변호인의 조력을 받을 권리이다. 그러나 대다수의 피고인은 유죄 답변으로 인해 이러한 재판에 이르지 못하고 있다. 미국 연방대법원은 피고인에게 효율적 변호인의 조력을 받을 권리가 있음을 밝혔다. 만약 피고인이 변호인의 충분하지 못한 변호로 인해 유죄 답변에 이르게 되었다고 볼 "합리적 개연성(a reasonable probability)이 있으면 그러한 유죄 답변은 번복될 수 있다"고 판시하였다.[143] 그런데 2009년의 사건에서 이와 반대되는 상황이 발생했다. 피고인은 불충분한 변호인의 변호로 인해 보다 단기의 형을 선고받았을 수 있었는데 재판으로 회부되었다고 본 것이다. 법원은 유죄 답변을 함에 있어서는 피고인이 임의로, 이를 알고 선택할 권리가 있으며, 유죄 협상 기간 중에도 공정성, 신뢰성이라는 것이 고려되어야 한다고 판시하였다.[144] 따라서 유죄 협상 제도를 도입함에 있어서 규문주의 요소와 변호인의 조력을 받을 권리가 침해되는 요소가 없도록 유의하여야 한다.

유죄 협상은 기소 인부 절차와 결부되어 있고, 최근 우리나라에서

143_ Hill v. Lockhart, 474 U.S. 52 (1985).

144_ Williams v. Jones, 571 F.3d 1086(10th Cir. 2009); Harvard Law Associations, "Ineffective Assistance of Counsel—Tenth Circuit Holds That a Deffendant is prejudiced when his Lawyer's defficient Performance lead him to Forgo a Plea Bargain and Face a Fair Trial", *Harvard Law Review*, Vol. 123 (May, 2010), p.1795.

도 유죄 협상 제도의 도입과 관련하여 논의하고 있으므로 이하에서는 기소 인부 절차와 유죄 협상 제도에 대하여 살펴보고, 이와 유사한 독일의 협상 제도에 대해 살펴본 후 제도의 도입 여부에 대한 논의에 대하여 검토하기로 한다.

(2) 기소 인부 절차

기소가 되면 피고인은 기소 인부 절차(arraignment)를 밟게 된다. 기소 인부 절차는 피고인에 대한 법원의 첫 번째 공식 절차에 해당한다. 기소 인부 절차는 피고인에게 공소 사실을 통지하고, 답변(plea)할 기회를 제공한다. 이러한 답변에는 세 가지 형태가 있다. 즉 유죄(guilty), 무죄(not guilty), 불항쟁(nolo contendere)이 그것이다.[145] 불항쟁 답변은 결과적으로 유죄 답변과 거의 같다. 불항쟁 답변을 하면 피고인은 기소되어 양형 절차로 들어가게 된다. 불항쟁 답변은 형사소송 이후 민사소송에서 손해배상과 관련하여 피고인에게 유리하게 작용한다. 드물지만 피고인이 이러한 답변을 하지 않고 묵비권을 행사하는 경우도 있다. 그러나 이러한 묵비권의 행사는 유죄 답변으로 간주된다.[146]

(3) 유죄 협상 제도

유죄 답변은 통상의 경우 곧바로 도출되지 않으며 유죄 협상(plea bargaining)이란 복잡한 협상 절차를 거쳐서 이루어진다. 유죄 협상 절차에는 피고인, 변호인, 검사가 참여한다. 피고인과 변호인은 재판에서 무죄를 선고받을 것이 확실하지 않는 경우 유죄 답변을 택하게 된다. 검사는 유죄를 선고받기에 증거가 불충분하다고 판단하면 교섭에

145_ Frank Schmalleger, *Criminal Justice Today*, 12th ed., Pearson, 2011, pp. 314-315.

146_ *Ibid.*, at 315.

참가한다. 검사 역시 유죄 답변에 이를 경우 재판에 소요되는 시간과 노력을 절약할 수 있다. 피고인은 유죄 답변을 할 경우 형량이나 일부 범죄 사실을 줄일 수 있고, 변호인 선임비를 줄일 수 있으며, 재판 기간도 단축시킬 수 있다.[147]

(4) 독일의 협상 제도

독일에서도 영미와 유사한 협상(Absprache)이라는 제도를 도입하여 시행하고 있다. 형사 절차 내에서 검사, 법원 그리고 피고인 측은 절차의 진행과 순서, 기일에 대하여 협의를 한다. 나아가 약식명령의 경우 합의를 요건으로 하여 약식명령으로 사건을 종결할 수 있다. 여기에서 더 나아가 협상을 하여 피고인이 자백할 경우 법원이 증거 조사를 다 마친 후 내리게 될 형량보다 가벼운 형을 선고받게 된다.[148] 그런데 이러한 협상은 공개되지 않은 곳에서 이루어지므로 구두주의, 공개주의라는 형사소송 원칙에 반할 수 있다. 나아가 협상을 한다는 것은 피의자에게 위험일 수도 있으므로 이러한 협상에 의한 자백이 독일 형사소송법 제136조의a에서 규정하고 있는 금지된 신문 방법에 위배될 수도 있다. 나아가 형사소송에서의 무죄 추정의 원칙, 묵비권의 보장이라는 원칙에 반할 수도 있으며, 독일 형사소송법에서는 법원에 의하여 진실 규명 의무를 부과하는데 협상은 이러한 진실 규명 의무에도 위배될 수 있다.[149]

따라서 독일 연방대법원은 협상에 있어서 이와 같은 법치국가 원리와 충돌하지 않는 조화로운 원칙을 정립해 나가기 위한 새로운 척도를 제시하고 있다. 이에 따라 독일 연방대법원은 법원과 소속 관계인

147_ *Ibid.*, at 315.

148_ Klaus Volk, *Grundkurs StPO*, 6. Aufl., C. H. Beck, 2008, S. 227-278; Claus Roxin et al., a. a. O., 2012, S. 98-99.

149_ Klaus Volk, a. a. O., S. 277-278; Claus Roxin et al., a. a. O., S. 99-101.

이 공판 심리 외에서도 협상을 위한 대화를 할 수 있지만 유죄 협상 결과는 공판 심리 시 공개되어야 한다고 판시하고 있다.[150] 독일 헌법재판소는 피의자가 자백을 한다고 하여 법원이 자백의 신빙성을 조사할 의무는 면제되지 않는다고 판시하였다.[151]

(5) 제도의 도입에 대한 반대론

유죄 협상을 도입할지 여부에 대해 국내의 학설은 찬반으로 나누어져 있다. 이하에서는 유죄 협상의 도입을 반대하는 진영에서의 논거에 대해 살펴보기로 한다.

1) 법원의 진실 규명 의무에 위배된다는 견해

유죄 판결을 할 수 있을 정도로 증거 조사가 충분히 이루어진 후의 유죄 협상은 법원의 진실 규명 의무에 위배되지 않지만 그렇지 않은 경우에는 법원의 진실 규명 의무에 위배된다는 견해가 있다.[152] 그러나 이러한 논거는 세 가지 관점에서 반박될 수 있다.

첫째, 소송 구조론 관점에서 볼 때, 법원에 진실 규명 의무가 있다고 보는 것은 규문주의 소송관에 해당한다. 이는 당사자주의 소송관 내지 당사자주의 가치에 반한다. 당사자주의에 의하면 양 소송 당사자의 주장과 입증을 통해 진실에 다가갈 수 있다고 본다. 법관이 진실 규명을 하려고 든다면 선입견과 편견에 사로잡히게 된다. 따라서 판사는 수동적 심판자로 남아 있어야 한다.

둘째, 국가 기관인 법원에게 진실을 규명해야 할 책무가 있다고 보는 것은 역사적 관점에서 반박될 수 있다. 역사적 고찰에 의할 때 재판의 원래 형태는 당사자주의 형태였고, 이러한 당사자주의 전통을 이

150_ BGH 38, 102, 105.

151_ BVerG NStZ 1987, 419.

152_ 안원하, "유죄 협상과 형사 절차를 통한 정의의 실현", 「부산대학교 법학 연구」 제52권 제11호, 통권 제67호(2011.2), 262면 이하.

어오다가 소추 기관이 국가, 즉 검사에 의해 주도된 것은 근대에 들어서면서부터이다. 그러나 영미 국가와 대륙 국가에서조차 당사자주의 내지 권한의 분배라는 관점에서 사인소추 제도를 유지해오고 있다. 따라서 역사적 관점에서 보더라도 국가인 법원에게 진실을 규명할 책무가 있다는 주장은 잘못인 것이다.

셋째, 끝까지 사건의 실체를 규명해야 한다는 주장은 실체 진실이란 인식 주체와 독립해 시간과 공간에 관계없이 존재한다는 주장을 반영한 것으로, 이는 인식론적 관점에서 볼 때 진리 상응 이론에 근거하고 있다. 그러나 형사소송에서의 진실이란 동일한 존재자에 대해 상이한 주체들이 산출한 서로 상이한 인식들이 하나가 되는 것을 말하며 이를 '수렴'이라고 한다. 진실 수렴 이론은 진리 상응 이론, 진리 정합성 이론, 실용주의 진실 이론, 진리 합의 이론을 종합한다. 소송을 통해 주관적 요소를 상쇄시켜 약화시키거나 없어지게 하고 객관적 요소가 남도록 해야 하며 이를 통해 존재의 동일성을 지지하고 근거를 제시한다고 본다.[153] 따라서 이러한 진리 수렴 이론에 의하면 소송 당사자의 합의에 의해서도 소송은 종결될 수 있다고 보게 된다.

2) 협상이 피고인에게 불공정한 거래라는 견해

유죄 협상은 국가 기관인 법원이나 검찰에는 사건 부담을 경감시키고, 소송에 드는 노력과 시간을 줄일 수 있는 득이 되지만 피고인에게는 실질적 혜택이 없다고 보는 견해가 있다.[154] 그러나 유죄 협상은 피고인에게도 상당한 득이 될 수 있다. 미국의 경우 형사 사건의 무죄율이 30%에 육박할 정도로 높음에도 불구하고 형사 사건의 대다수가 유죄 협상에 의해 종결된다. 우리나라의 무죄율은 그리 높은 편이 아니며, 만약 재판에서 무죄를 다투다가 형을 선고받게 된다면 무죄를

153_ 이러한 논의의 상세에 대하려는, 권영법, 형사소송과 과학적 증거, 세창출판사, 2012, 277-280면.
154_ 안원하, 앞의 글, 260면 이하.

다투지 않은 경우보다 형량에 있어 많은 불이익을 입게 되고, 결국 무죄 아니면 낭패라는 모험을 하게 된다. 유죄 협상은 피고인에게 일생일대의 큰 사건인 형사소송의 기간을 크게 단축시킬 수 있고, 피고인역시 유죄 협상으로 사건이 종결될 경우 변호인 선임비의 경감 등 경제적 이익도 취할 수 있게 된다.

3) 자백법칙에 위배될 수 있다는 견해

유죄 협상은 자기부죄 강요 금지의 원칙에 위배될 수 있으며 자백의 임의성을 침해할 수도 있다는 견해가 있다.[155] 즉 유죄 협상은 강요의 정도에 따라서 자백의 임의성을 의심케 하는 강요, 위계 혹은 약속에 해당할 수 있다는 것이다. 그러나 이러한 주장은, 유죄 협상을 함에있어서 반드시 변호인의 조력을 받게 하며, 독일과 같이 법률에 규정되어 있지 않은 사항을 국가 기관이 약속하는 것을 금지시키는 등의방법으로 유죄 협상에 있어서 당사자주의를 강화하여야 하는 제도적보완책에 관한 논의이지 이것이 유죄 협상의 도입을 반대할 논거가 될수는 없다고 본다.

(6) 유죄 협상을 도입해야 하는 논거

1) 당사자주의의 구현

사인 소추와 더불어 유죄 협상은 당사자주의를 구현함에 있어 매우 중요하다. 실제에 있어서도 사인간의 분쟁이 형사 사건의 대다수를차지한다. 피해자 측을 대리하는 것이 소추 기관인 검사이고, 특히 개인적 범죄 사건의 경우 당사자간 합의에 의한 분쟁 해결 수단으로 형사 고소권을 행사하게 된다. 이러한 경우에 있어서 당사자, 즉 가해자와 피해자가 합의에 의해 사건을 신속하게 종결하게 하는 것은 당사자주의의 가치에 한 발 다가가는 것이 될 것이다.

155_ 박노섭, "유죄 협상 제도 도입 가능성에 대한 연구", 「형사법 연구」 제20권 제1호(2008. 봄), 126면 이하.

2) 형사소송에서의 선택과 집중화

구두 변론주의의 충실과 국민참여 재판을 본격적으로 실시하려면 형사 사건을 선택하고 집중할 필요가 있다. 형사 사법의 가동 인력은 한정되어 있으며, 한정된 사법 재원을 효율적으로 투입할 필요가 있다. 구두 변론주의와 국민참여 재판에 충실하려면 많은 시간과 노력이 투입되어야 한다. 따라서 유죄 협상을 통하여 유죄 답변을 한 사건의 경우 신속하게 사건을 종결시키고, 이로 인한 여유의 자원을 실질적으로 다투는 사건에 투입할 필요가 있다.[156]

3) 신속한 재판의 구현

유죄 협상은 형사소송의 원칙인 신속한 재판을 가능하게 한다. 유죄 협상에 의하여 유죄 답변을 한 피고인은 형사소송이라는 짐에서 벗어날 수 있으며,[157] 이러한 사건은 형사소송의 이념인 법적 평화에도 다가가게 할 수 있다. 형사소송의 실제에 있어서는 가해자·피해자의 합의나 자백을 조건으로 약식명령을 청구하고 있고, 자백을 하는 피의자와 합의할 때 검사는 기소유예 등 불기소 처분을 하며, 여기에서 더나아가 수사에서 형사 조정 제도를 시행하고 있다. 이는 실제 유죄 협상의 기능을 하고 있다. 나아가 재판에서도 합의는 양형에서 크게 유리하게 작용하고 있다. 이러한 제도나 관행은 실제에 있어서 유죄 협상 제도의 역할을 일정 부분 담당하고 있는 것으로, 결국 제도 도입 필요성을 반영하고 있는 것이다.

(7) 제도 도입론의 검토

유죄 협상을 도입함에 있어서 가장 중요한 부분이 유죄 협상에 있

156_ 同旨, 조국, "유죄 답변 협상 도입의 필요성과 실현 방안―자백 감면 절차 신설을 위한 제언―", 「저스티스」 통권 제90호 (2006.4), 228-229면.
157_ 장승일, "유죄 협상 제도의 도입과 양형상 고려", 「법학연구」 제17집 제2호 (2014.6), 173-174면.

어서 당사자주의의 구현이다. 즉 협상에 있어서 피고인의 지위가 강화되어야 한다. 따라서 유죄 협상에 있어서 필수적으로 변호인의 조력을 받도록 해야 한다. 나아가 유죄 협상에 있어서도 무기 평등은 구현되어야 하므로 수사 기관이 보유하고 있는 수사 서류를 피고인이 열람하고 검토할 수 있도록 해야 한다. 나아가 유죄 협상에 있어서도 법치주의 원칙은 준수되어야 하므로 유죄 협상에 있어 자백법칙, 묵비권의 보장, 변호인의 조력을 받을 권리, 무죄 추정의 원칙이 구현되도록 제도가 뒷받침되어야 한다.

11. 언론 보도

(1) 법정 촬영과 공정한 재판

우리나라 법원은 소셜 미디어, 사진 촬영, 텔레비전 방송 등의 법정 진입을 금지하고 있고, 이 문제에 대한 논의나 연구도 미진한 상태이다. 법정 촬영은 국민의 알 권리와 공정한 재판이 어떻게 조화를 이루어야 하느냐의 문제이다. 그러나 재판의 심리와 판결은 공개되어야 하고 헌법 제108조에서도 "재판의 심리와 판결은 공개한다"고 규정하고 있다. 국민들은 "재판 과정을 차근차근 지켜볼 때 사법 제도를 더 신뢰하게 된다."[158]

미국 연방대법원은 "[재판의] 공개는 형사 재판의 기본 공정성을 높이며, 공정성은 사법 제도에 대한 국민의 신뢰에 있어 필수"이고, "열린 사회 국민들은 정부 기관에게 결코 무오류를 요구하지 않으나 정부를 살필 수 있는 길이 봉쇄당하는 것을 받아들이지 않는다"고 지적했다.[159]

---

[158] Press-Enterprise v. Superior Court, 478 U.S. 1 (1984) p.13.

[159] Elliot E. Slotnick, "Media Coverage of Supreme Court Decision Making: Problem and Prospects", *Judicatore*, Vol. 75 (1991), p.128 [손태규, "국민의

법정 촬영 및 방송을 통한 재판의 공개는 국민의 알 권리를 충족시키고, 법원의 투명성과 재판의 공정성을 높이며, 결국 법원과 검찰에 대한 신뢰와 권위를 높인다는 실증 연구도 있다. 그러나 이에 대하여 텔레비전 방송이 재판 과정의 정치적 부패와 타락을 부추긴다는 비판도 제기된다.

1965년 미국 연방대법원은 과거 재판 과정의 텔레비전과 라디오 중계가 수정헌법 제14조가 보장하는 공정한 재판을 받은 권리에 대한 중대한 침해라고 판시했다.[160] 1980년 미국 연방대법원은 역사상 미국와 영국의 형사 재판에 있어서 공개가 원칙이라고 판단하였다. 법정 공개는 국민과 피고인에게 재판 절차가 공정하게 진행된다는 확신을 심어준다. 흉악한 범죄에 대한 국민의 감정을 진정시키는 효과가 있고, 정부 체제가 효율성 있고 엄정하게 작동된다는 점을 국민에게 재확인시켜 주고, 국민에 대한 교육이 된다고 지적하였다.[161] 미국 연방대법원은 형사 재판에 대한 텔레비전 방송이 공정한 재판을 받을 피고인의 권리를 침해하지 않는다고 판시했다.[162]

2011년을 기준으로 미국 50개 주 모두가 전면 또는 부분적으로 법정 촬영을 허용하고 있다. 미국 연방대법원은 자체 심리에 대한 방송은 금지하고 있으나 대법관의 의견과 구두 변론의 녹음은 공개되고 있다. 현재 미국, 영국, 호주 등 영연방 국가, 스페인 등은 일부의 경우를 제외하고 폭넓게 법정 내 언론의 진입을 허용하고 있다.[163]

우리나라에서는 사법부에 대한 국민의 불신이 상당하고, 사법부가 폐쇄적이고 권위적이라는 비판을 받고 있다. 따라서 사법의 투명성

알 권리와 법정 촬영 및 방송—한국과 외국의 비교 연구—",「공법 연구」제40집 제4호(2012.6), 29-37면에서 재인용].

160_ Estes v. Texas, 381 U.S. 352 (1965), p.544.
161_ Richmond Newspaper Inc. v. Virginia, 448 U.S. 555 (1980).
162_ Chandler v. Florida, 449 U.S. 560 (1981).
163_ 손태규, 앞의 글, 45-53면.

을 위해 법정 촬영과 방송 허용이 이루어져야 할 것이고, 이것이 재판의 공정성도 제고하게 될 것이다.

(2) 언론 보도와 예단 방지

1) 미 국

재판 전에 언론에 의해 피고인에게 불리한 보도를 하거나 단죄성 보도를 하게 되면 이러한 언론 보도는 배심원, 재판에 영향을 줄 수도 있다. 재판이 판사에 의해 독점되어 온 대륙법의 전통을 따르는 우리나라에서는 언론이 재판에 영향을 줄 수 있는 가능성에 대한 제도적 보완책이 마련되어 있지 않다. 언론도 재판 전 피의자에게 불리한 정보를 유포하는 경향이 많고 예단에 의한 단죄성 보도를 하는 경향이 높다. 미국 연방 형사소송법 제21조 제9항에서 불공정한 재판이 이루어진다고 판단할 경우 법원이 재판 장소를 이전할 수 있도록 규정하고 있다.

미국 연방사법 심의위원회(The Judicial Conference of the United States)는 재판의 공정성을 침해할 위험이 있는 경우 형사 재판에 관여하는 법조인들이 재판에 관한 일체의 사실을 언론에 공개해서는 안 된다는 규정을 마련하였다.[164] 미국 연방대법원도 재판의 공정성을 해칠 유무의 기준을 '합리적 가능성'이라는 기준에 의하여 판시하고 있다.[165]

편파적 여론으로부터 재판의 공정성을 보호하기 위해 법원은 재판 기일의 연기, 재판 장소의 변경, 재판 정보 유출 금지, 배심원에 대한 지침과 편파적 배심원의 색출, 배석판사 및 배심원단의 변경 등이 있다.[166]

164_ 박광배, "재판의 공정성을 훼손할 가능성이 있는 신문의 범죄 보도 행태에 대한 내용 분석: 한국, 미국 및 네덜란드 신문의 비교", 「한국 심리학회지: 문화 및 사회문제」 7권 2호(2001), 144면.

165_ Murphy v. Florida, 421 U.S. 794 (1975).

166_ 박광배, 위의 글, 145면.

2) 독 일

독일 형법 제353조 d에서 비공개로 결정된 공판 절차를 보도하는 것과 법원의 비밀 유지 명령을 위반한 행위와 공소장 또는 소송 서류를 원안대로 공개하는 행위는 처벌하도록 하고 있다.[167] 독일 형사소송규칙 제23조에서 언론 기관의 정보 청구권은 예단 방지를 위해서 제한될 수 있다고 규정하고 있다. 피의자, 피고인의 사진과 실명에 의한 보도, 유죄가 확정되기 전에 피고인이 유죄라는 것을 전제로 한 보도는 피의자, 피고인의 인격권을 침해하게 되어 손해배상 청구를 할 수 있다.[168]

3) 보도의 자유와 공정한 재판

미국 연방대법원은 예단(prejudice)이 구체적이고 실제로 재판에 영향을 주었다는 것이 입증되어야 한다는 '현실적 예단'(actual prejudice) 법리에 기초하여, 지나치게 편향적이고 피고인이 유죄라고 취급하는 언론 보도는 피고인의 유죄가 확실할지라도 공정하지 못한 형사 절차가 된다고 판시하였다.[169] 미국 연방대법원은 예단을 유발할 수 있는 일반적 형태가 있으면 실제로 유발한 예단의 평가나 입증 없이 적정절차가 침해되었다는 '일반적 예단'(inherent prejudice) 법리를 채택하였다.[170]

미국은 1950년대부터 범죄 보도가 판사와 배심원에게 예단을 줄 위험을 인식하고 이를 공정한 재판에 대한 중대한 문제로 다루어 여기에 대한 해결 방안을 모색해 왔다. 언론 기관의 보도가 사실 인정권자에게 예단을 준다는 것이 실증 연구를 통해 입증되었으며, 특히 피고인의 자백이나 전과 기록은 유죄 판단에 큰 영향을 미친다.[171]

167_ 하태훈, "공정한 재판의 원칙과 보도의 자유", 「형사법 연구」 제6권(1993), 232면.
168_ 하태훈, 위의 글, 232-234면.
169_ Irvin v. Dowd, 366 U.S. 726-728 (1961).
170_ Ridear v. Louisi 979, 373 U.S. 723 (1963).

법원은 이러한 예단이 피고인의 적법절차에 대한 권리를 침해한다고 보고 '예단 법리'에 따라 유죄 판결을 파기하여 왔다. 그러나 유죄 판결 파기가 가져오는 영향을 고려해 예단을 방지하는 수단의 강구로 논점을 옮겼다. 이러한 예단 방지책으로, 배심원 선정 절차에서 기피 신청, 관할 변경, 공판 연기, 배심원 격리, 재판장의 배심원에 대한 설시 등의 방법과 형사 재판의 비공개, 소송 관계인의 정보 제공 금지 등이 시도되었다.[172]

우리나라의 경우 소송 관계인의 언론 기관에 대한 정보 제공의 금지는 언론 기관에 대한 직접 규제가 아닌 완화된 기준이므로 어느 정도 유효한 수단으로 활용될 수 있다. 그러나 다른 수단의 경우 실효성에 의문이 있다. 언론 기관의 범죄 보도에 대하여 공정한 형사 재판의 특수성을 고려하지 않고 표현의 자유 문제로만 다루어서는 공정한 재판을 받을 권리가 침해될 수 있다. 표현의 자유와 공정한 재판을 받을 권리를 조화시키기 위하여 양 당사자에게 대등한 보도를 하도록 허용하는 방안을 생각해 볼 수 있다.[173]

(3) 범죄 보도 형태와 재판의 공정성

한국과 동일한 시민법 전통을 가진 네덜란드, 한국과 법 전통, 문화는 서로 다르지만 네덜란드와 마찬가지로 피의자에 대한 언론 보도 규정이 세밀하게 마련된 미국의 신문이 범죄 사건을 보도하는 형태를 서로 비교하여 분석한 연구가 있다. 여기에 따르면 세 국가에서 수집된 총 2813개의 범죄 관련 신문기사들이 1400여 개의 변인으로 코딩되었는데, 그중 피고인(용의자)에 관련된 핵심 변인 23개와 피해자에

171_ 정한준, "미국에서의 범죄 보도의 자유와 공정한 형사 절차", 「미국 헌법 연구」
　　제24권 제1호(2013.4), 365-391면.
172_ 정한준, 위의 글, 352면.
173_ 정한준, 위의 글, 333-339면.

관련된 핵심 변인 8개가 분석되었다. 전체적으로, 한국의 신문매체들은 다른 나라들의 신문들에 비해서 재판 공정성을 훼손할 개연성이 높은 범죄 보도 형태를 더 심각하게 보이지 않는 것으로 판단되었다. 그러나 피고인(용의자)에 관련된 핵심 변인들에서는 한국의 신문들이 미국과 네덜란드의 신문들과 매우 다른 범죄 보도 형태를 보이는 것으로 나타났고, 미국과 네덜란드의 신문들은 서로 유사한 보도 형태를 보여주었다. 따라서 신문의 범죄 보도 형태는 법 전통, 문화 보도, 제도가 추구하는 법익의 유형에 따라 달라지는 것으로 파악되었다. 반면에 피해자에 관련된 핵심 변인에서는 세 국가의 신문들이 제각기 조금씩 다른 보도 형태를 보여주었다.[174]

(4) 언론 보도와 배심원에 대한 영향

사건에 대한 보도가 배심원 후보로 하여금 공정한 재판을 할 능력을 저해하는 선입견을 형성하는가에 대한 연구를 살펴보면, 언론 보도로부터 사건에 대한 내용을 전해 들은 사람이 피고인을 유죄로 볼 개연성이 높다는 실증 연구가 많다. 이러한 재판 전 보도로 인한 부정 효과를 줄이기 위한 방법으로, 재판 기일의 속행, 배심원 상호간의 집중 토론, 언론 보도를 무시해야 한다는 판사에 의한 경고가 있다. 그러나 이러한 조치가 효과가 있는지에 대하여는 다툼이 있다.[175]

보스톤 마라톤 폭파 사건에서 재판 전 공개와 공정한 재판을 받을 권리 사이에 긴장이 흘렀다. 피고인은 공정한 재판을 맡을 헌법상의 권리가 있고, 공개된 재판은 미국 사법 체계의 근간이기 때문이다. 이러한 상황에서 폭파범은 전국적으로 주목을 끌었고, 개개의 시민뿐만 아니라 언론에서까지 광범위하게 피의자에 대하여 보도하였다. 배심원 후보자들은 이러한 과도한 언론 보도로 인해 불공정한 예단에 빠질

174_ 박광배, 앞의 글, 107-135면.
175_ 김상준, 주 41)의 책, 2003, 119-122면.

위험이 노출되었다. 그러나 실증적 조사에 의하면 이러한 언론 보도의 영향은 미미하고, 법원의 과도한 개입은 지나친 처사가 될 수 있음이 드러났다.[176]

IV. 재판의 공정성과 관련된 쟁점

1. 종교의 자유

무슬림 여성이 종교상의 이유로 증언대에 서서 니카브(niqab, 무슬림 여성이 얼굴에 쓰는 베일)를 벗지 않았고, 피고인은 이것이 공정한 재판을 받을 권리(right to a fair trial)를 침해하였다고 주장했다.[177] 이에 대해 캐나다 대법원은 증인에게는 종교의 자유가 있으나, 반면 피고인은 대면권에 기하여 증인에 대하여 온전한 질문과 방어를 할 권리가 보장되어야 한다고 판시하였다. 증인이 종교상 양심에 기해 니카브를 착용한 채 증언하였지만 이것은 증인의 생생한 얼굴을 보고 평가해야 하는 대면권과 공정한 재판에 대한 중대한 위협이 되고, 증인 얼굴을 통해 증언의 신빙성을 평가해야 하는 것이 매우 중요하다고 하면서 피고인의 공정한 재판을 받을 권리를 침해한다고 판시하였다.[178]

이와 같이 캐나다에서는 증인이 종교상의 이유로 니카브를 착용한 채 증언을 하는 것도 대면권(confrontation right)과 공정한 재판을 받을 권리에 대한 중대한 침해가 된다고 보고 있다. 그런데 한국에서

176_ Rob Tricchinelli, "Pretrial publicity's limited effect on the right to a fair trial", *The News Media & The Law* (Spring, 2013), pp.24ff.

177_ R v N. S. 2012 SCC 72 (N. S.).

178_ Karl Laird, "Confronting Religion: Veiled Witnesses, The Right to a Fair Trial and the Supreme Court of Canada: Judgement in *R v N. S*", *The Modern Law Review*, Vol. 77 (2014), pp.125-126.

는 조서, 특히 검사 작성의 피의자 신문 조서의 경우 피고인이 법정에서 부인해도 실제에 있어 증거능력이 인정되고 있다. 나아가 그러한 조서 대부분이 문답식 조서이므로 이는 피고인의 대면권을 침해할 뿐만 아니라 공정한 재판을 받을 권리도 침해한다.

2. 통·번역을 받을 권리

(1) 다문화 사회와 통·번역

다문화(multiculturalism) 사회로 이행됨에 따라 소송에서 통역, 번역의 문제가 발생하고 있다. 공정한 재판을 위해서는 의사 소통이 매우 중요하다. 유럽 인권 협약 제6조에서도 공정한 재판을 위한 통역에 대한 권리를 보장하고 있다. 원활한 소통을 위해서 판사와 당사자가 직접 소통하는 것이 가장 바람직하다. 그러나 실제에 있어서는 다문화 당사자의 문화적 배경, 즉 다양한 민족적·윤리적·지정학적 배경을 간과하는 경우가 많다.[179]

이에 로라 얼보(Laura Ervo)는 재판에 있어서 공정성은 규범적 측면에서뿐만 아니라 정서적 측면에서도 바라보아야 한다고 주장한다. 공정성은 다문화로 인한 경함을 보충해 줄 수 있는 원리로, 다수의 문화와 가치로만 판단하는 것은 공정하지 못하다는 것이다.[180]

(2) 언어 사회학적 관점에서의 이해

1980년대 이후 일본의 형사 법정에서 외국어를 사용하는 피고인의 수가 급격하게 증가하였다. 일본어를 사용할 줄 모르는 피고인 역

179_ Laura Ervo, "The Current Challenges in Fair Trial—How to Take Multiculturalism into Consideration?", *International Forum of Teaching and Studies*, Vol. 9, No. 2 (2013), p.13.

180_ *Ibid,*, at 15-16.

시 공정한 재판을 받을 권리에 의해 소송에 대하여 정확하게 이해하고, 자신의 의사를 제대로 그리고 정확하게 표현할 수 있어야 한다. 따라서 완전한 통역을 받을 권리가 보장되어야 한다.

이에 이쿠코 나카네(Ikuko Nakane)는 언어 사회학적 관점에서 제기된 언어권(language rights)에 대하여 알고, 이러한 이해를 토대로 하여 일본어를 사용하지 않는 피고인에 대하여 이중 언어 법정(bilingual courtroom)이 제공되어야 할 단계에 왔다고 지적한다.[181] 나카네는 이를 위해서는 언어학적 관점에서 실증 연구가 뒷받침되어야 한다고 주장한다. 나아가 배심 재판이 이러한 의사 소통의 문제 해결에 많은 도움을 주리라고 본다. 또한 언어 사회학자가 법정에 출석하여 피고인의 의사 소통뿐만 아니라 피고인의 사회 문화적 배경에 대해서 설명할 필요도 있다고 지적하고 있다.[182]

3. 재판의 지연

해마다 수백 명의 청원인이 유럽 인권 법원에 대하여 국내 법원에서의 소송이 지나치게 길어 유럽 인권 협약 제6조에 정하는 공정한 재판을 받을 권리가 침해당하고 있다고 제소하고 있다.[183]

유럽 인권 협약 제6조의 '합리적 기간'(reasonable of length)을 평가하기 위해서는 유럽 인권 법원은 사건의 성격, 피고인의 수와 증인 수, 국제적 요소, 다른 사건과의 관련성, 제3자의 개입 여부 등을 종합

181_ Ikuko Nakane, "Language Rights in Japanese Criminal Courts: Bridging the Gap Between Legal Professionals and Language Professionals", *Asia Studies Review*, Vol. 37, No. 3 (2013), p.302.

182_ *Ibid.*, at 316.

183_ Martin Kuijer, "The Right to a Fair Trial and the Council of Europe's Efforts to Ensure Effective Remedies on a Domestic Level for Excessively Lengthy Proceedings", *Human Rights Law Review*, Vol. 13 (2013), p.777.

적으로 고려한다.[184]

재판이 지연되는 것은 사법부의 예산이 한정적이라는 사정 등에 기인한다. 이에 유럽 각국은 사건을 효율적으로 할당하고, 참여관 등 법원 직원 등을 보충하고, 전문가 증인의 의견 진술 기간을 엄격하게 정하고, 증언을 반복해서 듣지 않기 위한 비디오 녹음 제도 등을 도입하고 있다.[185]

4. 진술 거부권

피고인의 진술 거부권은 인권 보호, 탄핵의 보장, 공정한 재판의 실현이라는 근거를 갖는다. 피고인이 진술 거부권을 행사할 경우 검사가 피고인에게 대하여 신문하여서는 안 된다.[186]

피고인이 묵비권을 행사하더라도 이러한 사실로부터 피고인이 범인이라는 추론을 하여서는 안 된다. 이와 관련하여 미국 연방항소법원은 다음과 같이 판시하였다:[187]

수정헌법 제15조는 형사 재판에서 판사나 검사, 혹은 증인이 피고인이 증언을 거부한 사실로부터 추론하는 것을 금지한다.

미국 연방대법원도 체포된 후 피고인이 묵비권을 행사한 사실을, 탄핵 목적으로 사용할 수 없다고 판시하였다.[188]

184_ *Ibid.*, at 781.

185_ *Ibid.*, at 793-794.

186_ 백강진, "피고인의 진술 거부권", 「법조」 제60권 제2호 (2011), 79면 이하.

187_ U.S. v. Rocha, 916 F.2d 219 (5th Cir) (1991); Thomas J. Gardner et al., *Crminal Evidence: Principles and Cases*, 6th ed., Thomson, 2007, p.97.

188_ Wainwright v Greenfield, 474 U.S. 284 (1986); Thomas J. Gardner et al., *op. cit.*, at 67.

유럽 인권 법원은 기망에 의하여 자기 부죄를 진술하는 것이 공정한 재판의 원칙에 따른 증거 사용을 금지하는지 여부를 판단하였다.[189] 위 사건에서 유럽 인권 법원은 묵비권의 적용 범위가 강요 등의 직접적 방법에 의해 자기 부죄적 진술을 얻은 경우에만 한정하는 것이 아니라고 보았다. 오히려 이러한 것은 공정한 재판을 받을 권리(유럽 인권 협약 제6조)의 핵심(Kernbereich)으로, 피의자가 경찰의 질문에 대하여 답변하거나 묵비할 자유가 있음을 말하는 것이라고 보았다. 이러한 의사 결정의 자유는 공무원이 피의자에 대하여 신문을 할 때 묵비할지 여부를 결심함에 있어서 매우 유용하고, 피의자로 하여금 묵비권을 행사하도록 함에 있어 기망이 있었다면 이 또한 공정한 재판을 받을 권리가 침해된 것이라고 보았다.[190]

5. 소수자에 대한 동등한 대우

한스 켈젠(Hans Kelsen)은 '법 앞의 평등'과 관련하여 다음과 같이 주장한다. 법을 적용하는 기관은 적용할 법조차 구별하는 것을 하여서는 안 된다. 다시 말해 법이 여성과 남성을, 외국인과 자국민을 구분해서도 안 되고, 인종이나 종교에 따라 차별해서도 안 된다는 것이다. 켈젠은 이러한 점이 본질상 모든 법 질서에 내재되어 있는 합법성의 원칙이라고 본다.[191]

이와 같이 소수 인종이 재판을 받음에 있어 실질적으로 불리한 처

189_ Allan v. Großbritannen, StV 2003, 257ff.

190_ Christoph Sowada, "Beweisverwertungsverbote im Spannungsfeld zwischen nemo-tenetur-Grundsatz und fair-trial-Prinzip" ed., by, Geppert, Klaus et al., *Festschrift für Klaus Geppert Zum 70. Geburtstag*, EBSCO Pu., (2011), S. 69.

191_ Hans Kelsen, *Was ist Gerechtigkeit*, 2. Aufl,. Franz Deuticke, 1975 / 김선복 역, 정의란 무엇인가, 책과 사람들, 2011, 35-36면.

우를 받아서는 안 된다. 이하에서는 이와 관련된 영국에서의 실증 연구를 살펴본다.

영국의 세 개 지역(맨체스터, 동남 런던, 버밍햄)에 있는 778명의 소수 인종 피고인, 백인 피고인 그리고 112명의 변호사, 125명의 치안판사, 61명의 법원 직원, 26명의 판사를 상대로 인터뷰하여 조사한 연구가 있다.[192] 이 연구에 따르면 대부분의 피고인이 유죄를 선고받았고, 소수가 무죄 판결을 선고받았다. 이에 따라 인종적으로 차별 대우를 받았다는 것을 과격하게 표현하였다. 백인의 31%가 차별을 받았다고 대답하였으며, 인종간의 편차(흑인 35%, 아시아인 27%)는 크지 않았다. 16%의 형사 법원(Crown Court)의 증인이 불공정한 처우를 받았다고 하였고, 백인, 흑인, 아시아인 간의 비율은 거의 같았다.[193]

백인의 98%와 71%의 아시아 법원 직원이, 63%의 아시아 변호사가 소수인에 대하여 법원이 동등하게 대우한다고 대답하였다. 판사와 치안판사는 인종적 편견에 대하여 교육이 필요 없고, 소수만이 필요하다고 대답하였다. 이러한 조사 결과는 자신의 처지와 관점에 따라 소수자에 대한 처우를 받는 느낌을 달리한다는 것을 보여준다. 즉 소수자 자신이 불평등한 처우를 심하게 받는다고 느끼는 것을 보여준다.[194]

이러한 연구는 '공정한 재판'에 대한 실증적 조사를 함에 있어서 다각적 차원, 즉 피고인, 재판 구성원, 일반인의 시각에서 접근해야 함을 시사하고 있다.

192_ Nicola Padfield, *Text and Materials on the Criminal Justice Process*, 4th ed., Oxford, 2008, p.60.
193_ *Ibid.*, at 61. 영국의 법원은 크게 치안판사가 하는 치안법원(Magistrates' Court)과 판사가 하는 형사 법원(the Crown Court)으로 나누어진다: 김용진, 영국의 형사 재판, 청림출판, 1995, 4-8면.
194_ *Ibid.*, at 62-63.

6. 공동 피고인에 대한 재판

미국 연방 형사 사건의 약 3분의 1 가량의 공동 피고인들이 같이 재판을 받고 있다. 이런 현실로 인해 소송 경제와 헌법상의 적법절차 조항 사이에 긴장이 흐르고 있다. 적법절차 원칙에 따라 피고인은 공정한 재판을 받아야 하며, 공동 피고인이더라도 분리되어 재판을 받아야 한다. 그러함에도 공동 피고인들이 같이 재판을 받고 있는 것이 현실이다. 매니(Mannie) 사건에서 제7순회구 법원은, 재판장의 배심원에 대한 설시가 부족했고, 예비심문(voir dire)이 부족했으며, 공동 피고인의 반복된 폭언으로 인해 선입견에 오염될 위험이 있어 피고인의 공정한 재판을 받을 권리가 침해되었다고 판시하였다.[195]

비록 위 사건에서 법원이 공동 피고인이 동석하여 재판을 받은 것 자체가 공정한 재판을 받을 권리를 침해하였는지 밝히고 있지 않지만, 이런 재판으로 인해 선입견에 오염될 수 있다고 판시하였음에 의의가 있다.

우리나라의 경우에는 공동 피고인이 분리됨이 없이 재판을 받고 있다. 그러나 공동 피고인 사이에 이해 관계가 다르고, 서로 주장을 달리하는 경우가 많다. 이로 인하여 특히 다툼이 있는 경우 유·무죄를 판단함에 영향을 줄 수 있으며, 양형 관계에서도 타 공동 피고인의 태도로 인해 불이익을 받을 수 있다. 따라서 공동 피고인은 분리되어 재판받아야 한다.

7. 변호인의 조력을 받을 권리

미국 연방대법원은 형사 사건에서 경제적 궁핍으로 인해 변호사

195_ United States v. Mannie 509 F. 3d 851 (7th Cir. 2007).

선임 비용을 지급할 수 없는 피고인에게 변호인을 선임해 주지 않는 것은 공정한 재판이라는 헌법상의 약속을 무의미하게 한다고 판단했다.[196] 항소심에서도 피고인의 궁핍으로 인해 변호인을 선임할 수 없을 경우 법원이 변호인을 선임해 주어야 한다고 판시했다.[197]

유럽 인권 법원의 경우 변호인의 조력을 받은 권리가 반드시 국가의 변호인 선임의무로 이어지는 것으로 보지 않으며, 당해 절차의 특수성을 고려하고 있다.[198]

헌법 제12조 제4항에서 변호인의 조력을 받을 권리를 명시하고 있다. 헌법재판소는 체포 또는 구속을 당한 경우뿐만 아니라 불구속 피의자도 변호인의 조력을 받을 권리가 있다고 본다.[199]

현행 국선 변호인 제도하에서는 구속 사건 혹은 공소 제기 이후에 한하여 국선 변호인을 선임하고 있고, 형사소송법은 필요적 국선 변호 사건을 피고인으로 한정하고 있다. 따라서 수사 단계에서 피의자는 경제적 능력이 없을 경우 변호인의 조력을 받지 못하고 있다.[200] 따라서 수사 단계에서도 피의자가 변호인의 조력을 받을 수 있도록 국선 변호인 제도가 확대 시행되어야 한다.

8. 피해자의 절차 참여권

(1) 피해자 참여 모델(victim participation model)

피해자 참여 모델은 형사소송에서 피해자의 절차 참여권을 법이 허용하는 근거에 대한 이해를 도와준다.

196_ Griffin v. Illinois, 351 U.S. 12 (1956).

197_ Douglas v. California, 372 U.S. 353 (1963).

198_ 한상희, "변호인의 도움을 받을 권리: 비교법제적 분석", 「일감법학」 제17권 (2010), 168면.

199_ 헌재 2004.9.23. 선고 2000헌마138 결정.

200_ 한상희, 위의 글, 183-184면.

형사소송에서 피해자의 절차 참여권의 중요성이 인정되고 있다. 형사소송에서 피해자의 절차 참여권은 대개 피해자 개인의 선택에 따른다고 본다. 개인인 피해자에 대하여 절차 참여권 여부에 대한 선택권이 부여되지 않은 것은 불공정하고, 피해자를 무시하는 것이며, 피해자의 존엄성을 존중하지 않는 것이라고 본다.[201]

(2) 유럽에서의 피해자 보호

2012.10.25. 유럽의회는 2012년 명령(Directive 2012/29/EU establishing minimum standards on the rights)을 채택하였다. 이 명령은 특별한 범죄 피해자, 예컨대 아동, 성폭행 등과 같은 피해자를 매우 보호하는 규정을 두고 있다. 위 명령 제23조에 의하면 모든 아동 피해자를 수사시 모든 신문 내용이 녹음·녹취되어야 하고, 이러한 녹음·녹취된 기록은 형사소송에서 증거로 사용될 수 있다.

이러한 규정은 피해자의 외상 후 후유증이나 피해자가 성폭행 가해자를 대면하는 것을 방지하는 데 있지만, 이러한 규정은 다른 한편으로 볼 때 유럽 인권 협약에서 정하고 있는 피고인의 권리인 공정한 재판을 받을 권리를 침해하게 된다. 즉 유럽 인권 협약 제6조에 의하면 모든 피고인은 법정에서 증인을 대면할 권리가 있다. 이에 따라 "큰 정의는 큰 부정의를 낳는다"(summum ius, summa injuria)라는 상황에 처해지게 된다. 즉 명령 제23조는 유럽 인권 협약 제6조에 상충되지 않는가? 라는 질문으로 이어진다.[202]

이 명령은 유럽 인권 협약의 기준보다 훨씬 더 범죄 피해자를 보

201_ Douglas Evan Beloof, "The Third Model of Criminal Process: The Victim Participation Model", *Utah Law Review*, Vol. 289(1999), p.289.

202_ Tomas Königs et al., "The European Union Approach towards Child Victim Testimonies in Criminal Proceedings Compared to the Right to Fair Trial: *summum ius, summa injuria?*", *Journal of Politics and Law*, Vol. 6, No. 4 (2013), p.14.

호하고 있다. 즉 이 명령의 기준은 유럽 인권 협약의 기준을 상회하는 것이다. 따라서 피고인의 공정한 재판을 받을 권리와 방어권을 어느 범위까지로 할 수 있는지 결정해야 한다. 그러나 유럽 인권 협약 제6조의 공정한 재판을 받을 권리는 기본권을 구성하는 것으로, 유럽연합 회원국들은 이를 존중해야 할 의무가 있다. 따라서 위 명령 제24조가 유럽 인권 협약 제6조에 부합하는지 여부에 대하여 앞으로 판례가 구체적으로 밝혀야 한다. 제6조의 공정한 재판을 받을 권리는 기본권을 구성하고, 구속력 있는 지침으로서 회원국도 여기에 구속되므로 위 명령 역시 유럽 인권 협약에 부합되게 해석되어야 하는 것이다.[203]

(3) 양형에 있어 피해자의 참여와 재판의 공정성

오클라호마 시 연방 건물 폭파범인 티모시 맥베이(Timothy Mcveigh)에게 사형이 구형되기 전에 배심원들은 희생자 가족들의 증언을 들었다.

양형 전에 피해자 진술이 허용될 수 있는가에 대하여 두 가지 상반된 견해가 있다. 첫째는 범죄를 저지른 피고인에 대한 양형을 함에 있어 사실과 관련된 증거와 법률에 기초한 합리적 판단을 해야지 피해자의 분노와 원한에 의해 결정되어서는 안 된다는 주장이 있다. 둘째는 피해자의 진술이 가해자가 받을 양형을 결정하는 데 영향을 미쳐야 한다는 주장이 있다. 범죄에 상응한 적절한 처벌이 내려지려면 피해자의 고통과 상실감이 반영되어야 한다는 것이다.[204]

맥베이 재판을 한 리차드 매치(Richard Match) 판사는 두 입장의

203_ *Ibid.*, at 20.

204_ Michael J. Sandel, *Public Philosophy: Essays on Morality in Politics*, Harvard University Press, 2005 / 안진환 · 이수경 역, 왜 도덕인가?, 한국경제신문, 2014, 52면.

중간에 서서 일부 피해자 가족들이 법정에서 증언을 하도록 허용하되, 과도하게 감정을 불러일으킬 수 있는 말과 자료들은 사용하지 못하도록 제한했다.

양형 시에 피해자의 증언이 필요하다고 하는 진영에서의 논리는 두 가지이다. 첫째는 정신 건강 논리인데, 피해자가 가해자 처벌에 동참함으로써 위로와 만족을 얻는다는 것이다. 둘째는 인과 응보 논리로, 범죄의 도덕성 무게감을 충분하게 인식시키기 위해 피해자의 증언이 필요하다는 것이다.

그러나 정신 건강 논리는 처벌의 효과와 처벌의 목적을 혼동하고 있다는 비판이 따른다. 샌델은 이러한 인과 응보 논리에는 문제점이 있다고 지적한다. 즉 인과 응보 논리에는 어떤 사람의 삶이 다른 사람의 삶보다 더 가치 있다는 가정이 전제되어 있다. 또한 인과 응보 논리에 따르면 범죄자가 애초에 알지 못했던 사정에 의해 처벌하게 되는데 이는 불공정하다는 것이다.[205]

샌델은 인과 응보 논리에 도덕적 책임을 회복하려는 열망이 담겨져 있다고 본다. 피해자의 진술이 이루어질 경우 피해자의 증언을 통해 범죄의 잘못을 드러나게 함으로써 정의 실현에 기여할 수 있다고 본다. 그러나 피해자를 재판의 한가운데에 놓는 것은 위험하다고 지적한다. 그렇게 되면 범죄에 상응하는 처벌이 아니라 피해자의 심리적 욕구가 우선시될 수 있기 때문이다.[206]

형벌의 회복적 기능(restoration)이란 형벌이 범죄자에게 고통을 가하는 대신, 피해자에게는 피해를 보상한다는 기능을 갖는다는 것을 말하며, 회복적 사법(Restorative justice)에서 이러한 기능을 강조한다. 그러나 이러한 형벌의 회복 내지 사회 통합 기능의 강조는 범죄자에 대한 이질적 처우를 함으로써 판결을 자의적이게 하고, 범죄인을 처벌

205_ Michael J. Sandel, 위의 책, 53-54면.
206_ Michael J. Sandel, 위의 책, 56-57면.

함에 있어 사회가 지나친 주의를 기울이게 한다는 비판이 있다.[207] 샌델이 예를 든 오클라호마 시의 경우도 피해자의 절차 참여권으로 인하여 재판이 왜곡되었다는 지적이 있었다.[208]

207_ Wayne R. LaFave, *Criminal Law*, 5th ed., West, 2010, p.32.
208_ Brian D. Skaret, "A Victim's Right to View: A Distortion of the Retributivist Theory of Punishment", *J. Legis.* Vol. 28 (2002), p.357.

제5장

재판 공정성의 지향과 구현

I. 재판 공정성 지향의 역사

II. 공정한 재판의 구현: 이론 · 제도화 · 실천

Ⅰ. 재판 공정성 지향의 역사

공정한 재판을 받을 권리는 모든 국민이 태어나면서부터 부여받은 권리이다. 또한 "범죄 혐의로 소추된 자는 공정한 재판을 받아야 한다는 것은 당연한 것으로, 공정한 재판을 받을 수 없다면 아예 어떠한 재판도 받아서는 안 된다"는 말도 있다.[1] 그리고 공정한 재판을 받을 권리는 "근본적이고 절대적"[2]이라고 한다. 그러나 재판의 공정성을 보호하는 일련의 규칙들은 서서히 형성되어 왔다. 공정한 재판에 대한 요청도 끊임없이 진화하는 것으로 어느 시점에 고정된 개념은 아니다. 그러므로 재판의 공정성이 완전하게 달성되었다고 말할 수 있는 날이 올 가능성은 거의 없을 것이다.[3] 이하에서는 공정한 재판의 역사에 있어 이정표가 되는 사례를 검토한다.

1. 함무라비법

기원 전 1700년 경 바빌로니아의 함무라비 왕이 중앙집권을 확립하기 위해서 전문 제282조로 된 성문법을 제정하였다.[4] 이 법은 민

1_ R v Horseferry Road Magistrates' Court, ex p. Bennett (1994) 1 AC 42, 68, repeated in Attorney General's Reference (No. 2 of 2001) (2003) UKHL 68, (2004) 2 AC 72, 85, para. 13, in: Tom Bingham, *The Rule of Law*, Penguin Books Ltd., 2010 / 김기창 역, 법의 지배, 이음, 2013, 168면.

2_ Brown v Stott (2003) 1 AC 681, 719, in: Tom Bingham, 위의 책, 169면.

3_ Tom Bingham, 위의 책, 158-159면.

4_ 이종근, "함무라비 법의 도덕성", 「법학논총」 제23권 제2호(2011.2), 304면 이하. 함무라비법은 인류의 정신 문화 유산으로 수메르 법 전승을 집대성하여 이루어졌다. 함무라비법은 후대 천여 년 동안 메소포타미아의 서기관, 학교 등에서 필사의 교재로 사용되었고, 고대법의 모델이 되었다. 또한 그리스, 로마법에 전수되었고, 그리스, 로마법은 후대 세계의 법에 지대한 영향을 미치게 된다: 이종근, "함무라비법에 나타난 바벨론의 정체성에 대한 법사학적 고찰", 「법사

법 · 상법 · 소송법 · 세법 · 노예법으로 나뉘어 있다. 그중 소송법을 살펴보면, 법정은 분쟁의 중재와 조정의 역할을 담당하였으나 공공 안녕의 유지를 위한 국가 기관은 아니었다. 재판을 받기 위해서는 피해자나 또는 그의 가족이 가해자를 법정에 데리고 와야 했다. 따라서 형사소송은 당사자주의 형태를 취하게 된다. 함무라비 법전의 서문에서는 다음과 같이 기술하고 있다:[5]

"그러자 아누와 벨은 나를 신을 두려워하는 고귀한 왕자라는 함무라비로 불러서 이 지상에 정의의 법률을 일으켜서 사악한 이들과 악인들을 물리치게 하였다. 그리하여 강한 자는 약한 이들을 해쳐서는 안 된다. … 마르둑이 나를 보내 인간들을 지배하여 이 지상이 정의의 보호를 받을 수 있다면, 나는 이 속에서 옳고 그름을 행하였고 정의로움을 밝혔고, 억압받는 자들이 행복하게 살 수 있게 한 것이다"

함무라비법은 고대 메소포타미아에서는 처음으로 사법 정의의 근간, 즉 재판의 공정성을 세우고자 하였다. 이에 따라 준법을 강조하고, 법의 변경을 금지하며, 위증을 처벌했다. 재판의 공정성을 위하여 재판관이 판결을 번복했을 경우 12배의 벌금을 내게 하고 재판권을 박탈했다. 판결 번복에 대하여 재판권을 박탈하는 것은 재판의 공정성을 구현하고 사법의 권위와 신뢰를 유지하기 위함이었다.[6]

학 연구」 제49호(2014.4), 204-205면.
5_ 이종근, 위의 글, 304-305면. 함무라비 법전의 서문과 결어에 '키툼'(kittum)과 '미사룸'(misarum)이라는 단어가 자주 등장한다. 키툼은 '진리'(truth)나 '공평'(honesty) 및 '정의'(justice)를, 미사룸은 '정의'(justice) 또는 '공정'(equity)을 의미한다: 안성조, "고대 근동 법전의 성격", 「안암법학」 제36권 (2011), 365면.
6_ 이종근, 위의 글, 308-309면.

2. 신명기

신명기(Deuteronomy, 申命記)는 모세에 의한 율법 설명서이다. 모세가 시나이 산에서 야훼 신으로부터 받은 율법을 선포한 사실은 구약성서 『출애굽기』에 기록되어 있다. 이 책은 이스라엘 사람들이 약속의 땅 가나안에 들어가기에 앞서 모압지방에 있는 산에서 하나님의 백성으로 선택된 이스라엘 사람이 지켜야 할 율법에 대하여 모세가 행한 설교가 기록되어 있다. 그중 재판의 공정성과 관련된 구절은 신명기 19장 18절부터 20절까지이다:

네 하나님 여호와께서 네게 주시는 각 성에서 네 지파를 따라 재판장들과 지도자들을 둘 것이요 그들은 공의로 백성을 재판할 것이니라.
너는 재판을 굽게 하지 말며 사람을 외모로 보지 말며 또 뇌물을 받지 말라. 뇌물은 지혜자의 눈을 어둡게 하고 의인의 말을 굽게 하느니라.
너는 마땅히 공의만을 따르라 그리하면 네가 살겠고 네 하나님 여호와께서 네게 주시는 땅을 차지하리라.

모세 율법은 일찍이 함무라비 왕이 만든 바빌로니아 법과 공통점이 있고 이집트 법과 통하는 부분이 있다. 그러나 이런 공통점을 제외하면 독자성도 발견된다. 위와 같이 미래의 이스라엘의 재판관과 관리들에게 '정의를 왜곡하지 말고, 편파적이지 말 것'을 요구하고 있다.[7]

7_ Jean-Pierre Isbouts, *The Biblical World: An Illustrated Atlas,* National Geographic Society, 2007 / 이상원 역, 성서 그리고 역사, 황소자리, 2010, 136면.

3. 로마법

(1) 개 관

로마법은 기원 전 451년 12표법이 제정된 때로부터 서기 528년부터 서기 533년 사이 동로마 제국의 유스티니아누스 황제에 의해 법령집이 편찬될 때까지로 살펴볼 수 있다.

12표법은 기본적으로 사적 복수를 근간으로 한다. 국가에 의한 처벌은 반역죄나 공동체를 직접 위협한 중범죄에 대해서 행하여졌다. 따라서 살인자를 처벌하는 일은 피해자의 종족에게 맡겼다. 그러나 범인이 명백하지 않거나 자백하지 않은 경우에는 재판을 통하여 형사 책임이 확정되어야 했다.[8]

(2) 12표법

12표법 중에서 형사소송과 관련된 규정은 제1표인데 제1표는 다음과 같다:[9]

I.1 (원고가 피고를) 법정에 소환하면 (피고는) 출두하여야 한다. 피고가 출두하지 않으면 (원고는) 증인을 소환하여야 한다. 그 후에 (원고는) 피고를 포획(捕獲)한다.

1.2 (피고가) 속이거나 도주하려고 하면 (원고는) 피고를 나포(拿捕)한다.

8_ 박상기, 독일형법사, 율곡출판사, 1993, 23-24면; Henry Sumner Maine, *Ancient Law*, John Murray, 1861 / 정동호 외 2 역, 고대법, 세창출판사, 2009, 14-17면.

9_ 표기된 번역문은 최병조 교수의 번역문을 참조하였다. Henry Sumner Maine, 위의 책, 317-318면; 최병조, "고대 로마 십이표법의 번역과 관련하여—정동호, 김은아, 강승묵 역, Henry Sumner Maine 저『고대법』(Ancient Law) (세창출판사, 2009), 「부록」에 대한 촌평—", 「서울대학교 법학」 제51권 제3호(2010), 4-7면.

I.3 병이나 노령이 장애사유인 때에는 원고는 (피고에게) 무개마차(無蓋馬車)를 제공한다. 피고가 이를 거절할 때에는 (원고는) 유개마차(有蓋馬車)를 준비한다.

I.4 정주자(定住者)를 위한 소송 담보인은 정주자이어야 한다. 하급 시민을 위해서는 원하는 자가 소송 담보인이 된다.

I.5 … (로마에) 충선(忠善)한 자에게도 (불충신에서 다시 돌아온) 건심(建心)한 자에게도 … 구속행(위) …

I.6 그들 [양 당사자]이 사건에 관하여 화해하면 그 [법무관]는 (이를) 선언한다.

I.7 그들이 화해하지 않는 경우에는 그들은 민회의장이나 법정에서 오전 중에 사건의 개요를 진술한다. 쌍방은 출석하여 함께 변론을 다한다.

I.8 오후에 그 [법무관]은 출석하고 있는 당사자에게 판결을 부여한다.

I.9 쌍방이 출석하고 있으면 일몰이 폐정의 최종 시점이 된다.

I.10 … 하급 시민, 정주자, (불충신에서 다시 돌아온) 건심한 인민, 재출두 담보인, 종담보인, 25아스, 동해보복 그리고 명(皿)과 요대(腰帶)에 의한 절도의 수색이 사라지고, 12표법의 모든 과거 규정들이 … 아예 부티우스법의 제정으로 폐지되었으므로 …

위에서 보듯 12표법에서는 당사자주의를 원칙으로 삼고 있다. 그런데 기원 전 2세기경부터 살인 등 중범죄에 대한 신체적 복수 대신에 피해자나 피해자의 종족뿐만 아니라 누구라도 처벌을 요구할 수 있게 되었다. 이에 따라 형사소송법은 공법(ius publicum)에 속하게 된다.[10]

(3) 2세기 이후
로마에서는 2세기 후반부터 상설 법원이 설치되기 시작한다. 그

10_ 박상기, 앞의 책, 25면.

러나 고소는 여전히 사소(私訴)의 성격을 지니고 있었다. 소송이 제기되면 법원장은 추첨으로 심판원을 선정하여 재판부를 구성한다. 고소인은 증인을 신청하고 신문하고, 피고인은 자신에게 유리한 증인을 신문하였으며, 교대로 신문을 허용하는 항소 신문 방식으로 공격과 방어를 하였다.[11] 심판원은 양 당사자의 진술을 듣기만 할 뿐 발언하는 것은 금지되었다. 피고인은 자신의 변호인을 6명까지 선임할 수 있었고, 발언 시간도 고소인에 비해 1.5배 정도 많이 허용되었다.[12]

위에서 보듯 로마법에서 형사소송은 오늘날 형사 재판보다 더 당사자주의로 진행되었으며, 재판의 공정성을 담보하기 위하여 심판원의 추첨, 발언 금지 등을 규정하고 있음을 볼 수 있다.

(4) 로마법에서의 공정한 재판

로마법은 법이 정하는 법관에 의한 공정한 재판을 받을 권리를 확립했다.[13] 로마의 재판 담당자는 어느 시대든, 또 어떤 형태의 법정이든 뇌물을 받거나 법을 왜곡하는 재판 담당자에 대한 책임 추궁을 통하여 공정한 재판을 확보하고자 하였다.[14] 로마의 소송 절차는 역사의 변전과 함께 다양한 모습으로 변화하였지만 절차를 지배하는 근본 원리들은 일관되게 유지되었다. 형사 소송에서 "의심스러운 때에는 피고인의 이익으로"(in dubio pro reo)라는 법리가 자리 잡았고, 특히 시민의 자유를 보장하기 위한 소송 절차의 대원칙으로서 중복 제소의 금지(Ne bis in idem), 쌍방 심리 원칙(Audiatur et altera pars)이 관철되었

11_ 박상기, 위의 책, 30-31면.
12_ 박상기, 위의 책, 31-32면.
13_ 이러한 로마법은 유럽 교회법에 막대한 영향을 미치게 된다. 유스티니아누스
　　의 「학설휘찬」에 대한 연구와 주석을 통하여 로마법은 교회법에 지대한 영향을
　　미치게 된다. 나아가 교회법원은 보충적으로 로마법을 적용했다: 정병호, "로마
　　법의 유럽 전승과 유럽 통합", 「서양고전학 연구」 제16권 (2001), 119-120면.
14_ 김도균 외 2, 법치주의의 기초: 역사와 이념, 서울대학교출판부, 2008, 165면.

다.[15] 재판은 반드시 증거에 입각해야 했고, 자백했다고 해서 언제나 그대로 인정하면 안 되었다. 유죄인 자를 소추하는 것보다는 무고한 자의 방면이 더 유익한 것으로 보았다.[16]

4. 영국의 대헌장(Magna Carta)

이상에서 보듯 고대 재판에서 추구하는 궁극적 이상도 공정한 재판임을 알 수 있다. 그러나 법 사학자들은 피고인의 공정한 재판을 받을 권리가 최초로 인정된 것은 영국의 대헌장(마그나 카르타, Magna Carta)이라고 보고 있다.[17] 존 국왕은 프랑스와의 영토 전쟁을 명목으로 세금을 대폭 올린다. 그러나 프랑스와의 전쟁에서 대패하여 노르망디 영토 대부분을 빼앗겼고, 교황과의 충돌로 인해 파문당하였다. 잇따른 실정으로 영국의 귀족, 성직자, 국민 모두가 존 국왕에 등을 돌렸고, 1215년 6월 19일 존 국왕은 귀족들의 요구 사항인 대헌장에 도장을 찍게 된다.[18] 대헌장은 서문과 63개의 조항으로 구성되어 있다. 대헌장 중 공정한 재판과 관련된 조항은 아래의 제19조, 제20조, 제36조, 제38조, 제39조, 제40조이다:[19]

제19조 배심 재판을 지정 개정일에 개정할 수 없을 때는 당일 군 재판소에서 재정한 자 중에서 대소 사건에 따라 재판의 진행에 필요한 일정수의 기사와 자유 보유자가 잔류하여야 한다.

제20조 자유인이 경범죄를 범한 때에는 그 죄의 경미함을 고려하여 벌

15_ 김도균 외 2, 위의 책, 165-166면.

16_ 김도균 외 2, 위의 책, 166면.

17_ Ronald Banaszak, *Fair Trial Rights of the Accused*, Greenwood Press, 2002, pp. 1ff.

18_ 김현두, 이야기 영국사, 청아출판사, 2006, 141-142면.

19_ 최대권, 영미법, 동성사, 1986, 참고자료 1-8면.

금이 과해지고, 중범죄를 범한 때에는 그 죄의 막중함을 고려하여 벌금이 과해진다. 생계 유지에 필요한 재산은 벌금의 대상에서 제외된다. 한편 농노에게도 같은 방법으로 벌금이 과해질 수 있지만 그의 농경 용구는 제외된다. 이상의 모든 것은 그들이 자진하여 신체와 재산을 짐의 연민에 맡긴 경우에만 적용된다. 아울러 전술한 벌금은 인근의 염직한 사람의 선서 없이는 과할 수 없다.

제36조 생명 및 지체에 관한 영장(유한과 증오에 관한 영장, 구금 이유 심사 영장)의 발급을 위하여는 앞으로 어떠한 물건도 주고 받는 일이 없고, 이 영장은 무료로 발급되며 또한 발급이 거부되지 않는다.

제38조 앞으로 대관은 사건에 관한 신빙할 만한 증언이 없이 자백만을 근거로 재판할 수 없다.

제39조 자유인은 동료의 합법적 판단에 의하거나 이 나라의 법에 의하지 아니하고 체포 구금되지 아니하며, 재산과 법익을 박탈당하지 아니하고 추방되지 아니하며, 또한 기타 방법으로 침해되지 아니한다. 짐은 이에 뜻을 두지 아니하며 이를 명하지도 아니한다.

제40조 짐은 어느 누구에게도 정의와 재판을 팔지 아니하며, 또한 어느 누구에 대하여도 정의와 재판을 거부하거나 지연시키지 아니한다.

대헌장 제19조, 제39조에서 배심 재판을 받을 권리를,[20] 제36조에서 영장 제도를, 제38조에서 자백법칙을 규정하고 있으며, 제40조에서

20_ 대헌장에서 중요한 조항은 제39조이다. 여기에 '동료의 합법적 판단'이란 문구는 당시 초기 단계에 접어들고 있던 배심을 의미하는 것이 아니라는 견해도 있다. 다시 말해 '동료의 합법적 판단'이란 엄격한 계급 사회의 질서에 따라 동등한 사람에 의해 재판받을 권리를 뜻한다고 해석한다. 적법절차와 관련하여 가장 중요한 문구는 '이 나라의 법'(the law of the land)이라는 문구이다. 이 말은 후일 '적법절차'(due process of law)라는 문구와 동일시되며 발전했다: 조지형, 적법절차의 발전과 대서양 세계의 법 문화: 미국헌법 수정조항 제5조를 중심으로", 「세계헌법 연구」제14권 제2호 (2008) 286-287면.

공정한 재판의 원칙을 선언하고 있다. 대헌장에서 확인된 적법절차 원칙, 배심 제도, 구속적부 심사는 영미법계 국가의 기본적 권리이자 제도로 발전했다.

5. 영국의 권리장전(Bill of Rights)

영국에서는 1600년대에 들면서 큰 변혁을 겪게 된다. 그 변혁의 중심에는 의회에 의한 왕권의 제한과 국가 권력의 근대적 조직화이다. 이러한 움직임은 법의 지배(rule of law)라는 이념을 정착시키는 과정이라고 할 수 있다.[21] 영국의 철학자 토마스 홉스(Thomas Hobbes, 1588-1679)는 기본적 자연권의 필요성을 역설하였다. 즉 모든 사람은 자신의 힘을 이용해서 자기 자신의 생명을 보존하기 위해 노력해야 하며, 양도할 수 없는 생명에의 권리를 확보하기 위해 사회 계약을 통해 국가 공동체에 속하게 할 것인지를 고려할 수 있다고 보았다.[22] 홉스는 생명권이야말로 가장 필수적 권리이고 사회 계약이 생명권을 방위하지 못한다면 그런 계약은 무효라고 보았다. 또한 홉스는 국가의 소추를 받는 사람은 자기부죄(自己負罪, self-incrimination)를 강요당해서는 안 된다고 보았다. 다시 말해 홉스가 보기에 그 어떤 상황에서도 이러한 자기 방어는 사활적 인권이자 생명권이었던 것이다.[23] 이러한 홉스의 생명권 사상은 영국의 혁명에 영향을 미치게 된다.[24]

21_ 최종고, 서양법제사, 박영사, 1988, 432면.

22_ Thomas Hobbes, "The Leviathan", in: Micheline Ishay, *The History of Human Rights: From Ancient Times to the Globalization Era*, University of California Press, 2004 / 조효제 역, 세계 인권 사상사, 도서출판 길, 2010, 158-159면.

23_ Thomas Hobbes, "The Leviathan", in: Micheline Ishay, 위의 책, 155면.

24_ 홉스의 생명권 사상은 「세계 인권 선언」, 「시민적·정치적 권리에 관한 국제 규약」, 「유럽 인권 협약」, 「미주 인권 협약」, 「아프리카 인권 헌장」에 나타나게 된다: Micheline Ishay, 앞의 책, 159면.

1688년 의회에 의한 권리청원(Petition of Rights)의 제출, 1660년 왕정 복고 후 인신보호령(Habeas Corpus)의 통과, 1688년 명예혁명(Glorious Revolution)과 1688년 권리장전(Bill of Rights)의 선포를 통하여 영국의 통치 구조는 큰 변혁을 겪게 되었고, 공정한 재판의 이념도 점차 구현되어 간다.[25] 그중 공정한 재판의 역사에 있어서 분수령이 되고 있는 권리장전에 대하여 살펴본다.

명예혁명의 결과 이루어진 인권선언이 권리장전이다. 제임스 2세의 전제 정치와 가톨릭 신앙에 반대하여 일어난 명예혁명은 1688년 12월 23일 국왕이 프랑스로 도망하고, 1689년 2월 13일 국민 협의회가 윌리엄 3세를 국왕으로 추대함으로써 무혈혁명으로 끝났다. 이때 의회는 새 왕을 추대하면서 왕관과 함께 권리선언을 제출하여 승인을 받았고, 1689년 12월 16일 「신민의 권리와 자유를 선언하고 왕위 계승을 정하는 법률」이라는 의회 제정법이 공포되었는데, 이것이 권리장전이다.[26]

권리장전은 제임스 2세의 불법행위를 12개조로 열거하고 있고, 그 다음 권리선언에서 밝힌 내용을 13개조로 열거하고 있는데 후자 중 공정한 재판과 관련된 조항은 다음의 제10조, 제11조, 제12조이다:

⑩ 지나친 보석금을 요구해서는 안 된다.

⑪ 배심 명부에 등재되는 자는 정당한 방법으로 선출되어야 하고 (그중에서), 배심원은 정당한 방법으로 선출되지 않으면 안 된다. 또한 대역죄로 기소된 자의 심리를 맡는 배심원은 토지의 자유 보유권자이어야 한다.

25_ 최종고, 앞의 책, 432-433면.

26_ 최종고, 위의 책, 433면. 영국의 권리장전은 미국의 독립선언과 버지니아 권리장전 등에도 큰 영향을 미치게 된다: 김상웅, "인간 진보와 저항의 발자취 7: 로마 공화제에서 권리장전까지", 「기독교 사상」 통권 제609호(2006.9), 163면.

⑫ 유죄의 판결 이전에 특정인에게 부과되는 벌금과 몰수를 인정하고 보장하는 조치는 불법이며 무효이다.

제10조의 지나친 보석금의 금지는 부당한 미결구금을 방지하는 것이고, 제11조의 공정한 배심원의 선출은 배심 제도의 공정한 운영을 보장하기 위함이다.

영국의 권리장전은 프랑스 인권선언처럼 인권 목록을 구체적으로 제시하고 있지 않다는 점에서 저평가를 받아 왔다. 그러나 인권은 제한된 정부와 법의 지배 아래에서 보장될 수 있다는 사실을 고려한다면 영국의 권리장전은 공정한 재판의 역사에 있어서 매우 중요한 이정표가 되고 있다.[27]

6. 세계 인권 선언

제2차 세계대전 후 연합국은 유엔 헌장을 제정하였다. 그러나 유엔 헌장은 기본적 인권 존중에 대한 일반 규정을 두고 있을 뿐, 보호해야 할 구체적 인권에 대해서는 규정하고 있지 않다. 이에 유엔 총회는 1948년 12월 10일 「세계 인권 선언」(Universal Declaration of Human Rights)을 채택하였다. 세계 인권 선언은 보편적 국제 기구에 의해 제정된 최초의 포괄 인권서라는 의미를 갖는다.[28]

세계 인권 선언은 전문과 본문 30개 조로 구성되어 있다. 그중 공정한 재판과 관련된 조항은 제6조, 제7조, 제8조, 제9조, 제10조, 제11조이다. 제6조에서 법 앞에서 인간으로서 인정받을 권리를 선언하고 있고, 제7조에서 법 앞의 평등을, 제8조에서 자의적 체포, 구금, 또는 추방

27_ 이재승, "법의 시각에서 본 인권의 역사", 「역사비평」 통권 제103호(2013. 여름호), 46면.

28_ 채형복, 국제 인권법(제2판), 높이깊이, 2013, 61면.

을 당하지 않을 권리를, 제10조에서 독립적이고 편견 없는 법정에서 공정하고도 공개적 신문을 전적으로 평등하게 받을 권리를, 제11조에서 유죄로 입증될 때까지 무죄로 추정받을 권리 등을 규정하고 있다.

이러한 세계 인권 선언이 어떤 효력을 갖는가에 대하여 견해가 나뉘어져 있다. 일반적 견해는 세계 인권 선언은 유엔 총회에 의해 법적 구속력이 없는 결의문으로 채택되었고, 조약이 아니므로 법적 구속력은 가지지 못한다고 본다. 이에 대하여 세계 인권 선언이 여러 국내·국제 재판소의 판결 또는 각국의 헌법에서 채택하고 있어 규범적 효력을 인정받고 있고, 다수의 조약에서 채택되어 국제 사회에 지대한 영향을 미치고 있으므로 법적 구속력이 있다는 견해도 있다.[29] 세계 인권 선언은 그 자체로 법적 구속력은 부여되어 있지 않다. 그러나 선언 채택 이후 각국의 법률에 영향을 미치고 있고, 여러 인권 조약에서도 채택되고 있는 등 국제 관습법으로서의 지위를 갖고 있다. 따라서 국제 관습법으로서의 법적 효력은 인정될 수 있다고 본다.[30]

7. 유럽 인권 협약

(1) 유럽 인권 협약의 체결과 유럽 인권 법원의 출범

유럽 평의회의 규정 및 권고에 의해 회원국은 1950년 11월 「인권 및 기본적 자유의 보호를 위한 유럽 협약」(European Convention for the Protection of Human Rights and Fundamental Freedoms, 「유럽 인권 협약」 또는 'ECHR'이라고 함)을 채택하였다. 유럽 인권 협약은 1953년 9월에 발효하였으며 지금은 유럽 평의회 전 회원국이 협약 당사국이 되었다.

위 협약의 이행을 확보하기 위해 1954년 유럽 인권 위원회(European Commission of Human Rights)와 1959년 유럽 인권 법원(European

---

29_ 채형복, 위의 책, 64-65면.
30_ 同旨, 채형복, 위의 책, 65면.

Court of Human Rights)이 설치되었다. 그 후 두 기관의 이중 구조와 비효율성을 해소하기 위하여 1998년 11월 1일 제11의정서가 발효되면서 단일의 유럽 인권 법원이 출범하였다.[31]

유럽 인권 협약은 전문, 총칙, 실체 권리 규정, 이행 기관과 일반 규정으로 구성되어 있고, 공정한 재판을 받을 권리는 제6조에서 상세하게 규정하고 있다. 이와 같이 유럽 인권 법원이 1998년부터 완전한 법원의 형태를 갖고 개인 제소를 직접 접수하고 이를 심리하고 있으며 매년 5~6만 건의 사건을 접수하여 심리한다.[32]

이하에서는 공정한 재판과 관련된 몇 가지 사건들을 살펴본다.

(2) 구체적 사례들
1) 변호인 접견권 침해

테러 행위로 해외에서 체포된 청구인에 대한 터키 국내에서의 신문, 재판의 불공정을 다룬 사건[33]으로 변호인 조력 제한, 접견 제한 및 구금시 법관 앞의 즉시 인치, 그리고 군법원 판사의 독립성 등이 검토되었다.

터키 국적의 청구인은 쿠르디스탄 노동당의 전직 당수였다. 청구인은 터키의 안전을 파괴할 목적으로 무장 단체를 조직하고 인명의 살상을 초래하는 테러 활동을 선동한다는 혐의로 체포되었다. 청구인은 수년간 생활하였던 시리아에서 추방되었고, 이후 그리스, 러시아, 이탈리아로 갔다가 다시 러시아를 거쳐 그리스로 갔다. 다시 케냐에 입국하였던 1999년 나이로비 공항의 기내에서 체포되었다. 청구인은 터키로 송환 중 대부분의 시간 두 눈이 가려진 채 압송되었다. 터키에 도

31_ 채형복, 위의 책, 287면.
32_ 김성준, 기본적 인권 및 자유의 국제적 해석: 유럽 인권 법원 판례를 중심으로, 연형문화사, 2013, 5면.
33_ Ocalan v. Turkey, Application no. 00046221/99, 2003.3.12. 선고.

착 즉시 두건이 씌워져 교도소로 호송되었다. 교도소에서 보안군의 신문을 받았다. 그 기간 중 어떠한 법률 조력도 받지 못했고 자백하였다. 터키 내에 있는 변호인은 보안군 요원들에 의해 방문 접견이 금지되었다. 청구인이 앙카라 군사법원에 출두했을 당시에도 16명의 다른 변호인들 역시 방문이 허용되지 않았다. 청구인과 변호인과의 접촉 및 사건 기록에 대한 접근은 공판 전 구금중에는 엄격히 제한되었다. 청구인은 터키 영토의 일부 분리를 추진하고 그 목적 달성을 위해 무장 조직을 결성하고 지도한 혐의로 기소되었다. 재판에서 청구인에 대한 혐의가 인정되어 사형 선고를 받았다. 상급심은 위 판결을 확정했다.

유럽 인권 법원은 청구인의 공정한 재판을 받을 권리가 침해당했다면서 터키 당국에 대해 "협약상 진정인의 고소의 허용 여부 및 본안의 심리를 효과적으로 진행할 수 있도록 사형이 집행되지 않도록 필요한 일체의 조치를 취해줄 것"을 요구하였다. 이에 앙카라 주 군사법원은 청구인에 대한 사형 선고를 종신형으로 변경하였다.[34]

2) 무기 평등

청구인들은 제3세계 기아, 밀림의 황폐화 등의 책임을 거론하며 "맥도날드 때문에 무엇이 잘못되고 있는가"라는 제하의 리플릿을 제작, 배포하여 맥도날드사로부터 출판물에 의한 명예훼손으로 손해배상소송이 제기되었다. 영국 법원에서 법률 구조가 거부되었고, 법정 재판 일수만 무려 313일에 달하고, 4만 쪽에 이르는 관련 소송자료에 대한 방어를 스스로 해결할 수밖에 없었고, 결국 패소하고 상당 금액의 손해를 배상하라는 판결을 받았다.

유럽 인권 법원은 청구인들이 제소한 사건에서 영국 법원에서 법률 구조의 거부는 결국 무기의 평등을 해쳐 공정한 재판이 될 수 없었다고 하고, 표현의 자유와 관련해서는, 민주사회에서는 아무리 작고

34_ 김성준, 위의 책, 207-209면.

비공식적 캠페인 그룹이라도 효과적으로 자신들의 활동을 수행할 수 있어야만 한다고 보았다.[35]

3) 재판에 대한 입법적 침해

나폴리 국영은행의 연금 수급자들은 독자적 연금 체계를 운영했으나 퇴직 후 그 은행이 민영화되고 연금이 통합연금으로 대체되자, 청구인들은 구 연금 제도의 유지를 확인하는 판결을 구하고 있던 중 연금 관련법이 소송 계속 중 일부 개정되면서 실질적으로 소송의 중요 내용을 결정하여 소송이 무익하게 되었다.

이에 대하여 유럽 인권 법원은 이는 결과적으로 국가가 당사자 일방을 유리하게 한 것이므로 당사자 간 무기의 평등이 지켜지지 않았으며, 또한 그러한 법률의 개정이 가능하다 하더라도 사법 작용에 대한 입법적 침해를 정당화시키기 위해서는 일반적 이익의 강력한 이유만이 가능하다고 보았다. 따라서 공정한 재판이 침해되었다고 판시하였다.[36]

8. 검토: 역사에서의 교훈

재판의 공정이라는 용어는 비단 형사법 학자뿐만 아니라 국제법 학자, 여러 인문 과학, 사회 과학에서의 문헌, 신문, 방송 등 언론 기관의 보도에서 널리 사용되어 왔다.

따라서 재판의 공정성이라는 개념은 우리에게 너무나 익숙해져서 아주 오래된 것처럼 다가온다. 고대 함무라비 법전이나 구약성서의 신명기에서도 공의 내지 공정한 재판을 명령하고 있다. 그 이후 로마법

35_ Steel and Morris v. the United Kingdom, Application no. 68416/01. 2005.2. 15. 선고; 김성준, 위의 책, 218-220면.

36_ Arras and Others v. Italy Application no. 17972/07. 2012.2.14. 선고; 김성준, 위의 책, 235-237면.

에 이르러 공정한 재판을 위한 구체적 방책에 대하여 규정하고 있고, 영국의 대헌장, 권리장전에서는 좀 더 구체적인 제도의 시행에 중점을 두고 있다. 1948년 세계 인권 선언이 유엔 총회에서 채택된 후 기준 설정(국제 인권법)과 제도 설정의 과정이 점차 이루어졌다.[37] 세계 인권 선언의 정신을 구현한 유럽 인권 협약에 이르러 공정한 재판이란 이념은 제도화되어 실현 단계에 이른다.

이러한 공정한 재판이란 개념은 오늘날 개인의 인권이란 개념이 강하고, 지나치게 개인주의적이며 법률주의적이라는 비판이 제기될 수도 있다. 즉 이러한 권리가 침해되는 구조적 원인, 즉 경제적, 사회적 구조에 대한 진단을 간과할 수도 있다는 것이다.[38] 공정한 재판이란 개념이 주로 법학자에 의해 다루어져 왔으며, 인권이라는 개념에 터잡고 있으며 인권 운동의 성과에 힘입은 바 크므로 이러한 성과를 간과할 수는 없다. 그러나 공정한 재판을 전개하는 원인은 비단 법률 제도뿐만 아니라 사회적, 경제적 측면도 있을 수 있으며, 나아가 법 문화와도 관계가 있다. 즉 국민의 다수가 재판의 공정성보다 범인의 신속한 처벌을 원하며, 정의보다는 감정적 정서 논리가 우세할 경우 공정성의 제도화나 실현에 있어 어려움을 겪을 수 있다. 따라서 재판의 공정성에 대한 역사적 검토에 있어 이와 같은 사회, 경제, 문화적 측면에 대한 구조주의 관점에서의 고찰도 간과할 수 없다. 그러나 이러한 구조주의 측면에서의 고찰은 마이클 프리만의 표현을 빌리자면 '한정된 희생의 원칙'이라는 취약점이 있다.[39] 예컨대 한정된 자원하에서 공정한 재판을 '관철'하려면 상당한 재원이 소요되는데, 사람들은 여기에 많은 자원이 소요되는 것을 원하지 않을 수 있다는 것이다. 또한 사람

37_ Michael Freeman, *Human Rights: An Interdisciplinary Approach*, 1st ed., Blackwell Pu., 2004 / 김철효 역, 인권: 이론과 실천, 아르케, 2006, 226면.

38_ Michael Freeman, 위의 책, 227면.

39_ Michael Freeman, 위의 책, 228면.

들은 공정한 재판이라는 이상이 현실과 부합되지 않음을 보고 이를 비판하지만 그것이 자신들의 잘못이라고 인정하지 않으려 한다는 것이다.[40] 따라서 이와 같이 규범적 접근 방법과 구조주의 접근 방법은 수렴될 필요가 있다.

『한국 근대 형사 재판 제도사』라는 책을 쓴 도면회 교수는 위 책에서 형사 재판 제도의 보수 반동화가 한국이 일본의 식민지로 전락한 원인 중 하나라고 분석한다. 도면회 교수는 갑오개혁에서 형사 재판 제도가 근대적으로 개혁되었음에도 대한제국에서 보수 반동화함으로써 민중의 생명과 권리를 지켜주지 못했고, 이로 인해 일제의 재판 제도 개혁이 한국인에게 상당한 기대를 갖게 하였다고 강변한다.[41]

예컨대 갑오개혁 기간 동안 우리나라 형사 재판 제도는 급격한 변화를 맞이한다. 형사 재판에서 신분제·관료제·가부장제 성격을 제거하고 국민 동등권적 원리가 도입되었다. 나아가 국왕의 재판관으로서의 지위를 박탈하였고, 피의자에 대한 체포 영장이 도입되었고, 누구나 법률에서 동등한 재판을 받게 하였다.[42] 그러나 독립협회 운동과 같은 사건을 겪으면서 정부의 형사 정책은 민권 운동을 탄압하고 점차 엄형주의를 지향해 갔다. 이에 따라 전임 사법관을 두고 엄격한 심급제를 유지하려던 개혁 방침도 후퇴하였다.[43] 일본의 한국 사법권 침탈은 영사 재판권이라는 불평등 조약에 기한 것이었지만 재판 제도의 많은 문제점, 특히 군수·관찰사가 이욕을 탐하는 것과 각급 재판소의 불공정한 판결 등에 편승한 것이기도 하였다.[44] 결국 통감부 말에 한국 재판 제도는 근대적 합리성이 식민지 지배의 차별성과 결합한 것이고, 이로써 한국의 형사 재판 제도는 식민지적 근대화라는 길을 걷게

40_ Michael Freeman, 위의 책, 228면.
41_ 도면회, 한국 근대 형사 재판 제도사, 푸른역사, 2014, 9면.
42_ 도면회, 위의 책, 450-454면.
43_ 도면회, 위의 책, 456-458면.
44_ 도면회, 위의 책, 461면.

된 것이다.[45]

이러한 사실은 형사 재판이란 것이 형법을 집행한다는 본래의 기능을 넘어 사회 통합에 있어 얼마나 중요한 역할을 하는 것인가를 역사적으로 실증해 주고 있는 것이다.

공정한 재판에 대한 역사적 고찰에 의할 때 공정한 재판이라는 가치를 지향한다고 표방하거나 이를 선언하는 것만으로도 공정한 재판에 가까이 다가갈 수 없음을 보게 된다. 공정한 재판은 저절로 이루어질 수 없으며 서구에서는 공정한 재판을 받는 권리를 이루기 위해 무수한 사람이 그들의 생명을 걸고 투쟁하였기에 공정한 재판을 받을 권리는 기본권이라기보다 생명권(right of life)이라는 인식에 가깝다. 이와 같이 공정한 재판이란 이념은 이론의 연구와 제도화, 실천에 의해 이루어질 수 있는 것이다.

II. 공정한 재판의 구현: 이론 · 제도화 · 실천

1. 공정한 재판의 이론

형사 재판에는 피고인만 참여하는 것이 아니다. 수사와 형사 재판 과정, 판결의 선고 그리고 형의 집행에 피고인뿐만 아니라 피해자와 가족도 참여한다. 또한 일반 시민도 재판에 참관할 수 있고, 언론 보도 등을 통해 간접적으로 참여한다. 오늘날 형사소송은 과거 가해자-피해자간 사투가 아니다. 가장 신뢰를 받아야 할 사법 기관이라는 국가 기관이 관장한다. 공정한 재판은 정당한 형벌을 통한 국가 형벌권의 정당화라는 의미 이상의 가치를 지닌다. 공정한 재판은 재판에 참여하는

45_ 도면회, 위의 책, 463면.

시민을 교육하며, 형벌을 도덕 규범으로 받아들이게 하고 이를 내면화하게 하며, 형벌이라는 규범을 정당화하게 한다.

사법부는 사회의 공정성에 대한 최후의 보루라고 일컬어진다. 그러함에도 여러 실증 조사에 의하면 사법의 신뢰성은 높지 않다. 공정한 재판이란 재판에 참여하는 당사자에게 공평하게 작용하도록 시스템을 구축하는 것을 말한다. 나아가 재판에서 실질적으로 취약한 지위에 있는 피고인에게 변호인의 조력을 받도록 피고인의 지위를 강화시켜 주고 증거의 제출과 증거 법칙에 있어 이러한 지위를 보충할 수 있도록 제도적 보완책을 강구하는 것을 말한다. 공정한 재판(fair trial)의 어원에 의하면 공정이란 말에는 재판의 규칙이 공정하고, 판사가 선입견과 편견에 사로잡히지 않으며, 절차가 공정하게 이루어진다는 의미를 함의하고 있음을 보게 된다. 공정한 재판을 받을 권리는 국민의 기본권이다. 공정한 재판을 이루기 위한 세부적 절차는 역사, 사회, 전통 등을 고려하여 우리나라에 맞는 제도로 가꾸어 갈 수 있지만 시민의 자유와 인간의 존엄성, 정의의 핵심이 되는 재판의 공정성은 인류 보편적 원리이자 가치이므로 절대 침해되어서는 안 된다.

2. 공정한 재판의 제도화

형사소송이 지향하는 가치에는 여러 가치가 있지만 가장 중요한 가치 중의 하나가 진실 발견이다. 형사소송에서의 진실 발견이란 역사적 사실을 재판에 그대로 일치되도록 규명하는 것을 의미하지 않는다. 다시 말해 형사소송에서의 진실이란 소송 당사자의 참여가 보장된 가운데의 발견이어야 하며, 이러한 진실은 여러 입증 방법을 통하여 주관적 요소가 상쇄되고 객관적 요소로 남도록 함을 말한다. 이렇게 도달된 결론이더라도 오류 가능성을 남겨 둠으로써 사후 반증이 가능하도록 함을 의미한다.[46] 형사소송에서의 진실 발견이란 진실과 정의라는 관점하에서 이루어져야 한다. 형사소송에서 당사자주의가 지지되는 근거는 당사자주의가 진실 발견, 공정한 판단을 가능하게 하며, 국가 기관인 검사에 비해 불리한 지위에 있는 피고인을 보호하기 때문이다. 그러함에도 현행 형사소송은 판사의 수용성, 당사자의 적극적 역할과 실질적 무기 평등, 공정한 재판의 규칙, 공정한 증거 규칙 등의 척도를 종합할 때 당사자주의보다는 규문주의 요소가 강한 구조라고 평가된다. 형사소송에서 당사자주의에 다가가기 위해서는 사인소추 제도의 도입, 피고인 신문 폐지, 기소 인부 제도의 도입, 배심 제도의 강화, 전문법칙, 변호인의 조력을 받을 권리의 강화 등이 이루어져야 한다.

3. 공정한 재판의 실천

판사는 공정한 재판에 있어 가장 중요한 수호자이다. 판사는 신중함과 공정으로, 형사소송이라는 절차의 중요성을 인식하고 살아 있는 규범의 해석자로서 자신에게 주어진 책무를 수행해야 한다.

공정한 재판을 실천하기 위해서는 무엇보다 재판이라는 막중한 권한이 분배되어야 한다. 그 첫 번째 과제로 배심 제도가 활성화되어야 한다. 법과 사실의 심판관인 배심원의 평결에는 기속력이 있어야 하며, 평의가 선입견과 편견에 사로잡히지 않게 되기 위해서는 사실 심리와 양형 심리가 분리되어야 한다. 국민 참여 재판에서 변호인의 역할은 매우 중요하므로 변호인의 조력을 받을 권리가 보완되어야 하고 대상 사건은 확대되어야 한다.

법정의 자리는 당사자주의가 구현되도록 배치되어야 하며, 독립된 사법부를 향한 평생 법관제 실현, 사법 관료주의의 극복 등의 과제가 놓여 있다. 검찰의 기소 독점권을 견제하기 위한 제도적 보완책이

46_ 권영법, 형사소송과 과학적 증거, 세창출판사, 2012, 279-280면.

도입되어야 하며, 증거개시 제도가 확충되어야 한다. 조서에 의존한 현재의 형사 재판은 국민의 기본권인 청문권을 침해하므로 구두 변론주의에 다가가도록 제도 개선책이 강구되어야 하며, 피고인 신문 제도는 피고인의 당사자로서의 지위에 반하므로 폐지되어야 한다. 실질적 당사자주의를 이루기 위해서는 유죄 협상 제도의 도입이 이루어져야 하며, 원칙적으로 재판의 심리와 판결은 공개되어야 하며, 이러한 공개에는 법정 촬영과 언론 보도가 포함되어야 한다. 무엇보다도 전문법칙, 탄핵증거법칙, 성격증거법칙 등에 있어서 공정한 증거 규칙이 미비하므로 이러한 제도의 보완과 도입이 이루어져야 한다.

영국의 철학자 버트런드 러셀(Bertrand Russell, 1872-1970)은 그의 대표작 『서양 철학사』(*History of Western Philosophy*)의 말미에 다음과 같이 적고 있다:[47]

"객관적 철학 방법을 실천에 옮기면서 획득한, 주의 깊게 진실을 말하는 습관은 인간 활동의 전 영역으로 확장할 수 있으며, 객관적 방법을 적용하는 어느 곳에서나 광신 행위는 감소하고 공감 능력과 서로 이해하는 능력은 증가될 것이다"

당사자주의의 가치를 지향하면서 공정한 재판을 위한 이론적, 제도적, 실천적 걸음을 내딛을 때 형사소송에서는 진실에 더 다가갈 수 있고, 인간의 존엄과 기본권에 좀 더 충실하게 될 것이다. 또한 이러한 행보를 계속할 때 우리 형사 재판 제도에 대하여 세계인도 공감할 수 있게 될 것이고, 인류 보편적 가치에도 도달하게 될 것이다.

47_ Bertrand Russell, *History of Western Philosophy*, Routledge, 1996 / 서상복 역, 서양 철학사, 을유문화사, 2009, 1038면.

1. 국내 문헌

(1) 단행본

권영법, 형사소송과 과학적 증거, 세창출판사, 2012.

_____, 형사증거법 원론, 세창출판사, 2013.

_____, 현대 형법 이론, 세창출판사, 2014.

권오걸, 형사소송법[이론 · 판례], 형설출판사, 2010.

김도균 · 최병조 · 최종고, 법치주의의 기초: 역사와 이념, 서울대학교출판부, 2008.

김명숙, 막스 베버의 법사회학, 한울아카데미, 2003.

김비환 · 김정은 · 박경신 · 염수균 · 장영민 · 함재학, 자유주의의 가치들: 드워킨과의 대화, 아카넷, 2011.

김상준, 미국 배심 재판 제도의 연구, 이화여자대학교출판부, 2003.

김성준, 기본적 인권 및 자유의 국제적 해석: 유럽 인권 법원 판례를 중심으로, 연형문화사, 2013.

김용진, 영국의 형사 재판, 청림출판, 1995.

김정오 · 최봉철 · 김현철 · 신동룡 · 양천수, 법철학: 이론과 쟁점, 박영사, 2012.

김종구, 형사 사법 개혁론[개정판], 법문사, 2004.

김현두, 이야기 영국사, 청아출판사, 2006.

남경희, 플라톤, 서양 철학의 기원과 토대, 아카넷, 2003.

대법원, 바람직한 형사 사법 시스템의 모색 결과보고서(II) ―독일 · 프랑스 · 일본의 형사 사법 시스템―, 대법원, 2004.

대법원, 바람직한 형사 사법 시스템의 모색 자료집(I), 대법원, 2004.

도면회, 한국 근대 형사 재판 제도사, 푸른역사, 2014.

문홍주, 미국 헌법과 기본적 인권, 유풍출판사, 2002.

박광배, 법심리학, 학지사, 2010.

박상기, 독일형법사, 율곡출판사, 1993.

박상열 · 박영규, 개정판 형사소송법, 형설출판사, 2009.

박선무, 다산 정약용 평전, 민음사, 2014.

박정호 · 양윤덕 · 이봉재 · 조광재, 현대 철학의 흐름, 동녘, 2012.

배종대 · 이상돈 · 정승환, 신형사소송법(제2판), 홍문사, 2009.

백형구, 형사소송법 강의, 박영사, 2001.

신동운, "형사 사법 개혁의 쟁점과 동향", 21세기 형사 사법 개혁의 방향과
    대국민 법률 서비스 개선 방안(II), 한국 형사정책연구원, 2004.

신의기 · 강은영, "법 집행의 공정성에 대한 국민 의식 조사연구", 한국 형사
    정책연구원, 2012.

안경환, 미국 헌법의 이해, 박영사, 2014.

양동철, 형사법 기록형 형사소송 실무, 박영사, 2012.

양선숙, 법철학의 기본원리, 청목출판사, 2011.

윤지영, "재판 전 단계에서의 국민참여 방안에 관한 연구", 한국 형사정책연
    구원, 2011.

이상복, 자유, 평등, 정의, 박영사, 2013.

이양수, 정의로운 삶의 조건: 롤스 & 매킨타이어, 김영사, 2013.

이영란, 개정판 한국 형사소송법, 나남, 2008.

이은모, 형사소송법, 박영사, 2010.

이재상, 형사소송법, 박영사, 2001.

_____, 신형사소송법(제2판), 박영사, 2011.

이종수, 대한민국은 공정한가, 대영문화사, 2013.

임준태, 독일 형사 사법론, 21세기사, 2004.

손동권, 개정 신판 형사소송법, 세창출판사, 2010.

신동운, 신형사소송법(제3판), 법문사, 2011.

신양균, 신판 형사소송법, 화산미디어, 2009.

신혜경, 벤야민 & 아도르노: 대중문화의 기만 혹은 해방, 김영사, 2011.

장수진, 국민참여 재판 변론 기술, 법률&출판, 2013.

장영진 · 하혜경, 미국법 강의, 세창출판사, 2008.

정인섭, 국제 인권 조약집(증보), 경인문화사, 2008.

주승희, 당사자주의와 직권주의 소송 구조 비교 연구, 한국 형사정책연구원, 2006.

최대권, 영미법, 동성사, 1986.

최옥채 · 박미은 · 서미경 · 전석균, 인간행동과 사회환경(제4판), 양서원, 2012.

최종고, 서양법제사, 박영사, 1988.

채형복, 국제 인권법(제2판), 높이깊이, 2013.

표성수, 영미 형사 사법의 구조 ―그 가치에 대한 새로운 이해―, 비봉출판사, 2004.

탁희성 · 최수형, 형사 정책과 사법 제도에 관한 연구(5) ―국민참여 재판 제도의 평가와 정책화 방안―, 한국 형사정책연구원, 2011.

(2) 논 문

고시면, "독일과 한국 형소법상 (주)공판에 피고인의 출석에 관한 연구", 「사법행정」 제49권 제2호(2008.2).

권순민, "소송 구조와 합리적인 형사소송의 방향", 「비교 형사법 연구」 제10권 제1호(2008).

권영법, "형벌의 기능론적 분석과 그 형사정책적 함의", 「법조」 통권 제690호(2014.3).

권영성, "공정한 재판을 받을 권리와 방어권 강화", 「부산대학교 법학연구」 제49권 제2호 통권 제60호(2009.12).

김상웅, "인간 진보와 저항의 발자취 7: 로마 공화제에서 권리장전까지", 「기독교 사상」 통권 제609호(2006.9).

김성규, "사인소추주의의 제도적 현상과 수용 가능성", 「외법논집」 제34권 제1호(2010).

김성룡, "직업법관의 형사 재판에서 당사자주의 구현에 관한 미국 논의의 시사점", 「법학논고」 제40집(2010.10).

김원희, "제14조 공정한 재판을 받을 권리", 「공익과 인권」 제3권 제1호 (2006).

김인회, "검찰에 대한 불신과 신뢰의 뿌리 —당사자주의와 직권주의의 재조명—", 「형사정책」 제2권 제1호(2013.4).

김종구, "형사소송법상 전문법칙의 입법 연혁과 영미법의 영향 —일본 형사소송법상 전문법칙의 제정 과정과 관련하여—", 「법학논총」 제19집 제3호(2012.12).

김창열, "국민참여 재판 제도에 관한 연구", 「법학연구」 제22권 제1호 (2014).

김태명, "국민참여 재판의 개선 과제", 「인권과 정의」 제379호(2008.3).

_____, "공판 중심주의 관점에서 본 증거법의 바람직한 운용 방안", 「형사법연구」 제26권 제1호(2014).

김택수, "프랑스의 사인소추 제도", 「경찰법 연구」 제2권 제1호 (2004).

김현수, "증인신문과 공정한 재판", 「한양법학」 제21권 제3집(2010.8).

김혜경, "국민참여 재판 제도의 시행 평가와 몇 가지 쟁점에 대한 개선 방안", 「영남법학」 제32호(2011.6).

김회균, "형사 사법 제도의 변천과 인권 —당사자주의의 확립—", 「법과 사회」 제34권(2008).

류병관, "당사자주의 소송 구조에 있어 범죄 피해자의 권리 —미국의 범죄 피해자 권리법(2004)을 중심으로—", 「피해자학 연구」 제19권 제1호 (2011.4).

민영성, "공판 중심주의와 공정한 재판", 「법조」 Vol. 593 (2006.2).

박광배, "재판의 공정성을 훼손할 가능성이 있는 신문의 범죄 보도 행태에 대한 내용 분석: 한국, 미국 및 네덜란드 신문의 비교", 「한국 심리학회지: 문화 및 사회문제」 7권 2호(2001).

박노섭, "유죄 협상 제도 도입 가능성에 대한 연구", 「형사법 연구」 제20권 제1호(2008. 봄).

_____, "직권주의 형사소송 구조론 비판 —직권주의 소송 구조의 고유성에

대한 연혁적인 고찰—", 「비교 형사법 연구」 제2권 제1호(2010).

박병도, "국제 형사 절차에 있어서 적법절차", 「국제법학회논총」 제55권 제1호 통권 제116호 (2010.3).

백강진, "피고인의 진술 거부권", 「법조」 제60권 제2호(2011).

손태규, "국민의 알 권리와 법정 촬영 및 방송 —한국과 외국의 비교 연구", 「공법연구」 제40집 제4호(2012.6).

신양균, "공판 중심주의의 의의와 실현 방안", 「경찰학 논총」 제3권 제1호 (2008.5).

심회기, "일제 강점기 조서 재판의 실태", 「형사법 연구」 제25권(2006).

안성수, "피고인 신문 제도와 미국의 피고인 증언 제도", 「법조」 Vol. 586 (2005.7).

안원하, "유죄 협상과 형사 절차를 통한 정의의 실현", 「부산대학교 법학 연구」 제52권 제11호, 통권 제67호(2011.2).

우지숙·이준웅·이재협, "재판의 공정성에 대한 인식에 영향을 미치는 요인에 대한 연구 —국민참여 재판 그림자 배심원들의 경험을 바탕으로—", 「서울대학교 법학」 제54권 제4호(2013.12).

이상덕, "사법부 내에서의 법관의 독립", 「행정법 연구」 제34호(2012.12).

이성기, "당사자주의의 원칙에 입각한 피의자 대면권의 헌법적 권리와 조서의 증거능력에 관한 논의", 「성신법학」 제2호(2013.2).

_____, "당사자주의하에서의 대면권과 전문법칙 —미국의 크로포드(Crawford) 원칙과 유럽 인권 협약상 대면권의 비교를 중심으로—", 「비교형사법 연구」 제13권 제1호(2011).

이완규, "형사 사법 권력의 통제와 소송 구조론의 관련성", 「법조」 Vol. 587 (2005.8).

이윤경, "국민 가치관이 정부 공정성 인식에 미치는 영향에 관한 연구: Grid Group 문화 이론의 적용을 중심으로", 「정부학 연구」 제20권 제1호 (2014).

이윤제, "국제 형사 재판소 루방가 사건과 검사의 증거개시 의무", 「형사정책 연구」 제22권 제4호 통권 제88호(2011. 겨울).

이재승, "법의 시각에서 본 인권의 역사", 「역사비평」 통권 제103호(2013. 여름호).

이종근, "함부라비 법의 도덕성", 「법학논총」 제23권 제2호(2011.2).

이태엽, "국제 형사 재판에 있어 재판의 공정성에 관한 연구—대륙법과 영미법의 충돌과 조화를 중심으로—", 「법조」 Vol. 604 (2007.1).

임지봉, "사법권의 독립 확보를 위한 방안", 「헌법학 연구」 제16권 제1호(2010).

장다혜, "형사소송 절차상 관행으로서 형사 합의에 관한 실증적 연구", 「형사정책」 제24권 제3호(2012.12).

장승일, "유죄 협상 제도의 도입과 양형상 고려", 「법학연구」 제17집 제2호(2014.6).

정웅석, "개정 형사소송법의 평가와 향후 과제", 「저스티스」 통권 제101호(2007.12).

정철, "청문권의 헌법적 수용 가능성 —법원에 대한 청문권을 중심으로—", 「공법학 연구」 제8권 제3호(2007.8).

정한준, "미국에서의 범죄 보도의 자유와 공정한 형사 절차", 「미국 헌법 연구」 제24권 제1호(2013.4).

정한중, "시민 참여형 공소권 통제 제도의 모색", 「법학 연구」 제12집 제1호, 인하대학교 법학연구소(2009.4).

조국, "형사 사법 제도의 변천과 인권—당사자주의의 확립을 위하여", 「법과 사회」 제34권 (2008).

___, "유죄 답변 협상 도입의 필요성과 실현 방안—자백 감면 절차 신설을 위한 제언—", 「저스티스」 통권 제90호(2006.4).

조기영, "미국(美國)의 법 현실주의(法 現實主義) 논쟁(論爭)에 관한 고찰—Pound, Llewellyn 논쟁(論爭)—", 「법철학연구」 제10권 제1호(2007), 281-282면.

____, "적법절차의 발전과 대서양 세계의 법문화: 미국헌법 수정조항 제5조를 중심으로", 「세계헌법 연구」 제14권 제2호(2008).

조수혜, "재판 청구권의 실질적 보장을 위한 소고 —수용자의 경우를 중심으로 한국과 미국의 논의 비교—", 「홍익법학」 제14권 제3호(2012).

주용기, "공정한 재판을 위한 형사 증거개시 제도에 관한 법정책적 고찰", 「법과 정책연구」 제11집 제3호(2011.9).

차용석, "형사소송법상 공판 중심주의에 관한 고찰", 「법조」 Vol. 617 (2008. 2).

차정인 "형사소송법규(刑事訴訟法規)에 충실(充實)한 공판절차(公判節次) —공판 중심주의의 실현을 위하여—", 「법조」 제55권 제9호(2006).

최대권, "한국 사법부의 기능과 사법권의 독립", 「서울대학교 법학」 40권 2호(2000).

최대현, "한국에서 민주주의의 발전과 형사 절차 개혁 방향에 대한 소고 — 영미법학의 적정절차 모델을 참고하여—", 「서울대학교 법학」 제54권 제2호(2013.6).

최선우, "형사 사법 모델과 한국 형사 사법의 특징에 관한 연구", 「한국공안 행정학보」 제24호(2006).

최승혁·허태균, "공정한 사회를 위한 형사 처벌: 공정 세상 믿음 및 기대의 상호작용", 「한국심리학회지: 사회 및 성격」 Vol.25, No.2(2011).

최준혁, "직접 심리주의에 대한 기초 —직접 심리주의의 '전형적 예외'인 독일 형사소송법 제251조의 검토—", 「형사법의 신동향」 통권 제41호 (2013.12).

최혜미, "한국에서 민주주의의 발전과 형사 절차 개혁 방향에 대한 소고 — 영미법학의 적정절차 모델을 참고하여—", 「서울대학교 법학」 제54권 제2호(2013.6).

표성수, "영미 형사 변호인의 지위와 역할에 대한 비판적 검토", 「법조」 Vol. 666(2012.3).

하태훈, "공정한 재판의 원칙과 보도의 자유", 「형사법 연구」 제6권(1993).

_____, "사법에 대한 신뢰", 「저스티스」 통권 제134-2호(2013.2).

한상훈, "국민참여 재판제도 시행과 인권옹호", 「저스티스」 통권 제102호 (2008.2).

_____, "형사소송의 구조와 검사, 피고인의 지위 —당사자주의와 증거개시

제도를 중심으로", 「형사법 연구」 제21권 제4호(2009).

한상희, "변호인의 도움을 받을 권리: 비교법제적 분석", 「일감법학」 제17권 (2010).

한정호, "수사 기관의 조서를 통한 사실 관계 발견의 한계", 재판자료 제110 집(2006).

2. 해외 문헌

(1) 단행본

Aristotelis, *Ethika Nikomacheia* / 천병희 역, 아리스토텔레스, 니코마코스 윤리학, 도서출판 숲, 2014.

Andrew, Ashworth, and Redmayne Mike, *The Criminal Process*, OUP, 2008.

Bach Amy, *Ordinary Injustice: How America Holds Court*, Metropolitan Books, 2009.

Beulke, Werner, *Strafprozessrecht*, 11. Aufl., C. F. Müller, 2010,

Bègue, Laurent, *Psychologie Du Bien Et Du Mal*, Odile Jacop, 2011 / 이세진 역, 도덕적 인간은 왜 나쁜 사회를 만드는가, 부키, 2014.

Bloch, Ernst, *Naturrecht und menschliche Würde*, Suhrkamp Verlag, 1972 / 박설호 역, 자연법과 인간의 존엄성, 열린 책들, 2011.

Brockman, John, *The Mind*, Brockman Inc., 2011 / 이한음 역, 마음의 과학, 와이즈베리, 2013.

Bodenheimer, Edgar, *Jurisprudence: The Philosophy and Method of the Law*, Harvard University Press, 1981.

Butlter-Bowdon, Tom, *50 Philosophy Classics*, Gildan Audio, 2013 / 이시은 역, 짧고 깊은 철학 50, 흐름출판, 2014.

Cassese, Antonio, *International Criminal Law*, Oxford Univ. Press, 2003.

Del Carmen, Rolando, *Criminal Procedure: Law and Practice*, 8th ed., Wadsworth, 2010.

Formosa, Dan, and Hamburger Paul, *Baseball Field Guide: An In-Depth Illustrated Guide to the Complete Rules of Baseball*, Da Capo Press, 2008 / 문은실 역, 야구룰 교과서, 2013.

Freeman, Michael, *Human Rights: An Interdisciplinary Approach*, 1st ed., Blackwell Pu., 2004 / 김철효 역, 인권: 이론과 실천, 아르케, 2006.

Friedman, Lawrence M., *American Law: an Introduction*, Norton & Company, 1984 / 서원우 · 안경환 역, 미국법 입문, 대한교과서 주식회사, 1987.

_____, *A History of American Law*, 3rd ed., A Touchstone Book, 2005 / 안경환 역, 미국법의 역사, 청림출판, 2008.

Garvey, James, *The Twenty Greatest Philosophy Books*, Bloomsbury Academic, 2006 / 안익경 역, 위대한 철학책, 지식나이테, 2009.

Habermas, J., *Faktizität und Geltung: Berträge zur Diskurstheorie des Rechts und demokritischen Rechtsstaats*, Suhrkamp Verlag, 1992 / 한상진 · 박영도 역, 사실성과 타당성: 담론적 법 이론과 민주적 법치국가 이론, 나남, 2010.

Haller, Klaus, und Conzen Klaus, *Das Strafverfahren*, 5. Aufl., C. F. Müller Verlag, 2008.

Hannibal, Martin, and Mountford Lisa, *Criminal Litigation Handbook*, Oxford, 2008.

Hilgendorf, Eric, *Grurdlagen · Staatsrecht · Strafrecht*, Deutscher Taschenbuch Verlag, 2003 / 홍기수 · 홍우원, 독일법의 기초, 한국 형사정책연구원, 2010.

Höffe, Orfried, *Immanuel Kant*, 7. Aufl., C. H. Beck, 2007 / 이상헌 역, 임마누엘 칸트, 문예출판사, 2012.

Hoffmann, Roland, *Verfahrensgerechtigkeit: Studen zu einer Theorie prozeduraler Gerechtigkeit*, Ferdinand Schöningh, 1992.

Isbouts, Jean-Pierre, *The Biblical World: An Illustrated Atlas*, National Geographic Society, 2007 / 이상원 역, 성서 그리고 역사, 황소자리,

2010.

Ishay, Micheline, *The History of Human Rights: From Ancient Times to the Globalization Era*, University of California Press, 2004 / 조효제 역, 세계 인권 사상사, 도서출판 길, 2010.

Jonakait, Randolph N., *The American Jury System*, Yale University Press, 2003.

Johston, David, *A Brief History of Justice*, Blackwell Pu., 2011 / 정명진 역, 정의의 역사, 도서출판 부글북스, 2011.

Kamisr, Yale, R. LaFave Waye, Jerold H. Israel, Nancy J. King, and Orin S. Kerr, *Modern Criminal Procedure, Case-Comments-Questions*, Thomson, West, 2008.

Kaufmann, Arthur, *Rechtsphilosophie*, C. H. Beck, 1997 / 김영환 역, 법철학, 나남, 2007.

Kelsen, Hans, *Was ist Gerechtigkeit*, 2. Aufl., Franz Deuticke, 1975 / 김선복 역, 정의란 무엇인가, 책과 사람들, 2011.

Kleszewski, Diethelm, *Strafprozessrecht*, Frauz Vahlen GmbH, 2007 / 김성돈 역, 독일 형사소송법, 성균관대학교 출판부, 2012.

Kubicek, Theodore L., *Adversarial Justice: America's Court System on Trial*, Algora, 2006.

Ladewig, Meyer, *Europäische Menschenrechtskonvention*, 2. Auf1., Nomos, 2006.

Lippman, Matthew, *Criminal Procedure*, Sage Pu., 2011.

L. Leigh, and L. Zedner, *A report on the administration of criminal justice in the pre-trial phase in France and Germany*, HMSO, 1992.

Lovett, Frank, *Rawls's 'A Theory of Justice'*, The Continuum International Pu., 2011 / 김용한 역, 롤스의 「정의론」입문, 서광사, 2013.

Lubet, Steven, *The Importance of Being Honest: How Lying, Secrecy, and Hypocrisy with Truth in Law*, New Youk University Press,

2008 / 조은경 역, 정의가 곧 법이라는 그럴듯한 착각, 나무의 철학, 2013.

Maihofer, Werner, *Rechtsstaat und Menschenwürde*, Vittorio Klostermann, 1968 / 심재우 역, 법치국가와 인간의 존엄, 삼영사, 1996.

Maine, Henry, *Ancient Law*, John Murray, 1861 / 정동호 · 김은아 · 강승묵 역, 고대법, 세창출판사, 2009.

Mill, John Stuart, *On Liberty*, 1859 / 박홍규 역, 자유론, 문예출판사, 2009.

Montesquieu, *De L'esprit Des Lois* / 이명성 역, 법의 정신, 홍신문화사, 2013.

Padfield, Nicola, *Text and Materials on the Criminal Justice Process*, 4th ed., Oxford, 2008.

Pfeiffer, Gerd, *Karlsruher Kommentar zur Strafprozessordnung und zum Gerichtsverfassungsgesetz mit Einführungsgesetz*, 5. Aufl., C. H. Beck, 2003.

Pinker, Steven, *The Better Angels of Our Nature: Why Violence Has Declined*, Brockman Inc., 2011 / 김영남 역, 우리 본성의 선한 천사: 인간은 폭력성과 어떻게 싸워 왔는가, 사이언스북스, 2014.

Popper, Karl, *All Life is Problem Solving*, Piper Verlag, 1994 / 허형은 역, 삶은 문제 해결의 연속이다, 부글, 2013.

Pressler, Joshua, and Alan C. Michaels, *Criminal Procedure, Volume 1: Investigation*, 5th, LexisNexis, 2010.

Radke, Hennig, und Hohmann Olaf, *Strafprozessordnung Kommentar*, Franz Vahlen, 2011.

Roxin, Claus, und Schünemann Bernd, *Strafverfahrensrecht: Ein Studienbuch*, 27. Aufl., C. H. Beck, 2012.

Russell, Bertrand, *History of Western Philosophy*, Routledge, 1996 / 서상복 역, 서양 철학사, 을유문화사, 2009.

Saltzburg, Stephen A., and Daniel J. Capra, *American Criminal Procedure, Cases And Commentar*, 9th ed., West, 2010.

Sandel, Michael J., *Public Philosophy: Essays on Morality in Politics*, Harvard University Press, 2005 / 안진환 · 이수경 역, 왜 도덕인가?, 한 국경제신문, 2014.

_____, *Justice: What's the right thing to do?*, Farr, Straus, and Giroux, 2009 / 이창신 역, 정의란 무엇인가, 김영사, 2013.

Sanders, Andrew, Richard Young, and Mandy Burton, *Criminal Justice*, 4th ed., Oxford, 2010.

Sanderson, John, *Criminology Text Book*, HLT PU., 1994 / 김형만 · 이동 원 역, 범죄학 개론, 청목출판사, 1995.

Sagenschneider, Marie, *50 Klassiker Prozesse*, Gerstenberg Verlag, 2002 / 이온화 역, 클라시커 50 재판, 해냄, 2003.

Schmalleger, Frank, *Criminal Justice Today*, 12th ed., Pearson, 2011.

Seelmann, Kurt, *Rechtsphilosophie*, C. H. Beek, 1994 / 윤재왕 역, 법철학 (제2판), 세창출판사, 2010.

Stuntz, William J., *The Collapse of American Criminal Justice*, Harvard University Press, 2011.

Summers, Sarah J., *Fair Trial: The European Criminal Procedural Tradition and the European Court of Human Rights*, Hart Pu., 2007.

Taylor, Telford, *Perspective on Justice*, Evanston: Northwestern University Press, 1973 / 양승두 역, 정의론, 법문사, 1976.

Trechsel, Stefan, *Human Rights in Criminal Proceedings*, Oxford University Press, 2005 / 강남일 역, 국제인권법과 형사소송, 경인문화 사, 2014.

Vidmar, Neil, *World Jury System*, Oxford University Press, 2000 / 김상 준 · 김형두 · 이동근 · 이효진 역, 세계의 배심제도, 나남, 2007.

Volk, Klaus, *Grundkurs StPO*, 6. Aufl., C. H. Beck, 2008.

Woodruff, Paul, *First Democracy: The Challenge of An Ancient Idea*, Oxford University Press, 2005 / 이윤철 역, 최초의 민주주의: 유래된

이상과 도전, 돌베개, 2012.

(2) 논 문

Ambos, Kai, "Terrorists and Fair Trial: The Right to a Fair Trial for Alleged Terrorists Detained in Guantánamo Bay", *Utrecht Law Review*, Vol. 9, Issue 4(Sep., 2013).

Asimow, Michael, "Popular Culture and the Adversary System", *Loyola of Los Angeles Law Review*, Vol. 40 (Winter, 2007).

Harvard Law Associations, "Ineffective Assistance of Counsel—Tenth Circuit Holds That a Deffendant is prejudiced when his Lawyer's defficient Performance lead him to Forgo a Plea Bargain and Face a Fair Trial", *Harvard Law Review*, Vol. 123 (May, 2010).

Beloof, Douglas Evan, "The Third Model of Criminal Process: The Victim Participation Model", *Utah Law Review*, Vol. 289(1999).

Bischoff, James L., "Reforming the Criminal Procedure System in Latin America", *Texas Hispanic Journal of Law & Policy*, Vol. 9 (Fall, 2003).

Burke, Roger Hopkins, "Theorizing the Criminal Justice System: Four Models of Criminal Justice Development:, *Criminal Justice Review*, Vol. 38 (2013).

Calder, James D., "New Corporate Security: The Autumn of Crime Control and the Spring of Fairness and Due Process", *Journal of Contemporary Criminal Justice*, Vol. 3 (Dec., 1987).

Cape, Ed, "Avoiding procedural rights: the evidence from Europe", *Centre For Crime And Justice Studies* (May, 2013).

Damaska, Mirjan, "Evidentiary Barriers to Conviction and Two Models of Criminal Procedure: A Comparative Study", *The University of Pennsylvania Law Review*, Vol. 121, No. 3 (Jan., 1973).

Doobay, Anand, "The right to a fair trial in light of the recent ECtHR and

CJEU cast-law", *ERA Forum*, Vol. 14 (2013).

Ervo, Laura, "The Current Challenges in Fair Trial—How to Take Multiculturalism into Consideration?", *International Forum of Teaching and Studies*, Vol. 9, No. 2 (2013).

Fichtelberg, Aaron, "Fair Trials and International Courts: A Critical Evaluation of the Nuremberg Legacy", *Criminal Justive Ethics*, Vol. 28. No. 1(May, 2009).

Findley, Keith A., "Exonerating the Innocent: Pretrial Innocence Procedures: Adversarial Inquisitions: Rethinking the Search for the Truth", *New York Law School Review*, Vol. 56 (2011/2012).

Freedman, Monroe H., "Our Constitutionalized Adversary System", *Chapman Law Review*, Vol. 1 (Spring, 1988).

_____, "Professionalism in The American Adversary System", *Emory Law Journal*, Vol. 41 (Spring, 1992).

Gless, Sabine, "Transnational Cooperation on Criminal Matters and the Guarantee of a Fair Trial: Approaches to a General Principle", *Utrecht Law Review*, Vol. 9, Issue 4 (Sep., 2013).

Goldstein, Abraham S., "Reflections on Two Models: Inquisitorial Themes in American Criminal Procedure", *Stanford Law Review*, Vol. 26, No. 5(May, 1974).

Goodpaster, Gary, "On The Theory of American Adversary Criminal Trial", Journal of Criminal Law and Criminology, Vol. 78, No. 1 (1987).

Hampton, Jean, "The Moral Education Theory of Punishment", *Punishment*, ed., by Simons, John A., Cohen Marshall, Cohen Joshua, and Beitz Charles R., Princepton Uni., (1995).

Radha, Ivory, "The right to a fair trial and International Cooperation in Criminal Matters: Article 6 ECHR and the Recovery of Assets in Grand Corruption Cases", *Utrecht Law Review*, Vol. 9, Issue 4(Sep.,

2013).

Jehle, Jörg-Martin, Wade Marianne, and Elsner Reatrix, "Prosecution and Diversion within Criminal Justice Systems in Europe. Aims and Design of a Comparative Study", *Eur J Crim Policy Res*, Vol. 14 (2008).

Johnston, Robert Gilbert, and Sara Lufrano, "The Adversary System as a Means of seeking Truth and Justice", *Marshall L. Rev.*, Vol. 35 (Winter, 2002).

Jonakait, Randolph N., "The Rise of the American Adversary System: America before England", *Widner Law Review*, Vol. 14 (2009).

Justice, Benjamin, and Tracey L. Meaqres, "How the Criminal Justice System Educates Citizens", *ANNALS. AAPSS*, Vol. 651 (Jan., 2014).

Kirchengast, Tyrone, "Beyond normative constraints: Declining institutionalism and the emergence of substantive and procedural justice", *International Journal of Law, Crime and justice*, Vol. 41 (2013).

Königs, Tomas, Wahedi Sohail, and Waterbolk Tjalling, "The European Union Approach towards Child Victim Testimonies in Criminal Proceedings Compared to the Right to Fair Trial: *summum ius, summa injuria?*", *Journal of Politics and Law*, Vol. 6, No. 4 (2013).

Kuijer, Martin, "The Right to a Fair Trial and the Council of Europe's Efforts to Ensure Effective Remedies on a Domestic Level for Excessively Lengthy Proceedings", *Human Rights Law Review*, Vol. 13 (2013).

Laird, Karl, "Confronting Religion: Veiled Witnesses, The Right to a Fair Trial and the Supreme Court of Canada: Judgement in *R v N. S*", *The Modern Law Review*, Vol. 77 (2014).

Landsman, Stephan, "A Brief Survey of the Development of the Adversary System", *Ohio State Law Journal*, Vol. 44 (Summer, 1983).

Langbein, John H., "Historical Foundations of the Law of Evidence: A

View from the Ryder Sources", *Columbia Law Review*, Vol. 96, No. 5 (Jun., 1996).

Langford, Ian, "Fair Trial: The History of an Idea", *Journal of Human Rights*, Vol. 8(2009).

Lind, Allan, Thibaut Jhon, and Walker Laurens, "A Cross-Cultural Comparison of the Effect of Adversary and Inquisitorial Processes on Bias in Legal Decision Making", *Virginia Law Review*, Vol. 62, No. 2 (Mar., 1976).

Magnusson, Wade London, "Failure to Yield: How Wecht Might Ruin the Right to a Fair Trial", *Brigham Young University Law Review* (2010).

Mahner, Martin, and Bunge Mario, "Function and Functionalism: A Synthetic Perspective", *Philosophy of Science*, Vol. 68, No. 1 (Mar., 2001).

Menkel-Meadow, Carrie, "The Trouble with The Adversary System in a Post-Modern, Multi-Cultural World", *J. Inst. Leg. Eth*, Vol. 1 (1996).

Morgan, Caroline, "Implementing fair trial standards in Europe", *Centre For Crime And Justice Studies*, Vol. 22 (May, 2013).

Nakane, Ikuko, "Language Rights in Japanese Criminal Courts: Bridging the Gap Between Legal Professionals and Language Professionals", *Asia Studies Review*, Vol. 37, No. 3 (2013).

Namakula, Catherine S., "Language rights in the minimum guarantees of fair criminal trial", *The International Journal of Speech, Language and the Law*, Vol 19 (2012).

Owusu-Bempah, Abenaa, "Defence participation through pre-trial disclosure: issues and implications", *The International Journal of Evidence & Proof*, Vol. 17 (2013).

Panzavolta, M., "Reforms and Counter-Reforms in the Italian Struggle for an Accusatorial Criminal Law System", *North Carolina Journal Of*

International Law and Commercial Regulation, Vol. 30 (2005).

Risinger, Michael D., "Unsafe Verdicts: The Need for Reformed Standards for Trial and Review of Factual Innocence Claims", *Hous. L. Rev.*, Vol. 41 (2004).

Risinger, Michael D., Risinger C. Lesley, "Innocence Is Different: Taking Innocence into Account in Reforming Criminal Procedure", *N. Y. L. Sch. L. Rev.*, Vol. 56 (2011-2012).

Roach, Kent, "Four Models of the Criminal Process", *The Journal of Criminal Law & Criminology*, Vol. 89, Issue 2 (Winter, 1999).

Roodt, Christa, "A historical perspective on the accusatory and inquisitorial systems", *Fundamina: A Journal of Legal History*, Vol. 10 (2004).

Sangero, Boaz, "Miranda is not enough: A new Justification for Demanding, 'Strong Corroboration', to a Confession", *Cardozo L. Rew*, Vol. 28(2006-2007).

Schomburg, Wolfgang, "The Role of International Criminal Tribunals in Promoting Respect for Fair Trial Rights", *Northwestern Journal of International Human Rights*, Vol. 8. Issue 1(Fall, 2009).

Skaret, Brian D., "A Victim's Right to View: A Distortion of the Retributivist Theory of Punishment", *J. Legis.* Vol. 28 (2002).

Sklansky, David Alan, "Anti-Inquisitorialism", *Harvard Law Review*, Vol. 122 (2009).

Skolnick, Jerome H., "Social Control in the Adversary System", *Law and Conflict Resolution*, Vol. 11, No. 1 (Mar., 1967).

Slotnick, Elliot E., "Media Coverage of Supreme Court Decision Making: Problem and Prospects", *Judicatore*, Vol. 75 (1991).

Sowada, Christoph, "Beweisverwertungsverbote im Spannungsfeld zwischen nemo-tenetur-Grundsatz und fair-trial-Prinzip" ed., by, Geppert, Klaus, Geisler, Claudieus, *Festschrift für Klaus Geppert*

Zum 70. Geburtstag, EBSCO Pu., (2011).

Spaulding, Norman W., "The Rule of Law in Action: A Defense of Adversary System Values", *Cornell L. Rev.*, Vol. 3 (Sep., 2008).

Sward, Ellen E., "Values, Ideology, and the Evolution of the Adversary System", *Ind. L. J.*, Vol, 64 (1989).

Tricchinelli, Rob, "Pretrial publicity's limited effect on the right to a fair trial", *The News Media & The Law* (Spring, 2013).

Walpin, Gerald, "America's adversarial and jury system: More likely to do justice", *Law and Public Policy*, Vol. 26 (2003).

Wolfgang, Ludwig-Mayerhofer, "Kommunikation in der strafrechtlichen Hauptverhandlung: von den Grenzen rechtlicher und soziologischer Modelle", 28. *Kongreß der Deutschen Gesellschaft für Soziologie, "Different und Integration. Die Zukunft moderner Gesellschaften"*, Dresden (1996).

3. 기타 문헌

黃鳴鶴, 法庭的古事, 團結出版社, 2006 / 이철환 역, 법정의 역사, 시그마북스, 2007.

安富潔, 刑事訴訟法, 三省堂, 2009.

池田 修, 前田雅英, 形事訴訟法講議[弟3版], 東京大学出版会, 2009.

渡辺直行, 刑事訴訟法, 成文堂, 2010.

前田雅英, 刑事訴訟実務の基楚: 記錄篇, 弘文堂, 2010.

http://en.wikipedia.org/w/index.phptitle=inquisitorial system (2014.4.22. 방문).

http://en.wikipedia.org/wiki/Adversarial system(2014.6.9. 방문).

http://en.wikipedia.org/wiki/inquisotorial system (2014.6.9. 방문).

http://krdic.naver.com/search.nhn(2014.6.30. 방문).

ㄱ

가족 모델(familiy model)　175
갑오개혁　267
강화(reinforcement)　138
개인의 자율(personal autonomy)　141
검사 동일체 원칙　222
검사 제도　121, 147
검찰 심사회　197
검찰청 제도　118
검찰항고　196
게임 이론(game theory)　148
결과주의자(consequentialist)　129
고용(employ)　119
골드슈타인(Goldstein, Abraham S.)76
공개주의　109
공공 변호인 제도(public defender)157
공공의 의견(infamia)　117
공동체주의　29
공동 피고인　243
공법(ius publicum)　255
공소장 변경　105
공소장 일본주의　102
공술조서(供述調書)　211
공인 탐정 제도　154
공적으로(ex officio)　117
공정(公正, just, fairness, Fairneß)　7,
　16, 22, 31
공정성(epieikeia)　24
공정성 원칙(Das Fairnessprinzip)　61

공정으로서의 정의(justice as fairness)
　26
공정한 경기(fair play)　74
공정한 재판(fair trial)　7-11, 15, 60,
　128, 266, 268, 269
공정한 재판을 받을 권리(right to
　a fair trial)　32, 237
공정한 재판의 규칙　109, 114
공정한 재판의 원칙　259
공정한 증거 규칙　110, 114
공정한 판단설(fair decision theory)
　127
공판정의 구조　107
공평한(impartial)　33
과잉 사법화(Überjustizialisierung)　62
관료 모델(bureaucratic model)　175
관타나모 만(灣) 사건　48
교육(education)　5
교육 과정 이론(curriculum theory)138
교육 기능　138, 185
교정　5
교호신문(cross-examination)　100, 122
교환적 정의　25
교회 규칙　117
교회법(cannon law)　117, 118
구금 사회 모델(carceral society
　model)　54
구두 변론주의　11, 109
구두주의 원칙　109

구 유고 전범 재판소(ICTY) 규정　150
구조주의　266
국가 소추주의(Offizialmaxime)　4, 71
국민의 형사 재판 참여에 관한 법률102
국민참여 재판　19, 186
국선 변호인　148
국제 군사재판소 헌장　150
국제 규범　181
국제 인권법과 형사소송(Human
　Rights In Criminal Proceedings)　54
국제 형사 재판소(International
　Criminal Court, ICC)　47, 199
굿패스터(Goodpaster, Gary)　126
권력 모델(power model)　175
권리설(right theory)　129
권리의 결합체(cluster of rights)　135
권리장전(Bill of Rights)　36, 259, 260
권리청원(Petition of Rights)　260
권한 분배　80, 183
규문(糾問)　86
규문적(inquisitorial)　124, 164
규문주의(inquisitorial, inquisitorial
　system, Inquisitionsprinzip)　3, 4,
　51, 71, 72, 75-77, 82, 84, 91, 100,
　101, 106, 133, 181
규문주의 소송(processus per
　inquisitionem)　117
규범의 해석자　168
균형적이지 않은 공평성(asymmetric
　fairness)　97
그리피스(Griffiths, J.)　175
극단의 왕국(Extremstan)　173
근본적 공정성 기준(fundamental
　fairness test)　35
근원주의자(orginalist)　152
급진적 갈등 모델(radical conflict

model)　54
기능(funtion)　4
기능주의자(functionalist)　152
기드온 및 형사 소송법(Gidenon and
　Criminal Justice Act of 1964)　148
기본권설(The fundamental right
　approach)　129
기본권에 관한 유럽연합 헌장　43
기본권의 보장　135
기소 독점주의　106, 222
기소 배심제　198
기소 법정주의(Legalitätsprinzip)　196
기소 인부 절차(arraignment)　225
기소 인부 제도　155
기소 재량　147, 195, 198
기소 편의주의(Opportunitätsprinzip)
　106, 196, 222
기회 균등의 원칙(equal opportunity
　principle)　27

ㄴ

낙인(labelling)　5
누범 가중　111
니카브(niqab)　237

ㄷ

다마스카(Damaška, Mirjan)　57, 81
다문화(multiculturalism)　238
다문화 사회　238
다산(茶山) 정약용　16
닫힌 사회　161
답변(plea)　225
당사자 대등주의　93
당사자의 적극적 역할　113
당사자주의(adversarial system,
　adversary system)　3, 11, 51,

55, 57, 68, 70, 74, 82, 87, 90, 91,
99, 103, 104, 108, 125, 131, 179,
184, 271
당사자 처분권 149
당사자 처분권주의
　(Dispositionsmaxime) 71
대륙법 76
대륙법 사조(the civil-law mode) 123
대면권(confrontation right,
　Confrontation Clause) 110, 122,
　204, 237
대면권 조항(Confrontation Clause)
123
대배심(grand jury, Jugé d'
　Instruction) 118, 196, 197
대법원 101
대상 사건 188
대타적(對他的) 23
대헌장(마그나 카르타, Magna Carta)
167, 257
덕(德, arete) 24
도구적 이성(instrumentelle Verunft)
160
도덕(morality) 23
도덕 교육 이론(moral education
　theory) 6, 173
도덕 규범 171, 269
도덕성(morality) 23
도덕적 효과 5
도식(shema) 145
독립협회 운동 267
드워킨, 로널드(Dworkin, Ronald) 28,
136
디엔에이(DNA) 143
디카이오쉬네(dikaiosunē) 23
디케(Dike) 23

ㄹ

라이진거, 마이클(Risinger, Michael)
157
라테란 공회(Council of the Lateran) 75
라틴 아메리카 153
랜즈맨(Landsman, Stephan) 160
랭빈(Langbein, John H.) 158
랭포드, 이안(Langford, Ian) 32
러벳, 스티븐 168
러셀, 버트런드(Russell, Bertrand) 271
로마 17
로마 규정(The Rome Statute of ICC)
43, 47, 48, 199
로마법 117, 254
로버츠, 존(Roberts, John) 168
로우크, 켄트(Roach, Kent) 52
록신, 클라우스(Roxin, Claus) 70
롤스(Rawls, John) 26
르완다 전범 재판소(ICTR) 규정 151
리드기법(Reid technique) 214
리바이어던(Leviathan) 162, 174

ㅁ

마이호퍼, 베르너(Maihofer, Werner)
133
마츠오 고야(松尾浩也) 207
매그너슨, 런던(Magnusson,
　London Wade) 167
매니(Mannie) 사건 243
매치, 리차드(Match, Richard) 246
매킨타이어(MacIntyre, Alasdair) 29
맥베이, 티모시(Mcveigh, Timothy) 246
맥클린(McClean, J. D.) 175
메소포타미아 252
면담 접근 방법(investigative
　interviewing approach) 214

명백한 정의의 부정(flagrant denial of
　justice)　38
명예혁명(Glorious Revolution)　260
모세 율법　253
몽테스키외(Montesquieu, Charles Louis
　de Secondat)　183
무기 대등의 원칙　11, 104
무기 평등　264
무기 평등의 원칙(equality of arms,
　Prinzip der Waffengleichheit)　44,
　59, 94
무력화　5
무죄(not guilty)　225
무죄율　21, 228
무죄 입증 절차(innocence
　procedures)　157
무죄 추정 원칙　51, 104, 109
무해화(restraint)　5
묵비권　96, 215
문답식 조서　106, 203, 204
문화　22
미결구금　51, 77, 81, 223
미결구금의 장기화　223
미국 연방대법원　34, 60
미국 연방사법 심의위원회(The Judicial
　Conference of the United States)
　233
미사룸(misarum)　252
미주 인권 협약(American Convention
　on Human Rights)　39
밀, 존 스튜어트(Mill, John Stuart)　151

ㅂ
바흐, 에이미(Bach, Amy)　3, 169
반규문주의(anti-inquisitorialism)　122,
　151

배려　22
배심원 후보　236
배심 재판　159, 257
배심 제도　81, 118, 119, 139, 149,
　155, 184, 270
범인의 치료　5
범죄 보도　234
범죄 소추법(Prosecution of Offences
　Act)　219
범죄의 억제　176
범죄통제 모델(crime control model)
　46, 49, 68, 175, 176
범죄 피해자 권리법(Crime Victims'
　Rights Act, CVRA)　156
법과 사실의 심판관　185
법과 질서(law and order)　67
법 과학자　158
법과학 증거(forensic evidence)　143
법관의 인식의무(gerichtliche
　Kognitionspflicht)　73
법관 인사 제도　194
법 실증주의　96
법 심리 전문가　158
법 앞의 평등　241
법 현실주의(legal realism)　67, 96
법률가의 진실 조종(a lawyer's
　manipulation of the truth)　74
법복　107, 191
법사회학　3
법원의 고려 의무　201
법의 수호신　193
법의 정신　183
법의 지배(rule of law)　259
법적 내기(wager of law)　119
법적 모델　52
법적 민족주의(legal nationalism)　56

법적 청문권(Anspruch auf rechtliche
  Gehör) 53
법정 190, 270
법정 건물 192
법정의 구조 189
법정의 배치 107
법정 촬영 231, 232
법치국가 원리 180
법치국가적(rechtsstaatlich) 31
법치주의 114
베그, 로랑(Bègue, Laurent) 170
베버, 막스(Weber, Max) 4
변론권 120
변호인 120, 187
변호인의 조력을 받을 권리(the right
  to counsel) 136, 156
변호인 접견권 263
변호인 제도 148
보도의 자유 234
보스톤 마라톤 폭파 사건 236
보일케, 베르너(Beulke, Werner) 72
보통법(common law) 120, 123
보틈(Bottoms, A. E.) 175
복장 191
복합적 평등론(complex equality) 29
볼프강(Wolfgang,
  Ludwig-Mayerhofer) 52
부르케, 로저(Burke, Roger Hopkins)
  53
부분적 체화설(selective incorporation
  theory) 36
분개의 전환 5
분배 공정성(distributive fairness) 16
분배적 정의 25
불기소 처분 230
불선정 결정 186

불출석 재판 14
불항쟁(nolo contendere) 225
브레이디(Brady) 판결 198
블랙(Black, Hogo) 36
블레이클리 판결(Blakely Decision)
  123
블로흐, 에른스트(Bloch, Ernst) 6
비난(blame) 69
비당사자주의(non-adversarial system)
  76
비징벌 모델(non-punitive model) 52
비판(criticism) 69

ㅅ

사립 탐정(detectives) 158
사법부의 독립 193
사법 재량 167
사법 정형적(justizförmig) 31
사소(私訴) 256
사소인(私訴人) 220
사소 청구인(Parte civile) 221
사실상 무죄 규칙(factual innocence
  rules) 157
사실성과 타당성 3
사실 심리 187
사인소추(Privatklage, private
  prosecution) 95, 100, 118, 154, 219
사인소추 제도 197, 218
사전 조사(Voruntersuchung) 92
사투(死鬪, trial by battle, trial by
  combat) 74, 119
사회 과학 142
사회의 공정성 17
사회의 염결성(integrity of society) 136
사회적 균형점(social equilibrium) 76
사회 통합 5

사회 통합 기능 5, 185
사회학적 모델 52
삼권 분립 183
상사 영역 163
상업(commerce) 162
상호주관적 자아(intersubjective conception of self) 29
샌더스, 앤드류(Sanders, Andrew) 126
샌델, 마이클(Sandel, Michael) 172
생명권(right of life) 268
생물 철학(Philosophy of Biology) 4
생생한 증언(live testimony) 151
서사적 자아(narrative self) 29
서술적(敍術的) 25
서양 철학사(History of Western Philosophy) 271
선서(ordeal) 119
선입견(prejudice) 34, 55, 98
성격증거(character evidence) 111
성격증거법칙 110
성숙(pubes) 22
세계 인권 선언(Universal Declaration of Human Rights) 39, 40, 261
세계주의(cosmopolitanism) 162
소극적 판단자 94
소송 구조론 78, 178
소송의 목적 94
소송 절차 95
소송 참여자 95
소송 촉진 등에 관한 특례법 13
소수 인종 241
소수자 241
소추 기관 84
속죄 5
수동적 심판자(passive umpire) 125
수메르 법 251

수사 서류 204
수사의 혁신 214
수사판사(investigating magistrate) 70, 81, 158
수사판사 제도 85
수정헌법 제14조 35
수정헌법 제15조 240
수정헌법 제6조 121
수호자(guardian) 167
스키너(Skinner, Burrhus Frederic) 138
스탠버그 감옥 실험 174
스턴츠, 윌리엄(Stuntz, William J.) 159
시민 교육 137, 170
시민적 · 정치적 권리에 관한 국제 협약(International Covenant on Civil and Political Rights, ICCPR) 39, 223
시저, 율리우스(Caesar, Julius) 118
시정적 정의 25
식민지 지배 267
신명기(Deuteronomy, 申命記) 253
신속한 재판 230
신판(神判, divine) 119
실용주의 진실 이론 228
실질적 무기 평등 106
실질적 진정성립 208
실천 268, 270
실체 진실 228
12표법 254
쌍방 심리 원칙(Audiatur et altera pars) 256

ㅇ
아리스토텔레스(Aristoteles) 24
아부그라이브 교도소 174
ICC 규정(Statute of the ICC) 47
애시모우, 마이클(Asimow, Michael) 141

양형 246
양형 심리 187
언론 보도 231, 233, 236
언어권(language rights) 239
언어 사회학 238
얼보, 로라(Ervo, Laura) 238
여성화(feminization) 162
열린 사회 160, 161
염결성(integrity) 135
영미법 76
영장 제도 258
예단(prejudice) 20, 234
예단 방지 233
예단 법리 235
예방 이론 6
예비심문(voir dire) 243
예심판사 205
예측 가능 171
옳음(righteousness) 22
왈저(Walzer, Michael) 29
왕위 계승법 193
요시마루 마코토(吉丸眞) 206
워렌(Warren, Earl) 36
워렌 법원(Warren Court) 67
원고(plaintiff) 119
원상 회복 5
위증 144
위험 요소 141
유럽연합 46
유럽 인권 법원(European Court of
   Human Rights) 37, 45, 262
유럽 인권 위원회(European
   Commission of Human Rights) 262
유럽 인권 협약(European Convention
   on Human Rights, ECHR) 44-46,
   61, 152, 156, 181

유스티니아누스 황제 254
유전무죄, 무전유죄 18
유죄(guilty) 225
유죄 답변(guilty plea) 71, 124, 146
유죄 협상(plea bargaining) 224, 225,
   229
응보 5
응보 이론 6
응징(retribution) 5
의료 모델(medical model) 175
의심스러울 때에는 피고인의 이익으로
   (in dubio pro reo) 62, 256
이 나라의 법(the law of the land) 258
이념(ideology) 132
이론 268
이상으로서의 정의 32
이성의 에스컬레이터(escalator of
   reason) 162
이익 형량 112
이중 언어 법정(bilingual courtroom)
   239
2012년 명령(Directive 2012/29/EU
   establishing minimum standards
   on the rights) 245
이쿠코 나카네(Ikuko Nakane) 239
인간과 인민의 권리에 관한 아프리카
   헌장(African Charter on Human
   and People's Rights) 39
인간의 권리 및 의무에 관한 미주 선언
   (American Declaration on the
   Rights and Obligations of the
   Human) 39, 40
인간의 존엄성 133
인과 응보 논리 247
인권 및 기본적 자유의 보호에 관한
   유럽 협약(European Convention

for the Protection of Human
Rights and Fundamental
Freedoms) 39, 41
인도법(人道法) 48
인신보호령(Habeas Corpus) 260
일반억제(general deterrence) 5
일반적 예단(inherent prejudice) 234
일방적으로(ex parte) 82
일방적 진술(ex parte statement) 151
일응의 추정(prima facie) 51
일제 강점기 205

ㅈ
자겐슈나이더(Sagenschneider, Marie)
5
자기부죄(自己負罪,
self-incrimination) 259
자리 배치 190
자백법칙 110, 112, 229, 258
자백의 보강법칙 112
자백의 임의성 법칙 112
자유론 151
자유 심증주의 12
자유의 근본(basis of liberty) 160
자유주의 관료 모델 175
자의(恣意) 심증주의 16
재사회화 5
재정신청 197, 222
재판 기관 84
재판에 대한 입법적 침해 265
재판의 지연 239
재판 청구권 8, 10, 15
재활(rehabilitation) 5
적법성 원칙(the principle of legality)
68
적법절차(due process of law) 10, 258

적법한(rechtlich) 31
적절성(propriety) 23
적정절차(regular procedure) 34
적정절차 모델(due process model) 46,
49, 50, 175, 177
적정한(ordentlich) 31
적정한 방법(in billiger weise) 61
전과 사실 111
전관 예우 20
전문법칙 110, 121, 156, 204, 211
전문증거(hearsay evidence) 110
전시 포로 대우에 관한 제네바협정 43
전체론자(holistics) 152
전체적 공정성 38
전체적 체화설(total incorporation
theory) 36
전통적 사회 절차 모델(orthodox
social progress model) 54
절차의 공정성(procedural fairness)
16, 34
절차적 정의 30
절충설 127
절충주의(mixed procedure system)
98, 182
절충형 89
정당한(richtig) 31
정보 청구권 201
정신 건강 논리 247
정의(justice, dikaiosyne) 22, 24, 145
정의란 무엇인가 29
정의론(A Theory of Justice) 27
정의의 여건(circumstances of justice)
27
정의적(情意的) 25
정확한 절차(correct procedure) 32
정황증거(circumstantial evidence) 82

제도화 268, 269
제로섬(zero-sume) 130
조사자의 질문 212
조사자 증언 210
조서 20, 77, 106, 122
조서 재판 79, 200, 202, 205, 206
「조선경국전」「헌전」(憲典)
총서(總序) 114
조성(shaping) 138
조직적 일체성(organic integrity) 152
존 국왕 257
존스턴, 데이비드(Johnston, David) 25
종교의 자유 237
종교재판소(Ecclesiastical Courts) 118
주관적 이성의 전면화 161
준사법 기관론 107
중립성 80
중복 제소의 금지(Ne bis in idem) 256
증거개시(disclose) 59, 143, 198
증거개시 제도 200
증거 규칙 81, 99
증거 목록 202
증거배제법칙(exclusionary rule)
110, 111, 126, 145
증거법 80, 95
증거 분리 제출 제도 102
증거의 여왕(Queen of Evidence) 113
증언적(testimonial) 123
증인석 190
지위 강등 모델(status passage model)
175
직권 조사주의(Ermittlungsgrundsatz)
71
직권주의(Instrukitonsmaxime,
Ermittlungsmaxime,
Offizialmaxime) 4, 73, 87, 88, 179

직권 탐지주의
(Untersuchungsgrundsatz) 71
직접주의(immediacy,
Unmittelbarkeit) 58, 109
진리 상응 이론 228
진리 정합성 이론 228
진리 합의 이론 228
진술 거부권 240
진실 규명 의무 227
진실 발견 78, 79, 125, 128, 132,
143, 203, 269
진실 발견설(truth-finding theory) 126
진실 수렴 이론 228
진정성 입증(authentication) 209
짐바르도, 필립(Zimbardo, Philp) 174
집중 심리주의 153
징벌 모델(punitive model) 52

ㅊ
차등의 원칙(difference principle) 27
참여적 형태(participatory model) 199
청문권(der Anspruch auf rechtleches
Gehör) 201
출애굽기 253
치안법원(Magistrates' Court) 242

ㅋ
칸트, 임마누엘(Kant, Immanuel) 6
캘더, 제임스(Calder, James D.) 163
켈젠, 한스(Kelsen, Hans) 241
Kommois 22
콜버그(Kohlberg, Lawrence) 137
크로포드 판결(Crawford Decision)123
큰 정의는 큰 부정의를 낳는다
(summum ius, summa injuria) 245
키툼(kittum) 252

킹(King, M.) 175

ㅌ

탄핵(彈劾) 86
탄핵적(accusatorial) 124
탄핵주의(accusatorial,
　　Akkusationsprinzip) 68, 69, 83,
　　84, 117, 181
탄핵증거(impeachment) 111
탄핵증거법칙 110
탈레브(Taleb, Nassim Nicholas) 173
터널 효과(tunnel-vision) 203
통로 준수 192
통・번역을 받을 권리 238
트렉셀, 스테판(Trechsel, S.) 54
특별억제(specific deterrence) 5

ㅍ

파슨스, 탈코트(Parsons, Talcott) 4
판결 이유에 대한 권리 54
판사의 수동성 57, 93, 105, 113
판사의 자질 168
fair 98
패커, 헐버트(Packer, Herbert) 49,
　　67, 175
편견(bias) 33, 55, 98
평범의 왕국(Mediocritan) 173
평생 법관제 194
포모사, 댄(Formosa, Dan) 189
포스트 모더니즘 145
포이어바흐(Feuerbach) 58
포퍼, 칼(Popper, Karl) 6, 161
폴크, 클라우스(Volk, Klaus) 72
表明權 201
표현의 자유 235
프랑스 혁명 57

플라톤(Platon) 23
피고(defendant) 119
피고인 신문 96, 107, 154, 215
피고인 신문 제도 217
피고인 질문 제도 217
피블만 32
피의자 신문
　　(Beschudigtenvernehmung) 210
피해자의 소추권 220
피해자 참여 모델(victim participation
　　model) 244
피흐텔베르크(Fichtelberg, Aaron) 182
핑거, 스티븐 (Pinker, Steven) 161

ㅎ

하버마스, 위르겐(Habermas, J.) 3
한정된 희생의 원칙 266
함무라비법 251
합리적 개연성(a reasonable
　　probability) 224
합리적 기간(reasonable of length) 239
합의 사회(consensual society) 54
핵심(Kernbereich) 241
햄버거, 폴(Hamburger, Poul) 189
햄프톤(Hampton, Jean) 6
행정소송 164
헌법소원 197
헌법재판소 63, 104
헌정 개혁법 194
헐타도(Hurtado, Jose) 35
헐타도 사건 35
현실적 예단(actual prejudice) 234
현실적 정의 32
협상 장려설(bargaining incentive
　　theory) 130
협상(Absprache) 155, 226

형벌 4

형벌 목적론 6

형벌의 교육 기능 6

형벌의 기능론 6

형벌의 분배 원칙론 6

형벌의 정당화 근거 6

형벌의 제한 원리 6

형사 법원(Crown Court) 242

형사 사법과 공공질서법(Criminal
Justice and Public Order Act) 216

형사 사법 모델론 175

형사 사법법(Criminal Justice Act) 219

형사소송과 수사법(The Criminal
Procedure and Investigation Act)
199

형사소송에서 통·번역을 받을 권리에

관한 유럽연합 명령 46

형사소송의 두 모델(Two Models of
the Criminal Process) 49

형식적 진정성립 208, 209

형평성(epieikeia) 25

호르크하이머(Horkheimer, Max) 160

호프만, 롤란트(Hoffmann, Roland) 30

홉스, 토마스(Hobbes, Thomas) 174,
259

회복(restoration) 5

회복적 기능(restoration) 247

회복적 사법(Restorative justice) 247

효율성 145

후기 현대 사회 144

혹조 173

히라노 류이치(平野龍一) 207

권영법

고려대학교 법과대학 졸업
사법연수원 제21기 수료
고려대학교 대학원 수료(법학석사)
고려대학교 대학원 수료(법학박사)
고려대학교 강사
현 변호사

[저서 및 논문]

『형사소송과 과학적 증거』
『형사 증거법 원론』
『현대 형법 이론』

형법 해석의 한계 – 허용된 해석과 금지된
　유추의 상관 관계 –
형사 재심에 관한 비판적인 고찰
테러범죄에 대한 형사법적인 대응 방안의
　검토 외 다수

공정한 재판

2015년 1월 15일 초판 인쇄
2015년 1월 25일 초판 발행

저　자　권　영　법
발행인　이　방　원
발행처　세창출판사
　　　　서울 서대문구 경기대로 88 냉천빌딩 4층
　　　　전화 723-8660　팩스 720-4579
　　　　e-mail: sc1992@empal.com
　　　　http://www.sechangpub.co.kr
　　　　신고번호 제300-1990-63호

정가　27,000원

ISBN　978-89-8411-507-1　93360

이 도서의 국립중앙도서관 출판예정도서목록(CIP)은 서지정보유통지원시스템 홈페이지
(http://seoji.nl.go.kr)와 국가자료공동목록시스템(http://www.nl.go.kr/kolisnet)에서 이
용하실 수 있습니다.(CIP제어번호: CIP2015000492)